Cozinha Vegetariana do Mediterrâneo

CULINÁRIA ITALIANA

NA COZINHA DO HOTEL-FAZENDA MONTALI

Malu Simões & Alberto Musacchio

Cozinha Vegetariana do Mediterrâneo

CULINÁRIA ITALIANA

NA COZINHA DO HOTEL-FAZENDA MONTALI

Escrito em colaboração com Grace Choi

Fotos de David Piening

Tradução
Marcelo Brandão Cipolla
Daniel Eiti Missato Cipolla

Editora
Cultrix
SÃO PAULO

Título do original: *The Vegeterranean – Italian Vegetarian Cooking.*

Copyright © Malu Simões e Alberto Musacchio.

Copyright da edição brasileira © 2011 Editora Pensamento-Cultrix Ltda.

Texto revisto segundo o novo acordo ortográfico da língua portuguesa.

1ª edição 2011.

Todos os direitos reservados. Nenhuma parte desta obra pode ser reproduzida ou usada de qualquer forma ou por qualquer meio, eletrônico ou mecânico, inclusive fotocópias, gravações ou sistema de armazenamento em banco de dados, sem permissão por escrito, exceto nos casos de trechos curtos citados em resenhas críticas ou artigos de revistas.

A Editora Cultrix não se responsabiliza por eventuais mudanças ocorridas nos endereços convencionais ou eletrônicos citados neste livro.

Coordenação editorial: Denise de C. Rocha Delela e Roseli de S. Ferraz
Preparação de originais: Beatriz Bellucci Santoro
Revisão: Claudete Agua de Melo
Diagramação: Join Bureau

Dados Internacionais de Catalogação na Publicação (CIP)
(Câmara Brasileira do Livro, SP, Brasil)

Simões, Malu
  Cozinha vegetariana do Mediterrâneo : culinária italiana : na cozinha do Hotel-Fazenda Montali / Malu Simões, Alberto Masacchio ; escrito em colaboração com Grace Choi ; fotos de David Piening ; tradução Marcelo Brandão Cipolla; Daniel Eiti Missato Cipolla. – São Paulo : Cultrix, 2011.

  Título original: The vegeterranean : Italian vegetarian cooking.
  ISBN 978-85-316-1164-3

  1. Culinária italiana 2. Culinária vegetariana 3. Culinária (Receitas)
  I. Musacchio, Alberto. II. Choi, Grace. III. Piening, David. IV. Título.

11-11477   CDD-641.5945

Índices para catálogo sistemático:
1. Cozinha italiana : Receitas vegetarianas : Culinária :
Economia doméstica   641.5945

Direitos de tradução para a língua portuguesa
adquiridos com exclusividade pela
EDITORA PENSAMENTO-CULTRIX LTDA.
Rua Dr. Mário Vicente, 368 – 04270-000 – São Paulo, SP
Fone: 2066-9000 – Fax: 2066-9008
E-mail: atendimento@editoracultrix.com.br
http://www.editoracultrix.com.br
que se reserva a propriedade literária desta tradução.
Foi feito o depósito legal.

SUMÁRIO

AGRADECIMENTOS 8
NOTA INTRODUTÓRIA DE GRACE CHOI 10
O HOTEL-FAZENDA MONTALI 11

INGREDIENTI & TECNICHE (INGREDIENTES E TÉCNICAS) 15

NOZIONI PRIME (NOÇÕES BÁSICAS) 23
    DOIS TESOUROS DA ITÁLIA: AS TRUFAS E O AÇAFRÃO 37
    O SULTÃO DE PERÚGIA 38
    A FLOR DO BRASIL 42

PRIMA COLAZIONE (CAFÉ DA MANHÃ) 47
    A PARTIR DO NADA 58
    ARQUITETURA 62
    A LEI E OS FORA DA LEI VEGETARIANOS 63

ANTIPASTI (ENTRADAS) 65
    DAMIANO 108

PRIMI (PRIMEIROS PRATOS) 113
    O RESTAURANTE COMO UM NEGÓCIO 156
    A VIDA EM MONTALI: UM RETRATO SINCERO 159
    APRENDIZES 160

SECONDI (SEGUNDOS PRATOS) 163
    UM CASAMENTO NA ILHA DA FANTASIA 206

ASSORTITO (GUARNIÇÕES) 211
    A LA SALUTE! 214

PANE, FOCACCE & PIZZA (PÃES) 217
    INCIDENTES NO MONTALI 228

DOLCI (SOBREMESAS) 233
    LONDRES 280
    LA DOLCE VITA 281
    UMA HISTORINHA SOBRE A ADMINISTRAÇÃO DE UM HOTEL 286

ÍNDICE REMISSIVO 290

AGRADECIMENTOS

Há mais ou menos dez anos que nos pedem para escrever um livro de culinária. Isso parece uma honra, mas se torna uma daquelas coisas que você tem de fazer e acaba não fazendo nunca: uma espécie de "lembrete" de algo que você sempre esquece ou adia. Esse adiamento não tem nenhuma relação, é claro, com as típicas virtudes italianas da precisão, da pontualidade e de nunca deixar nada para amanhã! Meu maior problema era, e ainda é, a linguagem.

Para escrever qualquer livro, mesmo de culinária, é preciso dominar perfeitamente a língua em que se escreve. Falo algumas outras línguas além do italiano, mas não falo nenhuma delas – especialmente o inglês – bem o suficiente para escrever um livro. Além disso, todo livro de culinária usa uma terminologia muito técnica que eu não sabia se estava disposto a estudar. Quando finalmente decidimos entrar neste projeto, a linguagem como conceito se tornou uma parte essencial da questão. A edição inglesa do livro, com efeito, se tornou uma divertida mistura internacional de onças britânicas e onças líquidas convertidas em gramas e quilos, traduzidas em xícaras norte-americanas e por fim verificadas para ver se correspondiam às tradições medievais da culinária italiana! Vê-se que é um tipo totalmente novo de linguagem.

Também discutimos extensamente o sotaque e o "perfume" que o texto deveria ter. "Será que devemos lhe dar um sotaque britânico ou norte-americano?" "Devemos dizer *courgette* ou *zucchini*?" (duas denominações da abobrinha nos países de língua inglesa). "*Bruschetta* ou *bruscetta*?" "*Aubergine* ou *eggplant*?" (denominações da berinjela). Tivemos muitas vezes essas estranhas conversas, que envolviam uma escritora norte-americana de origem coreana, uma *chef* brasileira, um empresário italiano, um *subchef* eslovaco e um amigo inglês, jornalista, que nos deu algumas dicas sobre a "pronúncia" do livro! O maior problema, que nem Grace conseguiu resolver, quer usando seu sotaque norte-americano quer tentando uma boa versão britânica, foi o meu jeito de escrever. Todos nós pensamos que seria ridículo "ouvir" um italiano falando "inglês". Por fim, decidimos deixar meu texto do jeito que estava e simplesmente pedir desculpas pelos erros.

Também fizemos outras pesquisas sobre a linguagem da culinária. Propor uma maioria de receitas italianas (mesmo com um toque internacional) a leitores ingleses e norte-americanos nem sempre é fácil quando você realmente quer que eles consigam reproduzir as receitas. Decidimos manter a maioria das receitas regionais italianas tão próximas das originais quanto possível. Depois que a comida italiana se tornou tão popular no estrangeiro, as pessoas acabam encontrando pizzas italianas feitas com presunto e abacaxi. Ninguém comeria pizza de presunto e abacaxi na Itália! Realmente quisemos nos ater às fontes originais da tradição culinária.

A pergunta seguinte a respeito da linguagem foi: "Como ensinar um inglês a cozinhar com o queijo Castelmagno?" Sabemos que o Castelmagno é um dos queijos mais raros e caros do nosso país. Decidimos manter as receitas originais com seus ingredientes originais, mas também propor variações possíveis para os ingredientes incomuns. A receita diz "Castelmagno", mas também sugere outro tipo de queijo que pode substituí-lo. Também apresentamos dicas rápidas para os veganos. Mas esses foram somente os primeiros estágios do trabalho.

Para começar do início, em janeiro de 2005 eu e minha esposa, Malu, estávamos lendo o currículo de Grace Choi e o achamos muito interessante. Grace é uma jovem *chef* norte-americana de origem coreana que estudou no Instituto de Culinária Francesa de Nova York e depois fez estágio em um dos melhores restaurantes dos Estados Unidos. Quando começamos a ler sua solicitação para trabalhar em Montali como aprendiz, ambos notamos sua graduação *"magna cum laude"* na Universidade de Notre Dame. Ela estudara muito. Mas o que chamou mesmo nossa atenção foi uma frase do currículo em que ela dizia o quanto adorava escrever sobre comida.

Era exatamente a pessoa que estávamos procurando: alguém que soubesse cozinhar bem, mas que também fosse capaz de escrever sobre os alimentos. Como ainda estávamos pensando em como enfrentar a questão da linguagem do livro, ela poderia ser a solução para os nossos problemas. Depois de entrarmos em contato com ela por e-mail, Grace decidiu vir trabalhar conosco. Nos primeiros meses, dedicou-se a aprender nossas receitas e a trabalhar duro na cozinha. Mais tarde, dedicou-se cada anos, o único que nunca desistiu, nunca ficou doente, nunca largou o emprego, nunca foi menos que perfeito: um verdadeiro profissional da cozinha. Daniel Sharp ajudou Janko e todos nós na cozinha com seu incomparável senso de humor, animando a todos. David Piening empregou suas excelentes habilidades para dar vida, com sua câmera, a estas

vez mais a escrever e digitar as receitas e narrativas deste livro. Seu excelente domínio da linguagem, sua grande força de vontade e seu natural senso de humor definitivamente nos ajudaram muito a escrever este livro.

Foi assim que o livro começou a ganhar vida... com um trabalho em equipe que durou a maior parte do verão de 2005. Minha esposa era a encarregada das receitas, é claro. Manter a cozinha perfeitamente organizada para as sessões de fotos era muito difícil e exigia um esforço enorme – bem na hora em que precisávamos preparar a comida para os clientes. Malu correu como nunca tinha corrido na vida. Grace digitou tudo e escreveu algumas das narrativas biográficas. Eu escrevi outras.

Nosso fiel *subchef*, Jan Bodnar, tomava conta da cozinha quando todos começavam a ficar com raiva das fotografias e da arrumação dos pratos. Esteve conosco por cinco longos

magníficas receitas. É por causa da sua perícia que a comida parece saltar das páginas coloridas do livro. Bonaria, Alena, Marketa, Sylvia, Giannina e Giuliana ajudaram a administrar o hotel quando todos os outros estavam ocupados com molhos e máquinas fotográficas. Muitíssimo obrigado a todas essas pessoas maravilhosas por terem trabalhado tanto.

E muitíssimo obrigado aos maravilhosos clientes que sempre acreditaram no Hotel-Fazenda Montali, que voltaram a nos visitar, que apoiaram um empreendimento tão difícil e que, inclusive, sugeriram que fizéssemos este belo livro. Um obrigado especial à ATAL por fornecer a elegante porcelana que tornou possível estas imagens e a meu irmão Gianni pelas espetaculares obras de arte que serviram de pano de fundo para tantas fotos.

Alberto Musacchio

NOTA INTRODUTÓRIA DE GRACE CHOI

Quando cheguei ao Hotel-Fazenda Montali, em 26 de março de 2005, a tranquilidade da zona rural da Úmbria e as sinuosas estradas de terra que levavam ao hotel foram as primeiras coisas a chamar minha atenção. Fiquei de pé bem no meio daquela propriedade de 10 hectares, com uma vista claríssima do Lago Trasímeno, e comparei meu novo ambiente com aquele onde eu vivia antes. Oliveiras perfeitamente alinhadas substituíam os arranha-céus de Manhattan; hortaliças verdejantes se espalhavam pelo alto da colina do mesmo jeito que os táxis amarelos às vezes inundam a Times Square; o sossego e o silêncio eram mais eloquentes que os ruídos de ambulâncias, caminhões e buzinas com que eu estava acostumada. Meu olfato recuperou sua acuidade quando senti o cheiro de grama recém-

-cortada com toques de hortelã e alecrim da horta de ervas.

Embora a serenidade do hotel e do ambiente ofereça refúgio aos hóspedes italianos e estrangeiros, a culinária vegetariana *gourmet* é o que provoca a maior impressão. Depois de 25 anos de elaboração das receitas e das combinações do menu de acordo com as estações próprias das frutas e hortaliças, os pratos não somente têm sabores e texturas incríveis mas também, em razão da combinação das técnicas rústicas da culinária italiana com o uso exclusivo de produtos vegetarianos, são inimitáveis.

Desde o começo de minha jornada de sete meses com Alberto Musacchio, Malu Simões, o pessoal da cozinha e do serviço de mesa, eu já sabia que o Montali não era simplesmente um hotel que fornecia quartos e refeições quentes. Era o lar de inúmeras histórias e lembranças, uma congregação de indivíduos extraordinários buscando realizar sonhos incríveis, uma cozinha que guarda anos de sorrisos, vinhos, especiarias, danças e músicas. Ao fim de cada dia, cada prato que produzíamos como se fôssemos uma família exalava paixões e novas histórias. Do mesmo modo, o livro de culinária do Montali não poderia ser uma mera coletânea de receitas e técnicas. Assim como nenhum hóspede sai do Montali sem ter conhecido algo que vai muito além da beleza do campo italiano e da satisfação de comer uma deliciosa refeição de quatro pratos, também nenhum leitor deve terminar este livro sem conhecer a fundo Alberto, Malu e o espírito do pessoal da cozinha.

Grace Choi

O HOTEL-FAZENDA MONTALI

A razão pela qual o Hotel-Fazenda Montali tem uma reputação culinária relativamente boa é que há bastante tempo vem produzindo uma culinária vegetariana *gourmet* incomum. Do ponto de vista da alta culinária, o vegetarianismo nunca chegou a realizar todas as suas possibilidades, talvez em razão da dificuldade de usar um número relativamente pequeno de ingredientes e de evitar alguns particularmente suculentos, como a maioria das gorduras animais.

Começamos com um restaurante em Perúgia e terminamos na zona rural da Úmbria, onde administramos nossa estância. Na verdade, há mais de 20 anos estamos tentando dar uma interpretação melhor e uma imagem mais profissional à alimentação vegetariana. Admito que há um pouco de orgulho envolvido nisso, pois às vezes o desafio se mostrou muito difícil.

Na Índia, ao começar qualquer tipo de empreendimento comercial, é costume cantar os louvores do Senhor Ganesha, o deus de cabeça de elefante, pois é ele o orientador, o senhor da boa vontade e o padroeiro de tudo que está começando. É sempre o primeiro a ser adorado. O modesto sucesso culinário e as grandes satisfações que tivemos nunca teriam sido possíveis sem a ajuda da pessoa que descortinou à nossa frente os horizontes da alta culinária: Akira Shishido, nosso primeiro *chef* japonês. Como ele foi a encarnação de Ganesha para nós, gostaríamos de começar o livro referindo-nos a ele.

Naquela época, há 25 anos, administrávamos um bar bem-sucedido na linda cidade de Perúgia. Ela é repleta de jovens estudantes estrangeiros que se juntam para estudar a língua italiana na maior universidade para estrangeiros do país. O bar era somente uma tentativa de ganhar algum dinheiro e nos divertir o máximo possível, passando muitas noites em claro e gozando "la dolce vita" de jovens empresários boêmios. Eu tinha 19 anos.

Sem nenhuma intenção de produzir qualquer tipo de culinária *gourmet*, fazíamos boas refeições vegetarianas para alimentar as hordas de clientes jovens e famintos. Entre os diferentes grupos étnicos que povoavam nosso bar internacional, havia um grande número de japoneses. Os japoneses, que estão entre os povos mais instruídos, sempre adoraram os elegantes carros e roupas italianos e, de modo geral, gostam das nossas tendências especiais da moda e dos projetistas de arquitetura. Na qualidade de clientes de bar, eram extremamente respeitosos, bem-educados e,

melhor ainda para os proprietários, grandes beberrões.

Lembro-me de que me ensinaram um segredo, certamente de origem imperial, que lhes permitia beber uma quantidade maior de álcool do que qualquer ser humano forte e saudável deveria ser capaz de consumir! Eles não bebiam algumas taças de vinho ou garrafas de cerveja, mas litros e litros de uísque – o bastante para encher alguns caminhões. O segredo consistia em literalmente engolir uma colherada (sopa) de azeite de oliva puro antes de começar a noitada. O azeite revestia a membrana do estômago e permitia que os cavalheiros consumissem uma quantidade muito maior de álcool. No fim da noite, o álcool já produzia suas consequências de qualquer modo... e os efeitos eram, em geral, devastadores!!! Imagino que o imperador e suas concubinas usassem originalmente algum tipo de óleo de peixe, mas os modernos expatriados japoneses consideravam mais saborosa a nobre essência da oliveira e a estabeleceram como sua "musa moderna".

O uísque, grande fonte de renda para nosso negócio, estava sempre à mão. Quando os japoneses chegavam, tínhamos um grande estoque de Scotch e inúmeras colheradas de azeite prontas na cozinha. No geral, aquela época foi agradável, pois eles não criavam os mesmos problemas que as pessoas de algumas outras nacionalidades, as quais geralmente tendem a extravasar os efeitos do uísque na forma daquelas brigas horríveis e barulhentas tão comuns na vida noturna. Mas os japoneses, não. Imagino que qualquer um que começasse uma briga depois de beber com o imperador teria de cometer harakiri – não sem antes limpar a bagunça no restaurante!

Mesmo assim, começamos a esconder se não o uísque, pelo menos o azeite. Isso depois de certo dia em que Yasugi, um antigo cliente nosso, cambaleante com o excesso de álcool, decidiu se apoiar no longo tubo da chaminé do fogão a lenha (aceso) que corria por toda a parede do restaurante. O rosto dos infelizes clientes que viram e ouviram a queda de doze metros de chaminé quentíssimos e sujérrimos, com o fogo ainda aceso e a fumaça espalhando-se pelo ambiente, ficaram gravados em nossa memória por muito tempo. A partir de então, demos sumiço em absolutamente todas as facas de harakiri (e começamos a esconder o azeite).

Mas ali, no meio desses boêmios japoneses, talvez a síntese de uma classe de artistas intelectuais muito sofisticados, estava o bom Akira. *Chef* desde o berço, era uma das poucas pessoas nascidas sob o signo da culinária e encaminhadas, com toda a certeza, para se tornar uma celebridade da *haute cuisine* internacional. Hoje, 25 anos depois, posso afirmar que são poucas as pessoas que escolhem a profissão de *chef*, pois ela é muito difícil. Poucas amam a profissão. Pouquíssimas são predestinadas a exercê-la. E pode-se contar nos dedos os que têm uma afinidade kármica com a cozinha. Akira era um desses.

Ele era daquele tipo de *chef* que, quanto mais estava sob pressão, mais adorava trabalhar. Para Akira, a maior satisfação profissional era uma noite de extremo movimento em que, depois de muito trabalho e com a despensa vazia, uma multidão chegava morta de fome, vinda de alguma apresentação teatral tardia. Todos nós amaldiçoávamos a situação. Akira, por sua vez, adorava alimentar as pessoas sem ter nada na despensa, exceto sua criatividade. Trabalhar duro não era suficiente para ele. O que ele procurava eram... desafios.

Foi por isso que ele largou um bom emprego em um restaurante de cinco estrelas para trabalhar conosco em um lugar abaixo do padrão. Achava que a comida vegetariana seria um desafio, pois é uma das culinárias mais difíceis do mundo. Simplesmente aceitou o desafio. Na noite em que lhe oferecemos um emprego no nosso estabelecimento, é claro que tiramos do esconderijo a colherada de azeite e uma grande quantidade de uísque para tentar convencê-lo. Mas ele era muito esperto e, mesmo sob a forte influência do álcool, começou imediatamente a dar ordens a todos que estavam no restaurante, embora tivesse acabado de aceitar o emprego. Mais tarde, descobrimos que o processo de contratar um grande *chef* não é nem um pouco fácil. Os *chefs* são famosos pelo mau humor e pelas atitudes temperamentais... e Akira era um grande *chef*!

Até para nós, proprietários, a vida se tornou muito mais difícil. Embora o grande sucesso do nosso bar (principalmente em razão do fato de estarmos no lugar certo na hora certa com o produto certo) tenha continuado, até então nosso único interesse era nos divertirmos sem nenhum profissionalismo. Cozinhar e servir bebidas era somente um jeito de entrar naquele estilo de vida.

De repente, tudo mudou. Ainda me lembro das muitas vezes em que fui repreendido por algum mínimo detalhe no jeito de servir a comida de Akira. Em certa ocasião, eu passei um tempinho conversando com um cliente e,

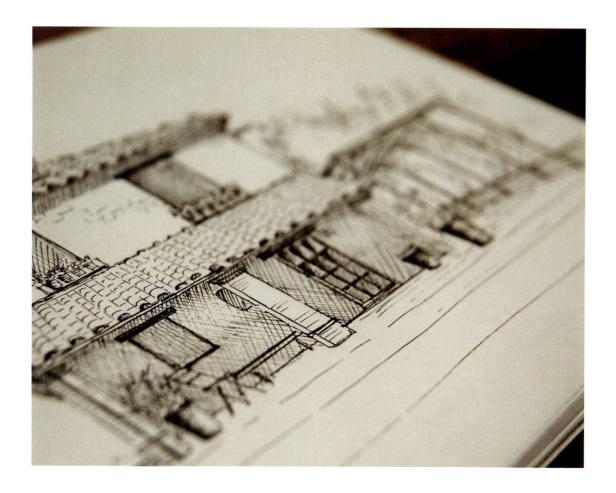

enquanto isso, o arroz esfriou. Quando pedi que Akira o esquentasse, ele se recusou: "Vá esquentá-lo você mesmo!" – me respondeu. E eu é que era o chefe!!! Mas depois disso veio a satisfação de fazer algo com muita atenção e carinho. Começamos a gostar cada vez mais do que estávamos fazendo. Além de tudo, Akira juntava as duas melhores tradições de culinária e serviço de mesa do mundo: a japonesa, com seus conceitos de beleza e sua magnífica apresentação, e a italiana, com seu orgulho culinário e seu estilo.

Nos 25 anos seguintes, depois de ensinar pessoalmente dezenas de jovens homens e mulheres a cozinhar e a servir, nem sei quantas vezes me lembrei desse meu primeiro guru no mundo maravilhoso da alta cozinha e de seus ensinamentos sobre como fazer um cliente se sentir em casa e bem recebido em um estabelecimento. E sempre me lembrei desses ensinamentos com um respeito e um prazer enormes.

Percebi que existe um último estágio "kármico" a ser vencido para que um cozinheiro, mesmo formado em uma escola excelente, se transforme em um verdadeiro *chef*. São poucos, com efeito, os que não se limitam a repetir as receitas que conhecem, mas continuam explorando, com prazer e boa vontade, o mundo secreto dos sabores ocultos. Pouquíssimos se transformarão em *chefs* que gostam de alimentar uma multidão, tarde da noite, com uma despensa vazia. Mas é assim que o *chef* tem de ser.

Este capítulo é uma homenagem a Akira Shishido, que literalmente nos obrigou a tomar o caminho da culinária *gourmet*. Infelizmente, perdemos o contato, mas tenho certeza de que o sucesso sorriu para ele – e não poderia ser diferente.

Ingredienti & Tecniche

INGREDIENTES E TÉCNICAS

ALGUNS PONTOS A LEMBRAR AO LER O LIVRO

- O livro foi dividido em quatro partes correspondentes aos quatro pratos do típico jantar do Hotel-Fazenda Montali. Primeiro vêm os Antipasti (entradas), depois os Primi (primeiros pratos), depois os Secondi (segundos pratos) e por fim os Dolci (sobremesas).

- Sugerimos vinhos para acompanhar alguns pratos, especialmente os Primi, conforme a tradição italiana.

- As medidas dos ingredientes são dadas no sistema métrico.

- Apresentamos versões veganas ou sem glúten para algumas receitas.

- Os molhos e cremes se encontram no capítulo de noções básicas. Embora apresentemos certas sugestões de uso neste livro, eles também são excelentes para acompanhar inúmeros outros pratos.

- Os ingredientes são listados na ordem em que serão usados.

 = Fácil   = Médio   = Difícil

INGREDIENTES

Azeite de Oliva
É o azeite "extravirgem", extraído da azeitona pela primeira pressão a frio. Com 1% de acidez, é o azeite de melhor qualidade e o único que deve ser usado.

Ovos
Em geral de tamanho médio, com cerca de 50 g.

Creme de Leite
Creme de leite comum, correspondente ao que no Brasil se vende em lata ou embalagem tetrapack, com teor de gordura de 20 a 25%.

Creme de Leite Espesso
Creme duplo ou creme para bater, conservado em geladeira, com teor de gordura de 35 a 45%. Em certos estados do Brasil, é chamado "nata".

Leite
Sempre integral.

Manteiga
Sempre sem sal.

Baunilha
Geralmente na forma de essência natural de baunilha, a menos que a receita especifique baunilha em vagem.

Farinha Italiana '00'
Usada para massas assadas leves e aeradas. Pode ser substituída, se necessário, por farinha comum.

Farinha Manitoba
Uma farinha não branqueada com alto teor de glúten, feita com trigo canadense e muito comum na Itália. Desenvolve alta quantidade de glúten durante a sova e o forneamento, resultando em um pão de textura resistente. No Brasil, a substituta mais próxima é a farinha especial.

Farinha de Trigo Durum

Farinha fina de sêmola feita com a variedade de trigo chamada "durum". É a farinha habitualmente usada para fazer as massas italianas de "grano duro".

Farinha de Semolina

Farinha mais grossa de trigo durum, usada em pudins, sopas e massas como o Gnocchi alla Romana.

Amido de Milho

Não deve ser confundido com o fubá nem com a farinha de milho. É habitualmente usado como espessante.

Fermento Biológico

Se for impossível encontrar o fermento biológico fresco, ele deve ser substituído por um fermento seco de boa qualidade, mas jamais pelo tipo "instantâneo".

Açúcar

De granulação mais fina que o açúcar refinado brasileiro, mas pode ser substituído por este.

Açúcar de Confeiteiro

De granulação muito fina.

Mosto Cotto ou Saba

Uma redução de suco de uva que deu origem, no decorrer dos tempos, ao vinagre balsâmico. Se for difícil encontrá-lo, pode ser substituído por outro xarope doce. Para precaver-se contra a escassez, Malu faz seu próprio mosto cotto a partir do suco recém-extraído da uva. Para fazer em casa, ferva um litro de suco de uva em fogo lento até reduzi-lo a um décimo do volume original. Deixe esfriar completamente e guarde em um recipiente hermético por até 1 ano.

Rúcula

Uma verdura de sabor picante e levemente amargo.

Cogumelos

Cogumelos *porcini* (boleto), *cremini* (champignon portobelo), shimeji e champignon comum. Se for usar boletos secos, mergulhe-os em água quente até amaciá-los.

Abóbora

Sempre a abóbora cabocha, também chamada abóbora japonesa em certas regiões do Brasil.

Radicchio

Uma verdura de cor arroxeada e caracteristicamente amarga. É excelente não só em saladas, mas também grelhada, salteada ou assada.

Tahine

Pasta espessa de gergelim, originária do Oriente Médio.

Limão

Sempre do tipo siciliano.

Pinhão

Italiano, semente do pinheiro *Pinus pinea*. Pode ser encontrado nas principais cidades do Brasil. Caso seja preciso substituí-lo, pode sê-lo pela castanha-do-pará ou, na feitura do molho pesto, por nozes. Vale lembrar, entretanto, que nem a castanha-do-pará nem as nozes reproduzem a qualidade crocante do pinhão italiano original.

QUEIJOS

Falando sobre a França, Charles de Gaulle fez a seguinte pergunta: "Como governar um país que produz mais de 300 variedades de queijos?" Ora, a Itália produz mais de 600! Talvez seja por isso que os italianos são tão ecléticos e independentes.

Castelmagno

Famoso queijo de leite de vaca produzido na comuna de mesmo nome, no Piemonte, vários quilômetros acima do nível do mar. É envelhecido durante 2 a 6 meses em cavernas naturais. A variedade mais jovem tem textura quebradiça e sabor delicado. A mais velha tem sabor mais forte e rico. Diz a lenda que, em razão do frio do ambiente, o queijo é fermentado sob o calor do estrume das vacas – protegido (ainda bem) por uma camada de palha!

Fontina

Queijo suave de leite de vaca produzido nos Alpes. As vacas que produzem o leite usado neste queijo pastam nos planaltos do norte da Itália, e o resultado é um sabor forte e característico. É muito usado em pratos do norte, como as fondutas e os risotos. Acompanha frutas e mel na sobremesa.

Formaggio di Fossa

Queijo de leite de ovelha (às vezes misturado com leite de vaca e de cabra), característico da região dos Apeninos ou da Marca. O queijo é envelhecido em cavernas naturais que têm o grau certo de umidade. É mantido em sacos de tecido por 3 a 6 meses enquanto perde água e gordura. É esse processo de fermentação que lhe dá seu sabor peculiar. É perfeito sem acompanhamento, guarnecendo um *secondi* ou com frutas e mel.

Mascarpone

Queijo cremoso de leite de vaca, obrigatório para o Tiramisu perfeito.

Montasio

Queijo de leite de vaca (em versão suave ou envelhecida) comum na região do Vêneto, do nordeste da Itália. A versão jovem é suave e levemente ácida, ao passo que a envelhecida pode ser ralada sobre o macarrão ou servida em fatias para complementar o sabor "defumado" dos alimentos grelhados.

Mozarela

Feito principalmente de leite de vaca nas regiões sulinas da Campanha, da Puglia e do Lácio. É um queijo fresco e leve que deve ser consumido no máximo em 3 dias depois de comprado. A mozarela de búfala tem sabor mais característico. É muito cremosa e deliciosa quando derretida sobre o macarrão.

Parmesão Reggiano

Este famoso queijo de leite de vaca, o "rei dos queijos", é produzido na cidade de Parma e envelhecido por 24 meses. O sabor forte é perfeito como toque final. O Parmesão Reggiano (que, neste livro, também chamaremos simplesmente de Parmesão) é ralado sobre o macarrão e misturado em vários pratos imediatamente antes de servi-los. Para produzir um Parmesão de 56 kg são necessários 700 litros de leite!

Parmesão Grana Padano

Envelhecido por 12 meses, é mais suave que o Reggiano. Sua versatilidade lhe permite ser usado em muitos pratos.

Pecorino di Pienza

Um dos melhores queijos tipo Pecorino, feito na cidadezinha medieval de Pienza. De leite de ovelha, é conhecido na Itália por seu sabor suave e brando.

Pecorino Romano

Queijo de leite de ovelha quebradiço, envelhecido e salgado, usado no pesto e em outros molhos e ralado sobre saladas e macarrões.

Robiola

Queijo fresco cremoso feito de leite de vaca, ovelha ou cabra, famoso pelo aroma e pelo sabor. É maravilhoso quando espalhado no pão torrado ou consumido com frutas.

Scamorza

Uma mozarela de baixa umidade, firme e seca, também oferecida na variedade defumada. É deliciosa quando derretida sobre seus pratos favoritos.

Taleggio

Queijo doce e levemente ácido, de leite de vaca. É originário de Val Taleggio, na Lombardia, norte da Itália. O aroma delicado lembra o de trufa. É delicioso para acompanhar frutas ou como base de um molho. Deve ser adquirido fresco e consumido em 6 dias. É um dos poucos queijos que suportam bem o congelamento.

TÉCNICAS

Como Escurecer Pimentões

Coloque o pimentão em uma assadeira e asse a 180°C por 40 minutos ou até o pimentão escurecer. Tire-o do forno, coloque-o em um saco plástico, feche o saco e reserve por 30 minutos ou até o pimentão esfriar. Tire do saco e descasque. Retire o cabo, abra o pimentão e corte-o como necessário.

Como Cozinhar e Descascar Batatas

Coloque as batatas lavadas em uma panela e cubra-as de água fria levemente salgada. Deixe ferver e cozinhe-as até ficarem macias. Tire-as da água uma por uma, usando uma escumadeira. Espete-as em um garfo. Enquanto segura o garfo com uma mão, descasque a batata com a outra, usando uma faca.

Como Fritar por Imersão

Em uma panela pesada ou grande, despeje uma quantidade suficiente de óleo vegetal para cobrir o que você pretende fritar. Dependendo do prato, há duas maneiras de saber se o óleo está quente o suficiente. Para fritar legumes, como berinjela, ou alimentos à base de massa firme, como os Calzoni, coloque um pedacinho de pão no óleo quente e deixe-o borbulhar. Quando o pão ficar imóvel, o óleo está no ponto. Para fritar massas líquidas, pingue uma pequena porção de massa no óleo quente. Se a massa descer ao fundo e subir à tona imediatamente, o óleo está no ponto. Se permanecer no fundo, mesmo que seja por um segundo, o óleo ainda não está quente o suficiente. Na fritura por imersão, sempre aproxime o alimento do óleo antes de depositá-lo na panela, para evitar respingos.

Tanto num teste quanto no outro, se você notar que o pão ou a massa líquida escureceram muito rápido, abaixe o fogo ou tire a panela do fogo para deixar o óleo esfriar.

Como Flambar

Depois de saltear o alimento, tire a panela do fogo alto, mas não apague o fogo. Despeje na panela uma bebida alcoólica de qualidade, como conhaque ou outro tipo de *brandy*, e reponha a panela no fogo, mantendo-a inclinada para que a chama inflame o álcool. Mantenha-se à distância, pois as chamas subirão, mas se extinguirão depois de alguns segundos.

Como Dar um Banho de Gelo

Para deter abruptamente a cocção de um alimento ou esfriar rapidamente um caldo ou um molho, muitas receitas pedem um banho de gelo.

Encha uma vasilha grande com água fria e cubos de gelo. No caso de legumes como tomates e aspargos, tire-os da água de cocção com uma escumadeira e deixe-os esfriar completamente, por até um minuto, na água gelada. No caso de caldos, molhos ou cremes, despeje o líquido em uma vasilha e coloque esta dentro do banho de gelo, de tal modo que a água envolva a base da vasilha. Mexa continuamente o conteúdo até que esfrie.

Como Descascar Tomates

Ponha uma panela com água (em quantidade suficiente para cobrir os tomates que se quer descascar) no fogo e deixe ferver. Enquanto isso, faça em cada tomate um corte superficial em forma de "X" no fundo (a parte oposta ao cabo). Prepare um banho de gelo. Coloque os tomates na água fervente e deixe-os cozinhar por até 20 segundos, dependendo do tamanho e do quanto estão maduros (os tomates pequenos ou mais maduros têm de cozinhar por menos tempo). Tire-os da água com uma escumadeira e coloque-os na água fria. Quando for possível pegá-los na mão, tire-os do banho de gelo e descasque-os a partir do corte em "X". A pele sairá com facilidade.

Como Reidratar Uvas-passas e Cogumelos

Quando pedem o uso de uvas-passas ou cogumelos secos, as receitas geralmente dizem que esses ingredientes devem ser postos de molho (em água ou álcool no caso das frutas secas) para umedecer. Coloque os ingredientes secos em uma panelinha e apenas cubra-os com o líquido indicado na receita. Esquente suavemente em fogo baixo por 5 minutos. Coe completamente e reserve.

Como Abrir uma Vagem de Baunilha

Corte a vagem no sentido do comprimento com a ponta de uma faca pequena. Separe as duas metades e encoste a lâmina da faca na parte de dentro de uma das duas metades. Com um único movimento, raspe a polpa do interior da vagem e reserve. Faça o mesmo com a outra metade. Use tanto a polpa quanto a casca para aromatizar.

Nozioni Prime
NOÇÕES BÁSICAS

Molho Balsâmico Reduzido

1 porção

250 ml de vinagre balsâmico
125 ml de vinho tinto
125 ml de vinho do porto
4 grãos de pimenta-do-reino

2 chalotas pequenas, descascadas
1 folha de louro
5 cm de casca de laranja

Junte todos os ingredientes em uma panela pequena. Cozinhe por 30 minutos em fogo baixo até que o vinagre balsâmico adquira consistência semelhante à de melado. Passe por uma peneira e descarte os sólidos. Ponha em uma bisnaga e conserve na geladeira por até 1 mês. Para reaquecer, verta água morna sobre o frasco ou coloque-o em um banho de água morna por 5 minutos.

Bechamel Básico

1 porção (250 ml)

250 ml de leite integral
1 colher (sopa) de manteiga

1 colher (sopa) de farinha
Sal, pimenta-do-reino e noz-moscada a gosto

Aqueça o leite em uma caçarola pequena até amornar. Enquanto isso, derreta a manteiga em uma caçarola pequena em fogo médio. Agregue a farinha à manteiga derretida, mexendo com um fouet. Quando o *roux* estiver bem dourado, acrescente todo o leite, mexendo sem parar para não formar grumos. Tempere com sal, pimenta-do-reino e noz-moscada. Despeje em outro recipiente e cubra com filme plástico de tal modo que o filme fique em contato com a superfície do creme. Isso evitará a formação de uma película superficial. Reserve para o uso.

Molho de Alcaparra e Salsinha

1 porção

2 colheres (sopa) de alcaparras
3 colheres (sopa) de salsinha

Azeite extravirgem para cobrir

Lave e enxágue as alcaparras. Pique-as com a salsinha e misture com o azeite. Reserve.

Açúcar de Canela

1 porção

4 colheres (sopa) de açúcar de confeiteiro
1 colher (sopa) de canela em pó

Azeite extravirgem para cobrir

Misture o açúcar e a canela em uma vasilha e peneire. Conserve em lugar fresco e seco até o uso.

Massa Choux

1 porção

- 312 ml de água
- 125 g de manteiga cortada em cubinhos
- Uma pitada de sal
- 160 g de farinha manitoba
- 3 ovos

Aqueça a água, a manteiga e o sal em uma panela em fogo médio, deixando a manteiga derreter completamente. Tire do fogo assim que levantar fervura. Acrescente a farinha toda de uma vez e mexa com um fouet até misturar bem. Devolva a panela ao fogo e continue mexendo por 30 segundos ou até a massa desgrudar dos lados e do fundo da panela. Tire do fogo e deixe esfriar um pouquinho. Agregue um ovo por vez com uma colher de pau, incorporando cada um completamente antes de acrescentar o próximo. Depois de misturar o terceiro ovo, desenhe um sulco no centro da massa com a colher. Se a massa ao redor preencher o sulco aos poucos, a massa está pronta.

Transfira para um saco de confeitar com bico de 7 mm e deposite porções de ½ colher (sopa) em uma assadeira comum ou de silicone. Pincele levemente com água a parte de cima de cada porção de massa e asse a 180°C por 20 minutos. Deixe esfriar completamente.

Renda de Caramelo

1 porção

- 12 colheres (sopa) de açúcar

Forre uma travessa com papel-manteiga e borrife com óleo. Ponha o açúcar em uma caçarola de fundo grosso e aqueça lentamente até começar a derreter. Quando estiver em um tom marrom-dourado homogêneo, tire do fogo e espere engrossar um pouco. Para verificar a consistência, mergulhe uma colher no caramelo e balance-a sobre o papel. Quando o açúcar se desprender da colher em fios longos e finos que não se quebram, estará no ponto. Incline a panela perto da travessa e, com a colher, desenhe fios cruzados de caramelo sobre todo o papel-manteiga. Ponha no congelador por 30 minutos e quebre em pedaços de forma aproximadamente quadrada para enfeitar uma sobremesa.

Creme de Chocolate

1 porção

- 200 g de chocolate meio amargo
- 150 ml de creme de leite espesso

Rale o chocolate e derreta-o com o creme de leite em banho-maria, mexendo bem. Quando estiver pastoso e homogêneo, tire do fogo e deixe chegar à temperatura ambiente. Ponha em uma bisnaga e conserve na geladeira por até 1 semana. Para reaquecer, coloque o frasco em uma vasilha cheia de água quente, com cuidado para que a água não entre no frasco. Este molho pode regar as mais diversas sobremesas.

Molho Quatro Queijos

1 porção

84 g de queijo Taleggio
45 g de queijo Emmenthal
45 g de queijo Provolone
45 g de queijo Pecorino di Pienza
150 ml de leite
2 colheres (sopa) de creme de leite
1 colher (sopa) de manteiga

———

Rale todos os queijos e combine-os com os demais ingredientes em um banho-maria em fervura lenta. Deixe-os derreter, mexendo suave e continuamente com uma colher de pau. Quando o molho estiver cremoso, tire do fogo e deixe coberto até a hora de servir.

Ganache

1 porção

380 g de chocolate meio amargo com 70% de cacau
1 ½ colher (sopa) de água
30 g de açúcar
125 ml de creme de leite espesso

———

Derreta o chocolate em banho-maria. Em uma panela pequena, aqueça a água e o açúcar até que este se dissolva. Reserve em outro recipiente. Ferva o creme de leite e despeje-o de imediato sobre a calda de açúcar, batendo continuamente com um fouet. Acrescente o chocolate derretido à mistura de creme de leite e calda de açúcar e bata rapidamente com o fouet, misturando bem. A mistura soltará bolhas. Deixe-a descansar por alguns minutos até perder as bolhas e tornar-se totalmente lisa (revista as costas de uma colher e verifique se o creme está liso e brilhante).

Para cobrir um bolo, despeje o ganache morno sobre ele, cobrindo a superfície. Usando uma espátula, espalhe o ganache sobre a parte de cima e os lados do bolo e ponha na geladeira por 2 minutos para endurecer. Fatie e sirva.

Ghee

1 porção

O ghee é essencialmente a manteiga clarificada. Aqueça 225 g de manteiga em uma panela pequena e funda e deixe ferver lentamente, em fogo baixo. Retire os sólidos do leite com uma escumadeira à medida que forem subindo à superfície, até que a manteiga esteja totalmente transparente e não haja mais sólidos. Deixe esfriar por completo e conserve na geladeira por até 2 semanas.

Molho de Ervas e Iogurte

1 porção

150 ml de creme de leite espesso levemente batido
150 ml de iogurte
1 dente de alho pequeno
1 colher (sopa) de ervas mistas (cebolinha, tomilho, alecrim e manjericão), picadinhas
3 colheres (sopa) de azeite extravirgem
Sal e pimenta-do-reino
2 colheres (chá) de suco de limão

———

Bata o creme de leite até montar parcialmente e agregue os demais ingredientes. Conserve na geladeira até o uso.

Decoração de Fios de Limão

1 porção

2 limões
270 ml de água
210 g de açúcar
1 colher (sopa) de açúcar

———

Descasque os limões no sentido do comprimento, usando um descascador de batatas. Reserve os frutos para usar depois. Corte as cascas em fatias finas no sentido do comprimento (à julienne) com uma faca afiada. Ferva a água com o açúcar até este derreter. Reserve 60 ml dessa calda. Ferva metade da calda restante com as cascas de limão por 30 segundos. Coe as cascas numa peneira e repita o procedimento com a outra metade da calda (esse processo tira o amargor da casca). Coe as cascas com a peneira e devolva-as à panela em que estiverem os 60 ml de calda reservados. Acrescente uma colher (sopa) de açúcar. Deixe ferver, abaixe o fogo e cozinhe por 2 minutos. Remova os fios de limão do líquido e deixe-os esfriar antes de usar.

Maionese

1 porção (165 g)

1 gema de ovo
1 colher (chá) de mostarda
150 ml de óleo vegetal
1 colher (sopa) de suco de limão
Sal e pimenta-do-reino a gosto

———

Misture a gema e a mostarda e acrescente o óleo em um fio lento e constante, batendo sempre com o fouet. Acrescente os demais ingredientes e reserve.

Molho de Azeitonas

1 porção

1 colher (sopa) de azeitonas pretas picadas
3 colheres (sopa) de azeite
Sal a gosto
½ dente de alho, amassado
Uma gota de molho Tabasco

———

Misture todos os ingredientes e reserve até o uso.

Molho de Laranja

1 porção

2 laranjas-baía
1 colher (sopa) de amido de milho
3 colheres (sopa) de vinho branco
1 colher (chá) de suco de limão
21 g de manteiga, em temperatura ambiente
Sal e pimenta-branca a gosto

———

Esprema as laranjas para obter cerca de 250 ml de suco. Em uma caçarola pequena, misture o suco de laranja, o amido de milho, o vinho branco e o suco de limão e cozinhe em fogo médio até espessar (mais ou menos 3 minutos). Tire do fogo e acrescente a manteiga em porções de uma colher de chá, mexendo sem parar até que o molho fique liso e cremoso. Tempere a gosto e mantenha quente.

Panir

1 porção (180 g)

1 litro de leite
3 colheres (sopa) de suco de limão
2 colheres (chá) rasas de sal

———

Em uma panela de fundo grosso, aqueça o leite mexendo-o de vez em quando. Assim que ferver, acrescente todo o suco de limão e mexa suavemente para talhar o leite. Tire do fogo quando a mistura se separar em uma fase líquida e outra sólida e o líquido tiver aspecto claro (se o líquido continuar leitoso, acrescente mais suco de limão).

Forre um escorredor com uma gaze grande e despeje nela a mistura quente. Feche a gaze, aperte-a suavemente para tirar o líquido e mergulhe-a por completo em uma vasilha d'água por 10 segundos. Retire, torça bem a gaze com a mistura dentro e recoloque-a no escorredor. Tempere o coalho com sal e ponha sobre ele uma panela pesada (cheia d'água para ficar ainda mais pesada). Deixe-a por 4 horas sobre uma vasilha que recolha o líquido escoado. Conserve na geladeira por até 2 dias.

Molho de Pimentão
1 porção

    1 pimentão vermelho, lavado
    1 dente de alho, esmagado
    ½ colher (chá) de vinagre balsâmico
    ½ colher (chá) de vinagre de vinho tinto
    2 colheres (sopa) de azeite extravirgem
    Sal, pimenta-do-reino e pimenta-branca a gosto

Coloque o pimentão em uma assadeira e leve ao forno a 180°C por 40 minutos ou até o pimentão escurecer. Tire-o do forno e feche-o em um saco plástico até esfriar. Tire do saco e descasque. Corte fora o cabo, abra o pimentão e remova as sementes e as partes esbranquiçadas da polpa. Bata o pimentão no liquidificador com o alho, os vinagres, o azeite, o sal e as pimentas. Cubra a mistura e reserve.

Pesto
1 porção

    100 g de folhas de manjericão frescas
    2 ½ colheres (sopa) de pinhões
    2 dentes de alho
    200 ml de azeite extravirgem
    1 colher (chá) de sal
    8 colheres (sopa) de queijo Parmesão ralado
    4 colheres (sopa) de queijo Pecorino Romano ralado

Em um processador, junte o manjericão, os pinhões, o alho, o azeite e o sal e bata até obter uma mistura fina. Despeje em uma vasilha pequena e acrescente os queijos. Reserve até o uso. Se quiser fazer uma quantidade maior para usar durante o inverno, deixe para acrescentar o alho e os queijos no dia do uso. Mantenha a mistura congelada por até 6 meses e deixe descongelar completamente antes de usar.

Massa Folhada

1 porção

500 g de farinha e mais um pouco para polvilhar
175 ml de água fria
1 colher (chá) de sal

1 colher (chá) de manteiga em temperatura ambiente
500 g de margarina, na forma de um bloco achatado

Em uma bancada plana ou em uma vasilha grande, misture bem a farinha, a água fria, o sal e a manteiga, usando as mãos. Sove até que todos os ingredientes estejam bem incorporados e a textura, bem homogênea. Envolva em filme plástico e leve à geladeira por 10 minutos. Enfarinhe uma superfície lisa (repetindo o processo se a massa grudar) e abra a massa em uma largura três vezes maior que a do bloco de margarina e altura 2 cm maior que a do bloco. Com a massa aberta diante de si na largura, coloque a margarina no centro e feche a massa sobre ela, primeiro o lado esquerdo e depois o direito. Aperte as bordas para fechá-las por completo. Gire o bloco de massa em 90° e aperte-o homogeneamente com um rolo. Abra-o com o rolo na forma de uma tira comprida com 2 cm de espessura. Faça um talho transversal no centro da tira e dobre os dois lados da massa como as venezianas de uma janela, de tal modo que as extremidades se encontrem no centro. Dobre de novo, desta vez como se estivesse fechando um livro. Envolva em filme plástico e leve à geladeira por 10 minutos.

Abra a massa com o rolo na forma de uma tira comprida com 5 mm de espessura. Feche de novo como se fosse uma janela e depois como se fosse um livro. Envolva em filme plástico e leve à geladeira por mais 10 minutos. Repita todo o processo mais quatro vezes. Por fim, divida a massa em quatro, envolva as porções individualmente em filme plástico e deixe no congelador pelo tempo necessário. Antes de usar, tire do congelador e reserve até chegar à temperatura ambiente (cerca de 2 horas).

Molho de Açafrão e Parmesão

1 porção

½ colher (chá) de açafrão
50 g de manteiga
125 ml de leite
125 ml de creme de leite espesso

154 g de queijo Parmesão ralado
Pimenta-do-reino a gosto
Noz-moscada

Deixe os fios de açafrão de molho em 225 ml de água morna por 1 hora.

Derreta a manteiga em uma panela e acrescente o açafrão e o líquido. Acrescente o leite e o creme de leite e aqueça até levantar fervura. Acrescente o queijo ralado e misture. Transfira para um banho-maria e continue cozinhando, mexendo continuamente até que o molho esteja muito cremoso (cerca de 20 minutos). Tempere com pimenta-do-reino e noz-moscada e reserve até a hora de servir.

Molho de Sálvia e Manteiga

1 porção

180 g de manteiga

6 folhas de sálvia

Derreta a manteiga em fogo baixo e acrescente a sálvia. Mantenha em fogo médio por 3 minutos. Deixe esfriar completamente.

Seitan

1 porção (800 g)

Massa

1,4 kg de farinha manitoba
800 ml de água

Líquido de Cocção

3 litros de água
1 colher (sopa) de sal marinho
100 ml de vinho branco
100 ml de molho de soja
1 cenoura
1 cebola, descascada
3 dentes de alho, descascados
1 talo de aipo
1 ramo de alecrim
1 ramo de salsinha

Junte a farinha e a água em uma vasilha grande e trabalhe-as bem até que a massa fique homogênea. Ponha a vasilha na pia. Aperte e lave a massa continuamente sob água corrente até que ela perca todo o amido. Quando isso acontecer, a água sairá límpida e a massa terá uma textura elástica. Drene em um escorredor e reserve. Prepare duas panelas grandes. Em uma delas, misture 2 litros de água com uma colher (sopa) de sal marinho e leve à fervura lenta. Na outra, misture os demais ingredientes do líquido de cocção e também leve à fervura lenta. Tire o seitan do escorredor e coloque-o sobre uma bancada lisa. Usando as mãos, faça um rolo com a massa, com 10 cm de diâmetro, e corte-o em fatias redondas de 1 cm de largura. Coloque as fatias de seitan, em levas, na panela de água fervente. Assim que elas subirem à tona, transfira-as para a outra panela com uma escumadeira. Cozinhe-as por mais 20 minutos. Tire a panela do fogo e deixe o seitan esfriar dentro do líquido de cocção. Depois de frio, retire-o com uma escumadeira e aperte delicadamente os pedaços para tirar o excesso de líquido. Conserve na geladeira por até 5 dias.

Molho Tártaro

1 porção

1 porção de Maionese (ver página 29)
2 azeitonas verdes
1 pedaço de cenoura de 2,5 cm
1 pepino em conserva
1 chalota pequena
1 dente de alho pequeno
1 colher (chá) de salsinha picada

folhas de aipo de 2,5 cm
2 alcaparras
1 colher (chá) de mostarda
Suco de limão a gosto
2 gotas de vinagre
Sal e pimenta-do-reino a gosto
1 colher (sopa) de iogurte

Misture todos os ingredientes no liquidificador, com exceção do iogurte. Incorpore o iogurte e leve à geladeira.

Molho de Tomate

1 porção (375 ml)

800 g de tomates descascados em lata
1 cenoura pequena, descascada e cortada em dois no sentido do comprimento
1 cebola pequena, descascada e cortada na metade
1 talo de aipo pequeno, limpo e cortado na metade
1 ramo de salsinha, lavado
3 folhas de manjericão, lavadas
2 dentes de alho, descascados e levemente amassados
5 colheres (sopa) de azeite extravirgem
1 colher (chá) de sal ou sal a gosto

———

Passe os tomates por um processador manual e descarte as sementes. Misture os ingredientes em uma panela e cozinhe-os em forno médio-alto. Assim que o molho começar a ferver, abaixe o fogo e mantenha-o em fervura lenta por 20 minutos, com a panela destampada, mexendo de vez em quando. Prove. Se o molho estiver muito azedo, acrescente um pouco de azeite e uma pitada de bicarbonato de sódio (não de açúcar!) e deixe em fervura lenta por mais 5 minutos. Remova os vegetais aromáticos com uma escumadeira e use o molho à vontade. Se for usada somente como molho e não for acrescentada a outra receita, esta porção serve 4 pessoas.

Molho de Trufas

1 porção

3 colheres (sopa) de azeite
1 dente de alho

1 colher (sopa) de trufa ralada
Uma pitada de sal

———

Aqueça o azeite em uma caçarola com o alho. Quando o azeite estiver quente e o alho começar a escurecer, desligue o fogo. Tire o alho e acrescente as trufas. Acrescente uma pitada de sal, mexa e reserve.

Caldo de Legumes

1,2 litro

2 litros de água
1 cenoura, descascada e cortada em dois no sentido do comprimento
1 cebola, descascada e cortada em quatro
1 talo de aipo, cortado na metade
1 ramo de salsinha fresca

2 folhas de manjericão
1 batata, descascada e cortada em quatro
1 abobrinha, cortada em quatro
1 dente de alho, descascado e levemente amassado
Sal a gosto

———

Junte todos os ingredientes em uma panela grande e leve à fervura. Abaixe o fogo, tampe a panela e deixe em fervura lenta por 45 minutos. Coe em uma peneira fina, deixe esfriar e conserve na geladeira por até 3 dias.

DOIS TESOUROS DA ITÁLIA: AS TRUFAS E O AÇAFRÃO

História

A trufa é rara e cara pelo fato de a temporada de coleta ser muito curta e também por ser encontrada apenas embaixo da terra. É um fungo hipógeo que cresce do centro ao norte da Itália. Os lugares mais famosos pela quantidade e qualidade de suas trufas são Alba, no Piemonte (principalmente pelas trufas brancas, as mais procuradas); Norcia, na Úmbria; e San Miniato, na Toscana (pelas trufas negras). Em razão de seu perfume forte e inebriante e de seu sabor único, a trufa se destaca entre todos os produtos naturais. Não há nada mais fascinante que a trufa.

Um pouco mais de história

Desde 3.000 a.C., nos tempos babilônicos, há registros do uso de um ingrediente semelhante às trufas. No século II a.C., Teofrasto de Éreso, discípulo de Aristóteles e estudioso de botânica, discorreu sobre as trufas em seu *Historia Plantarum*. De acordo com ele, o fungo alcançava o máximo de seu sabor graças a uma combinação de chuvas e raios. No século II d.C., Galeno, o pai da medicina sistemática, assinalou as qualidades nutritivas da trufa e seu poder de aumentar a vitalidade. O misterioso fungo se tornou um afrodisíaco que, segundo se acreditava, intensificava o prazer sexual.

No Império Romano, as trufas eram oferecidas a Vênus, deusa do amor. Os médicos prescreviam-nas aos impotentes: foram a primeira versão do Viagra. No primeiro século depois de Cristo, Apício, famoso *gourmet* de uma das famílias patrícias mais venerandas da Roma antiga, falou sobre a qualidade régia das trufas nas refeições, elevando o fungo à nobreza.

Nos tempos medievais, a apreciação acabou. As trufas foram consideradas perigosas porque, de repente, passou-se a acreditar que os que as consumiam tinham natureza demoníaca. Por um tempo, as trufas desapareceram quase por completo e voltaram somente alguns séculos depois, durante a época das Comunas e Senhorias. Tornaram-se novamente objetos de grande demanda, e a elite fazia questão de tê-las à mesa. Até mesmo Francisco Petrarca, o famoso poeta, compôs versos sobre o fungo.

Nesse período foram descobertos dois dos mais nobres tipos de trufas: o *Tuber magnatum* e o *Tuber melanosporum*. Até então, as pessoas se satisfaziam com fungos de qualidade inferior.

Na Renascença, entretanto, as trufas alcançaram sua maior glória, criando uma espécie de dependência: tinham de marcar presença em qualquer banquete respeitável. Nesse período, os melhores *chefs*, os Mestres de Cozinha (da nobreza), davam tudo de si para criar receitas e oferecê-las aos seus ilustres convidados, incorporando o fungo em seus pratos e até mesmo oferecendo-o como presente de gala.

Naturalmente, Catarina de Médici não poderia deixar de levar à França, junto dos mais variados produtos, as trufas. Ela ajudou a divulgar o uso do fungo quando foi se casar com Henrique II.

No século XVIII, a trufa era símbolo de nobreza e riqueza. Vários reis e imperadores, Napoleão inclusive, se entusiasmavam com o sabor do fungo. Até mesmo no jantar de encerramento do Congresso de Viena (em 1815), onde estavam reunidos os maiores políticos e líderes do mundo, foram servidas trufas.

O crescimento da trufa

As trufas crescem de maneira natural em lugares chamados *tartufaie*. Infelizmente, tais lugares são cada vez mais escassos e/ou estão diminuindo em decorrência da situação atual da atmosfera.

Há muitos anos as pessoas vêm praticando o cultivo artificial, com algum resultado. Uma vez que as trufas vivem em simbiose com as raízes do carvalho e da avelãzeira, os agricultores plantam essas árvores com o esporo da trufa inoculado nelas. As trufas absorvem água e sais da terra e oferecem-nos à árvore, enquanto a árvore alimenta as trufas com carboidratos complexos.

Os maiores concorrentes do homem no que se refere a encontrar trufas são, de modo geral, os javalis, animais muito comuns nas áreas de produção. Eles simplesmente adoram o fungo. Por causa disso, muros de concreto foram construídos em torno das *tartufaie* para impedir que os javalis cavem e as comam.

Nota sobre o açafrão

O açafrão é originário da Ásia Menor. Era usado não só na culinária, mas também como tintura, remédio e cosmético. Bem conhecido na região do Nilo, o açafrão também era célebre entre os gregos, que o figuraram nos desenhos das paredes do palácio de Cnossos. Na Itália, desde o século XIII essa planta tem sido amplamente empregada para tingir linho, lã e seda, sendo também utilizada como pigmento para pintura. Il Perugino, Pietro Vannucci, o mestre de Raffael, pegava as flores, extraía-lhes o pigmento e o usava em suas famosas pinturas e afrescos. Incentivou o cultivo da planta nas redondezas do lago Trasímeno, na Úmbria. O açafrão espanhol se tornou mais acessível que o caro açafrão da Úmbria. Depois da Renascença, a produção comercial deste último diminuiu muito, até ele praticamente desaparecer do local.

O SULTÃO DE PERÚGIA

Envergando seu terno Valentino de cor creme, de caimento perfeito, e seus reluzentes mocassins Armani marrons, aos 44 anos, Alberto Musacchio é o arquétipo do estilo clássico italiano enquanto caminha de mesa em mesa no seu restaurante. Do salão principal ouvem-se os clientes rindo de suas muitas histórias, encantados por seu sorriso jovial.

Magro, com 1,84 de altura e cabelos grisalhos, é um homem requintado, tão cuidadoso com sua própria aparência quanto com a qualidade de suas refeições. Ele afirma que seria absurdo imaginar que já tenha sido menos elegante do que é hoje, ou tivesse uma elegância diferente.

Na verdade, porém, o Alberto Musacchio de 1979 era bem diferente da versão atual.

Foto do arquivo pessoal

Entre os experimentais anos 1970 e a decadente década de 1980, Perúgia se tornou a capital dos estudantes estrangeiros na Itália. Na universidade, oferecia-se um curso de italiano com a duração de três meses para as pessoas poderem depois continuar seus estudos em cidades como Roma, Florença e Milão. Foi em Perúgia que, aos 19 anos, Alberto decidiu cursar Filosofia. Depois de percorrer os Estados Unidos com apenas 300 dólares no bolso, há muito já deixara para trás a ingenuidade da adolescência. Enquanto seu cabelo crescia à altura dos ombros, estava ansioso para desfrutar de tudo que o mundo tinha a oferecer. Ao mesmo tempo, juntava capital com o auxílio de seu maior dom: sua percepção e compreensão dos negócios e empreendimentos.

Da noite para o dia, Perúgia deixou de ser uma pacata cidade medieval e se tornou uma animada cidade universitária. Com jovens estudantes brincalhões vindos de todos os lados, os estabelecimentos locais praticamente não tinham chance de acompanhar o ritmo deles, detalhe que Alberto percebeu de imediato. Suas melhores lembranças dos Estados Unidos eram os passeios por pequenos bares e casas noturnas, lugares onde era normal acontecer desde conversas calmas até reuniões estridentes. Com isso, ele percebeu que esse tipo de lugar era exatamente o que faltava em Perúgia. Havia algumas cafeterias que fechavam cedo e casas noturnas onde se podia dançar a noite inteira, mas não havia nenhum lugar onde as pessoas pudessem ir para escutar boa música, tomar uns drinques e relaxar.

No centro histórico da cidade havia um botequim conhecido por render pouco, servir comida macrobiótica e ser frequentado por pequenos traficantes. Na visão de Alberto, era uma mina de ouro. Com o apoio financeiro de seus pais, Alberto, seu Irmão Gianni e seu colega de classe Fedele compraram o bar dos antigos donos, que estavam ansiosos para vendê-lo, e tomaram para si a tarefa de transformar o lugar no estabelecimento dos seus sonhos.

Chamaram o bar de "Califfo", inspirados pelo livro *O Califa do Haxixe*, do autor francês Gerald de Nerval. O livro, escrito em 1851, se difundiu rapidamente no meio alternativo da juventude livre-pensadora de mente aberta e conquistou uma legião de leitores fanáticos nos anos 1970. Foi a inspiração de Alberto e seus companheiros e despertava no público-alvo um sentimento de identificação. Um amigo deles fez um mosaico esplêndido de vitrais e cobre, réplica da capa do livro, para

ser colocado na entrada do bar. Vestido gloriosamente, o sultão é uma bela obra de arte que permanece até hoje na cidade.

Foi por volta dessa época que Alberto, Gianni e Fedele passaram a trajar branco, e branco apenas, como símbolo de pureza. Foi uma decisão extravagante, tomada de caso pensado, que os tornou conhecidos na cidade por vários anos.

O Califfo foi um grande sucesso desde o começo. Estava no lugar certo na hora certa, atraindo estudantes de todos os lugares do mundo desde a inauguração. Os três fundadores espalharam folhetos e pôsteres pela cidade toda e nos saguões da universidade para divulgar a grande inauguração, mas o que atraiu mais gente foi um artista de rua contratado. Alberto e seus amigos pagaram o músico para tocar uma viola de roda pelas ruas a fim de atrair as pessoas e depois levá-las à inauguração do Califfo. Naquela tarde, Alberto, Gianni e Fedele serviram bem mais de 200 pessoas, marcando o início de uma animada e lucrativa jornada.

Nos sete anos seguintes, levaram uma vida extravagante. Alberto e seus companheiros, com vinte e poucos anos, prosperavam com esse estilo de vida, trabalhando no bar até o fim da madrugada, festejando com os amigos, assistindo ao nascer do sol depois de fechar o bar e então descansando até de tarde, hora de voltar ao trabalho. Eles gostavam das multidões de estudantes que vinham em ondas de todo o mundo e, ao final do curso de três meses, iam embora, sendo substituídas por outras.

Alberto, Gianni e Fedele levavam o Califfo muito a sério, mas não fazia parte dos planos de nenhum deles transformar o despreocupado bar em um restaurante de luxo. O lucro que eles obtinham vinha da venda de bebidas e de vários sanduíches vegetarianos.

Durante o primeiro ano, um *chef* passou a frequentar o bar e certa vez aproveitou uma oportunidade para trabalhar na cozinha. Passou a ajudar Alberto e seus sócios sem cobrar nada, começando com os sanduíches vegetarianos e passando depois a pratos vegetarianos mais complexos.

Percebendo seu potencial, os sócios o contrataram e passaram a pagar pelo seu trabalho. Porém, quase de imediato, o *chef* começou a deixar de lado suas responsabilidades e passou a trabalhar cada vez menos. Permaneceu no cargo por seis meses, até o dia em que foi pego roubando dinheiro da caixa registradora, o que causou sua demissão. Além do que, sorrateiramente, ele tentava seduzir a namorada de Alberto. Poucos meses depois, Akira assumiu a cozinha, oficializando, a partir daí, a culinária no estabelecimento.

Com um ambiente jovem e vibrante, o Califfo era adorado pelos universitários. Os artistas de rua, quando se apresentavam, ganhavam comida e alojamento no apartamento do andar de cima. Por isso, sempre havia um mágico, músico ou mímico se apresentando no pequeno palco do bar. Alberto e seus sócios não eram apenas os donos, mas amigos e divertidos anfitriões. Usando truques de mágica como atração, Alberto flertava com as garotas que frequentavam o bar regularmente. Os clientes adoravam quando Alberto ia de monociclo servir as bebidas nas mesas, tornando o ambiente do bar ainda mais louco e fantástico. Em certa noite calma de novembro de 1982, tudo estava como sempre. Um grupo de estudantes de arquitetura tinha acabado de chegar do Brasil e, é claro, descobriram o Califfo. Alberto, de costas para a entrada, estava conversando com algumas pessoas quando ouviu a porta se abrir. Ao mesmo tempo todos os homens do bar ficaram boquiabertos e de olhos arregalados. O instinto de Alberto lhe disse que alguma mulher bonita tinha acabado de entrar. Ao se virar, ficou tão pasmo quanto os outros homens quando viu Malu, uma amazona de cabelos loiros e encaracolados, pele bronzeada nas salientes maçãs do rosto e com as pernas mais compridas que ele já vira em toda a sua vida. Ela vestia jeans e uma camiseta regata colorida e tinha uma aparência modesta e franca, que trouxe vida ao bar.

Quando Malu se aproximou dele no balcão para pedir uma bebida, ele logo sacou todos os seus apetrechos e fez um truque de mágica infalível que sempre – sempre – impressionava as garotas. Mas o truque não surtiu efeito em Malu, e Alberto fracassou redondamente. Percebendo-o sem jeito, ela abriu um sorriso caloroso e voltou à mesa com a bebida em mãos. Alberto viu que ela se sentou ao lado de um homem muito bonito e, sentindo a derrota, voltou ao trabalho. No dia seguinte, quando o mesmo homem apareceu de novo no bar, só que desta vez acompanhando um dos homossexuais mais conhecidos de Perúgia, a janela da oportunidade se abriu mais uma vez para Alberto, que logo aproveitou a deixa.

Nos dias seguintes, toda vez que andava pela cidade, ele ficava atento em busca de pistas dela. Dava uma olhadela nos bares para ver se ela estava lá. Sempre que se sentava na escada da praça principal com um pedaço de pizza na mão, procurava por ela como quem não quer nada. Às vezes, tirava a sorte grande e conseguia vê-la. Outras vezes, não. Malu começou a frequentar o Califfo e, sem pressa, começou a construir uma relação com o seu futuro marido. Em poucas semanas estavam namorando. Alberto estava maravilhado, e Malu, por sua vez, estava encantada pelo rapaz magro e cabeludo que se vestia de branco. Ele era engraçado e inteligente, mas o que realmente a cativou foi o desejo tácito e inato que ele tinha por uma espiritualidade misteriosa.

Eles estavam namorando havia cerca de duas semanas quando ele tirou um dia de folga e quis passá-lo com ela. Ela queria ir a Florença passar o dia com uma amiga, mas ele queria que ela ficasse e passasse o dia com ele. Os dois eram teimosos e coléricos. Começaram uma violenta discussão, chamando inadvertidamente a atenção dos pedreiros que trabalhavam ali perto. Eles não brigavam para saber como passariam o dia,

mas sim para determinar qual dos dois iria ceder. No final, Malu foi a Florença e Alberto passou o dia sozinho. Choveu o dia todo e, embora ambos sentissem que estavam com a razão, nenhum deles sabia o que realmente tinha ganhado.

Três meses depois, quando Malu terminou o curso de língua italiana, foi para Roma estudar restauração arquitetônica por seis meses, mas não deixou de visitar Alberto em Perúgia. Ele, por sua vez, passava seus dias de folga com ela em Roma. Com a personalidade forte, eles discutiam muito e brigavam constantemente por ninharias; mas, quando ela terminou o curso e estava para voltar ao Brasil, decidiu ficar na Itália, em Perúgia, com Alberto.

Akira não permitia que ninguém entrasse na cozinha exceto Masa, o *subchef* japonês. Era um homem orgulhoso que vivia para o trabalho, e, se alguém assumisse qualquer uma de suas responsabilidades, tomava isso como um insulto. Akira, mesmo gostando de Malu e sabendo que ela era a namorada do chefe, não tolerava sua presença na cozinha do mesmo jeito que não toleraria a presença de qualquer um.

Em uma noite particularmente movimentada, o número de pedidos era maior que o normal. Com Masa de folga, Akira estava ocupadíssimo. Enquanto os pedidos se acumulavam, panelas e pratos sujos formavam pilhas e pilhas na pia, e Akira estava com trabalho até o pescoço. Sem dizer uma palavra, Malu apareceu na cozinha, lavou e secou toda a louça e saiu silenciosamente do mesmo jeito que tinha entrado. Akira, percebendo isso, passou a adorá-la. Nos anos seguintes, ele se tornou o mentor e professor de Malu na cozinha. Durante esse período, nunca deixou de derreter-se todo na presença dela.

Os cansativos anos de administração do Califfo acabaram por desgastar os proprietários. Estavam exaustos de trabalhar até tão tarde da noite e não eram mais os jovens empolgados em busca de prazer que eram no passado. Os três amadureceram, se tornaram homens sérios (até já usavam roupas coloridas!) e estavam ansiosos para passar para o

próximo capítulo de suas vidas. Seis meses após a saída de Akira e a promoção de Masa, este sofreu um acidente de moto muito sério e perdeu uma perna. Pouco depois, Alberto e seus sócios decidiram mudar de vida.

Sete anos depois da inauguração do Califfo, Alberto, Gianni e Fedele venderam seu amado bar para um grupo de ricos jogadores de futebol. Sem os donos originais, o bar perdeu sua graça e charme e passou por muitas mãos nos 20 anos seguintes. Até hoje, muitos clientes que vão ao Montali falam daquele bar fantástico onde passavam a noite nos tempos em que estudavam em Perúgia, no começo da década de 1980. Ficam boquiabertos ao descobrir que Alberto era o dono. Lentamente, seus olhos os entregam ao perceber que aquele garoto boêmio e cabeludo que os servia no bar é agora o distinto cavalheiro sentado na frente deles.

A FLOR DO BRASIL

Se Giuseppe Sarti tivesse vivido o bastante para ver Malu como mulher feita, seu coração se encheria de orgulho da neta. Mais ainda que os próprios filhos dele, ela partilhava a veemente fidelidade do avô às próprias crenças, o afeto que ele generosamente dedicava à família e, em particular, sua paixão pelos alimentos e pela cozinha.

Nascido e criado em Módena, ele conheceu uma jovem de Rímini, casou-se com ela e a seu lado emigrou para São Paulo, Brasil, na virada do século XIX. Tinha orgulho de sua ascendência e dirigia sua casa nos moldes italianos, contando antigas narrativas do folclore italiano a seus filhos e partilhando com eles suas lembranças das belíssimas paisagens, da arquitetura e dos pratos, cantigas e danças tradicionais da Itália. Para ganhar a vida, vendia alimentos em São Paulo e aos poucos ampliou seu negócio.

Chegou o dia em que tinha dinheiro suficiente para comprar uma casa onde todos os membros da família pudessem se reunir para cantar, dançar e comer.

Giuseppe morreu quando Malu tinha apenas 2 anos, mas a juventude dela foi preenchida pelas inúmeras histórias que ele transmitira. Desde a mais tenra idade ela era fascinada pela rica história e cultura da Itália, pelas fotos que vira dos edifícios e monumentos do passado e pelas consideráveis diferenças entre as diversas regiões do país. Apaixonou-se pelas imagens do estilo de vida rústico e pelas histórias de festas populares que celebravam a colheita.

Malu era uma criança vivaz, cheia de energia, e adorava a escola, a música e os esportes. Embora gostasse dos pratos que sua mãe preparava com exímia perícia, ela tomava muito líquido, mas nunca comeu demais. Tinha 11 anos quando começou a crescer mais que o normal; e a mãe, vendo a altura de sua filha magrinha, ficou preocupada. O médico proibiu Malu de se dedicar a esportes como a corrida e a natação, por medo de que eles estimulassem ainda mais seu crescimento. Mesmo assim, ela continuou crescendo até os 20 e poucos anos.

Quando tinha 16 anos, ainda era esquelética e desajeitada com o tamanho de seus braços e pernas, mas também começou a sofrer de intensa enxaqueca e cólicas abdominais. Aos poucos descobriu que, nos dias em que não comia carne, se sentia melhor e tinha mais energia.

No decorrer de três anos, Malu diminuiu aos poucos o consumo de carne até abandoná-lo por completo. Alguns anos depois, quando viu lagostas vivas jogadas em uma panela de água fervente, parou também de consumir frutos do mar.

Malu herdou da mãe, desde muito cedo, o amor pela cozinha. Frequentemente substituía a mãe e cozinhava para o irmão e a irmã. Seguia receitas prontas e inventava as suas próprias. Às vezes, o resultado era incrível. Às vezes, era um desastre. Embora Malu adorasse experimentar sabores novos e interessantes, o que mais a agradava era a pureza dos pratos mais simples, como batatas assadas ou pastel de queijo.

Malu estudou arquitetura e, aos 26 anos, descobriu que o governo italiano oferecia uma bolsa a estudantes brasileiros recém-formados na área, convidando-os a estudar na Itália. Depois de um processo seletivo rigoroso, Malu ganhou uma das dez cobiçadas bolsas. Embora estivesse no início do curso de língua italiana, levava vantagem em relação aos seus colegas quando chegaram a Perúgia.

Todos sabem que tanto os brasileiros quanto os italianos adoram carne. As carnes suína, bovina, ovina e de vitela figuram na maioria dos pratos e são usadas para rechear bolinhos diversos, legumes e até outros cortes de carne. Apesar da semelhança entre as duas culinárias, Malu teve dificuldade para não comer carne quando chegou à Itália. Aos poucos conheceu algumas cafeterias do centro da cidade que ofereciam entradas vegetarianas. Sempre gostou de leguminosas, queijos e frutos secos e se apaixonou pela cozinha italiana, em que esses ingredientes são abundantes. Descobriu pratos rústicos como a sopa de lentilhas e o Pasta e Fagioli (macarrão com feijão fresco), tradicionalmente servido em todo o sul da Itália.

Uma amiga lhe falou de um famoso bar vegetariano chamado Califfo, situado no centro da cidade e ao lado da universidade. Havia poucos lugares onde os estudantes pudessem se reunir, beber e conhecer outros estrangeiros; e a atmosfera que o Califfo prometia era exatamente o que Malu e seus colegas buscavam.

Malu entrou no Califfo com um grupo de estudantes e descobriu um estabelecimento animado, com música de primeira e uma equipe cheia de entusiasmo. No balcão do bar, reparou em um jovem alto e magro que usava jeans branco e camisa branca de mangas curtas. Mais tarde, quando ele se dirigiu à mesa dela, ela percebeu seus olhos grandes e brilhantes e seus cabelos longos e cacheados. Foi imediatamente cativada pela energia jovial e pelo charme exuberante que ele exalava, e os dois começaram a conversar como se fossem velhos amigos. Mais tarde, só Malu, seus amigos mais chegados e Alberto, Gianni e Fedele estavam no bar. Conversavam numa mistura de italiano, inglês e português e de algum modo conseguiam se entender perfeitamente. Malu e Alberto estudaram-se durante toda a noite, fazendo comentários espirituosos e descobrindo o quanto eram parecidos. Malu se impressionou com a aparência cosmopolita de Alberto e seus amigos e adorou a atmosfera franca do fim de noite. Surpreendeu-se ao saber que Alberto era cinco anos mais novo que ela. Embora emanasse uma energia juvenil, ele era mais maduro que as pessoas de sua idade e já tinha ideias claras acerca do que pretendia fazer na vida.

Malu e seus amigos passaram os três dias seguintes explorando o restante da vida noturna de Perúgia, mas por fim voltaram ao Califfo. De vez em quando, passeando com amigos pela cidade, ela via Alberto caminhando pela mesma rua e provocando-a com seu sorriso discreto. Logo começaram a sair juntos e se tornaram íntimos. Alberto adorava-a e gostava de ficar ao lado dela; não queria separar-se dela nem por um instante. Malu sentia o mesmo, mas ainda relutava em assumir um compromisso sério com uma pessoa que teria de deixar para trás em poucos meses. Malu sempre fora independente e insistia em passar algum tempo sozinha, estudando e viajando. Essa mentalidade provocou várias brigas entre eles.

Uma briga específica representou a primeira pedra no caminho do relacionamento deles. Malu e uma amiga tinham decidido visitar Florença no dia de folga de Alberto. Ele queria que ela ficasse com ele, mas ela insistia em viajar com a amiga. Irritadíssima com a discussão, voltou ao dormitório que partilhava com outras estudantes. Algumas horas depois, estava sentada na escadaria, com o rosto entre as mãos, quando ouviu alguém se aproximando por trás.

"Trouxe um presente para você", disse Alberto, tranquilamente. Estendeu-lhe um belíssimo colar de lápis-lazúli e, antes de prendê-lo em torno do pescoço dela, perguntou: "Você fica, então?"

O sangue subiu aos olhos de Malu e uma amarga discussão começou no mesmo instante. "Você acha que pode me comprar? É isso? Aparece aqui com uma joia cara e espera que eu faça o que você quer?"

A discussão logo esquentou e os gritos chamavam a atenção de todos. Malu, que ainda estava aprendendo o italiano, despejava as palavras em torrentes e Alberto revidava, combatendo a raiva com mais raiva.

Alberto agarrou a mão de Malu, deu-lhe o colar e disse: "Pode ficar com ele!" Malu, estarrecida, viu-o descer atabalhoadamente as escadas, de calças brancas e tênis brancos de cano longo, e abrir a porta lá embaixo. Ele saiu, olhou para ela uma última vez e bateu dramaticamente a porta. Malu estava furiosa. A teimosia dele era tão italiana! Mas ela estava determinada a não ceder.

No dia seguinte, foi a Florença com a amiga. Choveu o dia inteiro. Estava molhada, deprimida e com frio e culpava Alberto pelo mau tempo.

Ela e a amiga, ambas ensopadas, pegaram o ônibus de Florença para o centro de Perúgia. Desceram na rodoviária e estavam caminhando pela rua principal quando ela viu Alberto vindo em sua direção. Ele sabia qual ônibus ela havia pegado e queria encontrá-la quando chegasse. Ela sentiu um calor no coração quando viu a expressão de culpa de Alberto, mas de repente ele abriu a boca em um sorriso irônico e disse: "E então, como estava o tempo?"

Malu abriu a boca com uma resposta ferina na ponta da língua, mas o dia comprido a havia deixado cansada. Limitou-se a dizer: "Vamos tomar café". E os dois saíram andando, de mãos dadas, rumo a uma cafeteria próxima.

Quando Malu terminou o curso de italiano, ela saiu de Perúgia para completar seus estudos em Roma. Apesar da distância entre as duas cidades, Malu e Alberto se viam regularmente. Ela continuava dedicada ao programa da bolsa e à sua carreira e queria viajar pelo mundo sem nada que a prendesse. Conseguia vislumbrar um estilo de vida estimulante com esse homem jovem e vibrante que partilhava sua vontade de viver novas aventuras. Durante alguns meses, o relacionamento deles continuou se aprofundando e, embora ainda brigassem o tempo todo, Malu e Alberto cresciam na companhia um do outro.

Várias vezes ela se sentia dividida em seus sentimentos por ele. Admitia-se capaz de viver ao lado dele, mas achava que nesse caso teria de abrir mão dos sonhos que acalentara durante tantos anos. Foi só no fim da bolsa, durante uma viagem a Istambul, que Malu finalmente decidiu adiar a volta ao Brasil e ficar em Perúgia com Alberto.

Nos anos seguintes, Alberto envolveu Malu nas atividades do Califfo, e ela se tornou presença constante no bar. Adorava o espírito característico que cada um dos três donos imprimia ao estabelecimento. Alberto era sempre cheio de energia, sempre inventivo e disposto a aceitar novos desafios. Gianni era o místico, um sociólogo que virara dono de bar, mas tinha uma indubitável tendência artística. Fedele era a força tranquilizadora, pacífica, que deixava à vontade tanto os funcionários quanto a clientela. Com Akira e Masa, a atmosfera era repleta de uma energia criativa densa, mas delicada. Ao fim de uma noite movimentada, os seis ficavam acordados até as quatro da manhã para planejar a jornada seguinte, partilhar ideias e experimentar novos sabores. Nessa época, todos eles fervilhavam de entusiasmo diante das infinitas possibilidades que a vida tinha a lhes oferecer. Anos depois, Malu ainda se lembra daquela união de personalidades e diz que a experiência do Califfo teve grande peso para torná-la a pessoa que é hoje.

Anos depois, Malu e Alberto se casaram e foram morar na zona rural da Úmbria. Pedra sobre pedra, construíram o Hotel-Fazenda Montali. Construíram seu sonho a partir do nada, contando somente com o apoio um do outro e o desejo inato de criar algo diferente e maravilhoso. Resolveram que o Montali não seria apenas mais uma propriedade rural que oferecesse estadia e uma comida rotineira, pré-preparada. Deveria ser um refúgio para hóspedes do mundo inteiro que lhes proporcionasse uma experiência satisfatória e inesquecível, tanto da serenidade do campo quanto da partilha de refeições com outras pessoas que abrigassem o mesmo desejo.

Para Malu, o que mais a atrai no Montali é fornecer um estilo de refeição que redefine o vegetarianismo e ser capaz de apresentar a outras pessoas ingredientes e sabores que se combinam de forma incrível e inesperada. Os vegetarianos que ali passam férias não precisam se preocupar com o que estão comendo, enquanto os hóspedes que não são vegetarianos se espantam com o quanto as refeições sem carne são deliciosas e satisfatórias.

Quando os hóspedes vão procurá-la na cozinha depois de um jantar excepcional e dizem "Malu, essa foi a refeição mais maravilhosa que já comi na vida", ela sempre, sempre sente um arrepio. É algo que ela já ouviu inúmeras vezes ao longo dos anos, mas que ainda a afeta como se o ouvisse pela primeira vez. Mais que ninguém, e com toda a humildade, ela continua a se deleitar com os acontecimentos do cotidiano. Nunca deixa de surpreender os que a rodeiam quando se senta para tomar o café da manhã e suspira com gosto ao morder seu croissant, o mesmo croissant que come todo dia há tantos anos.

Alguns anos atrás, uma tia brasileira de Malu foi visitá-la pela primeira vez no Montali. Embora tenha se apaixonado por tudo o que viu, desde a tranquilidade dos pomares de oliveiras até as refeições deliciosas que Malu preparava, o que mais a impressionou foi o quanto o Montali era semelhante à casa de Giuseppe Sarti no interior de São Paulo. O ambiente familiar e o calor da casa de Giuseppe criavam uma atmosfera de contentamento na qual todos os hóspedes se sentiam à vontade enquanto ele planejava e preparava suas nutritivas refeições. Extraordinariamente, a pessoa que ele era e as coisas em que acreditava ressurgiram em uma neta que nem sequer o conheceu pessoalmente. Para a maioria das pessoas, é uma bela coincidência. Para Malu, é o sinal de que ela está em casa.

Prima Colazione
CAFÉ DA MANHÃ

CIAMBELLA

Este tradicional bolo-mármore de chocolate e iogurte é um dos prediletos de crianças e adultos no Hotel-Fazenda Montali. Desfrute-o com um copo de leite frio ou uma xícara de café com leite bem quente.

10 porções *15 minutos (mais 35 minutos para assar e tempo para esfriar)*

INGREDIENTES

Manteiga e farinha para untar a assadeira
3 ovos
180 g de açúcar
Uma pitada de sal
120 ml de óleo de semente de girassol
112 ml de iogurte natural

260 g de farinha italiana "00"
1 ½ colher (chá) de fermento químico em pó
Raspas da casca de 1 limão
60 g de gotas de chocolate
1 colher (sopa) de cacau em pó

Pré-aqueça o forno a 175°C. Unte e enfarinhe uma fôrma de fundo removível de 23 cm de diâmetro. Em uma vasilha média, bata os ovos com o açúcar e o sal até obter uma mistura clara e espumante. Acrescente aos poucos o óleo, mexendo sempre, e depois o iogurte. Acrescente a farinha e o fermento, peneirando-os e mexendo sempre; acrescente as raspas da casca de limão e mexa bem. Incorpore as gotas de chocolate. Despeje dois terços da massa na fôrma. Peneire o cacau em pó e incorpore-o no restante da massa. Despeje esta homogeneamente sobre a massa de cor clara. Asse por 35 minutos. Tire do forno e deixe esfriar. A Ciambella pode ser servida morna ou em temperatura ambiente.

MÜSLI

Esta saborosa receita é uma das melhores para nutrir o corpo pela manhã. Rica em fibras por causa dos cereais e rica em vitaminas em razão das frutas, traz também os benefícios do iogurte natural.

6 porções *20 minutos*

INGREDIENTES

130 g de aveia
1 ½ colher (sopa) de flocos de coco
3 colheres (sopa) de amêndoas, tostadas e picadas
4 colheres (sopa) de uvas-passas, postas de molho em água quente e escorridas
1 maçã, descascada, descaroçada e cortada em cubinhos
1 pera, descascada, descaroçada e cortada em cubinhos
1 banana, descascada e cortada em cubinhos
½ colher (sopa) de xarope de coco
300 ml de iogurte
Mosto Cotto (ver página 17), mel ou xarope de bordo para regar
Sementes de papoula

Em uma panela seca e antiaderente, toste a aveia até dourar bem. Acrescente os flocos de coco e toste por mais 30 segundos. Tire do fogo e ponha em uma vasilha. Misture as amêndoas, as uvas-passas e as frutas e acrescente o xarope de coco. Divida em tigelinhas, cubra com iogurte e Mosto Cotto e polvilhe com as sementes de papoula.

TORTA di MAIS

Ao visitar os novos bebês da vizinhança, a mãe de Malu oferecia às mães este delicioso bolo de fubá e anis. O milho do fubá é saudável e aumenta a energia, enquanto o anis fornece nutrientes essenciais que a nova mamãe pode transmitir ao seu bebê. Além dos benefícios à saúde, a suave doçura do anis e a textura cativante do milho combinam deliciosamente bem, sobretudo quando acompanhadas de chá ou de cappuccino.

12 porções *35 minutos (mais 45 minutos para assar e tempo para esfriar)*

INGREDIENTES

300 g de fubá
400 g de açúcar
500 ml de leite
100 ml de óleo vegetal
1 colher (sopa) de manteiga
4 ovos, claras e gemas separadas
1 colher (sopa) de anis
1 colher (sopa) de fermento químico em pó
1 colher (chá) de essência de baunilha
Uma pitada de sal
Açúcar de confeiteiro para polvilhar

———

Unte uma assadeira de 25 x 38 cm, enfarinhe os lados e forre o fundo com papel-manteiga.

Ponha o fubá, o açúcar, o leite, o óleo e a manteiga em uma caçarola e bata continuamente com fouet em fogo médio. Depois de cerca de 10 minutos, a mistura deve começar a desgrudar da panela. Continue cozinhando por mais 3 minutos, tire do fogo e deixe esfriar completamente.

Bata ligeiramente as gemas e acrescente-as à massa fria com o anis, o fermento peneirado e a essência de baunilha. Bata vigorosamente para aerar a mistura.

Em outra vasilha, bata as claras com o sal em ponto de picos firmes. Incorpore com cuidado um terço da clara em neve à massa até que esteja bem misturada; em seguida, acrescente o restante da clara.

Despeje a massa na assadeira e distribua-a por igual com uma espátula. Asse a 180°C por 45 minutos ou até que um palito de dente, ao ser inserido na massa, saia limpo. Deixe esfriar na assadeira antes de desenformar. Polvilhe com açúcar de confeiteiro e sirva.

ALUA

Este famoso prato indiano é preparado depois dos jejuns religiosos. Esta é uma variação especial do Hotel-Fazenda Montali, com xarope de coco, frutos secos tostados e frutas frescas.

5 porções *20 minutos*

INGREDIENTES

500 ml de leite
3 sementes de cardamomo inteiras
1 colher (sopa) de manteiga
100 g de semolina
1 colher (sopa) de flocos de coco
225 g de frutas mistas: banana, pera, maçã, pêssego etc., cortadas em cubinhos de 1 cm
1 colher (sopa) de xarope de coco
2 colheres (sopa) de uvas-passas, postas de molho em água quente e escorridas
3 colheres (sopa) de amêndoas, tostadas e picadas
Sementes de papoula
Mosto Cotto (ver página 17), mel ou xarope de bordo

Aqueça o leite em uma caçarola. Moa as sementes de cardamomo no almofariz, removendo as cascas e esmagando os miolos. Derreta a manteiga em uma panela média, acrescente o cardamomo moído e deixe-o em infusão por 30 segundos. Toste a semolina na manteiga com cardamomo até que a semolina comece a escurecer. Acrescente os flocos de coco e continue cozinhando por 30 segundos.

Apague o fogo e acrescente cuidadosamente o leite todo de uma vez, batendo constantemente com o fouet. Leve a panela de novo ao fogo e continue cozinhando e mexendo até a mistura começar a espessar. Misture as frutas, o xarope de coco, as uvas-passas e as amêndoas. Polvilhe com sementes de papoula e alguns fios de Mosto Cotto.

FRUTTA FRITTA

Frutas fatiadas mergulhadas em uma massa líquida leve e delicadamente fritas até dourar. Experimente a receita com outras frutas além de maçã, banana, pera e pêssego.

8 porções *15 minutos (mais 10 minutos para a massa descansar)*

MASSA

2 ovos
8 colheres (sopa) de farinha "00"
1 ½ colher (chá) de fermento químico em pó
2 colheres (sopa) de amido de milho
140 ml de leite
60 ml de conhaque
2 gotas de essência de baunilha

———

Misture todos os ingredientes até obter uma massa homogênea e deixe-a descansar por 10 minutos.

FRUTAS

Óleo vegetal para fritura por imersão
4 bananas, descascadas e cortadas em dois no sentido do comprimento
2 maçãs, descascadas, descaroçadas e cortadas em fatias horizontais de 5 mm de espessura
3 pêssegos, descaroçados e fatiados
3 peras, cortadas em fatias
Açúcar de Canela (ver página 26)

———

Aqueça o óleo em uma panela grande. Mergulhe os pedaços de fruta na massa de modo que sejam revestidas completamente e frite-os por imersão em levas. Remova-os individualmente com uma escumadeira quando estiverem dourados de todos os lados. Polvilhe com o Açúcar de Canela e sirva-os quentes.

CRESPELLE FARCITE con FRUTTA e MIELE

Panquecas leves e douradas recheadas de frutas e mel.

4 porções *15 minutos (mais 10 minutos para a massa descansar)*

CREPES

7 colheres (sopa) de farinha italiana "00"
½ colher (chá) de fermento químico em pó
5 colheres (sopa) de conhaque
150 ml de leite
2 gotas de essência de baunilha

Bata os ingredientes em uma vasilha com um fouet e deixe descansar por 10 minutos. Aqueça uma frigideira antiaderente em fogo médio-alto e unte-a ligeiramente com manteiga. Tire a frigideira do fogo, coloque nela uma colherada de massa e movimente suavemente a frigideira de modo que a massa se espalhe pela superfície. Leve de volta ao fogo até que um dos lados do crepe esteja dourado-escuro. Vire o crepe, atirando-o para o ar, e doure o outro lado. Passe o crepe da frigideira para um prato e repita o processo com o restante da massa.

RECHEIO

1 maçã, descaroçada e cortada em fatias finas
1 pera, descaroçada e cortada em fatias finas
1 banana, cortada em fatias finas

MONTAGEM

Mel, para regar
Mosto Cotto (ver página 17), mel ou xarope de bordo
Açúcar de confeiteiro, para polvilhar

Cubra um quarto de cada crepe com frutas. Dobre na metade e depois dobre novamente. Insira mais frutas no bolsão de cima. Regue com fios de mel e Mosto Cotto, polvilhe com açúcar de confeiteiro e sirva.

A PARTIR DO NADA

Enquanto recebia o dinheiro de Malu e Alberto, o moleiro rico disse com simpatia: "Isto, para mim, vale pouco mais que um maço de cigarros". O moleiro, um dos poucos sobreviventes dos seis donos originais, vinha tentando vender seu pedaço de terra no alto da montanha havia tanto tempo que o preço, a seu ver, tinha descambado para alguns tostões. O terreno, que 50 anos antes era uma bela reserva de caça e solo dedicado ao cultivo, havia se transformado em uma capoeira pedregosa próxima do medieval Castello di Montali. Mas, ao contrário do que o moleiro pensava, aqueles 10 hectares abrigavam um mundo de sonho para os jovens Alberto e Malu.

Depois de passar anos dividindo o tempo entre o Califfo e várias viagens à Índia, Malu e Alberto tinham decidido que chegara a hora de comprar uma terra e fixar-se nela. Estavam cansados da vida urbana e ansiavam pela paz do campo, onde poderiam plantar alimentos orgânicos e prosseguir em sua jornada de crescimento pessoal. Sonhavam com um lugar onde a luz do sol não fosse obstruída por edifícios altos, nem mesmo por árvores e colinas.

Com sua parte do dinheiro da venda do Califfo, acrescido de uma pequena soma que havia herdado, Alberto começou a procurar um novo lar com Malu. Esfalfaram-se durante oito meses, dirigindo pelo país inteiro em uma busca sem fim. Cada aquisição em potencial tinha seus problemas. Quando o preço estava bom, o solo estava arruinado. Quando a terra estava em bom estado, era quase impossível obter eletricidade. Quando tudo o mais estava perfeito, ainda restava o problema da ausência de água. Todo lugar ao qual haviam se apegado acabara por lhes decepcionar.

Por mero acaso, Alberto confessou sua frustração ao senhorio do pequeno apartamento onde eles moravam. Depois de saber o que estavam procurando, ele contou a Alberto sobre uma propriedade isolada e desabitada no alto de uma montanha, que estivera no mercado por 15 anos. Sem nada a perder, Alberto, Malu e o senhorio foram de carro até o alto da montanha, onde não havia estrada, para examinar essa terra que ninguém queria. O lixo de um homem é o tesouro de outro: eles se apaixonaram instantaneamente. Os dois edificiozinhos no centro estavam cobertos de hera e era óbvio que o solo estava maltratado, mas o panorama era infinito, o ar era limpo e uma água fresquinha corria de maneira abundante. Era perfeito.

Eles procuraram imediatamente o dono, que ficou felicíssimo com a possibilidade de vender enfim sua terra e fazer a felicidade daquele casal romântico e idealista. Malu e Alberto pegaram a escritura e foram direto para o novo lar. Com uma vista que se estendia até Assis, Malu estava radiante. Caminhando ao lado do marido, pegou na mão dele e pulou bem alto: "Tudo isto... tudo isto é nosso! Imagine só!", disse, sem fôlego. Alberto sorriu para a esposa e respondeu: "Não precisa ficar tão emocionada. É só um pedaço de terra". Mas o entusiasmo dela era contagiante.

Passaram os primeiros dias avaliando a fundo a propriedade. Embora Malu fosse arquiteta, nem ela nem o marido tinham a experiência de lavrar a terra, cultivá-la ou construir edifícios à mão. Descobriram que as duas casas estavam em um estado muito pior do que haviam pensado de início. O madeiramento do telhado da garagem havia cedido completamente, bem como metade do telhado da casa principal. As telhas antigas, muito procuradas no país, haviam sido roubadas muito tempo atrás e a lareira se recusava a funcionar: soltava fumaça, mas não fazia chamas nem calor. Plantas diversas cresciam dentro da casa abandonada e não havia encanamento algum.

Um agrônomo siciliano foi estudar o solo para determinar sua utilidade. Depois de passar horas percorrendo cada centímetro de chão, pediu que Alberto e Malu se sentassem. "Bem, este lugar que vocês compraram tem uma bela vista. Mas está perigosamente próximo de virar um deserto. Transformar esta terra em alguma coisa será quase impossível, mas com muito trabalho tenho certeza de que vocês conseguirão plantar um pomar de oliveiras." Era tudo o que precisavam ouvir para começar a trabalhar.

A principal prioridade era limpar o solo. Compraram umas enxadas pequenas e alguns pares de luvas na casa de ferragens, mas depois de trabalhar por algumas horas e nada conseguir olharam um para o outro e disseram: "Vamos precisar de uma enxada maior". Logo perceberam que a enxada maior não era a solução. Teriam de contratar um trator. O solo estava repleto de grandes pedregulhos que eles tinham de carregar, um por um, e depositar em uma pilha para usá-los depois. As poucas oliveiras existentes estavam sufocadas por espinhos e ervas daninhas. Quando esses arbustos eram cortados com facão, às vezes seus ramos ricocheteavam, atingindo quem os cortara. O rosto e os braços de Malu e Alberto logo se cobriram de cortes e hematomas.

O cultivo do solo foi um trabalho árduo que durou anos. Várias vezes, Malu ou Alberto caíam exaustos ao lado de uma das centenas de oliveiras que estavam plantando e choravam de frustração, exaustão e desespero. Aquele dos dois que estivesse menos desanimado tomava para si a tarefa de consolar o outro, realimentando a crença de que estavam trabalhando para realizar seu sonho. Às vezes, diziam apenas o seguinte: "Lembra-se da Índia? Nada é impossível".

Quatro invernos seguidos foram passados em um frio brutal. Naquela época, não havia sistema de calefação. Visto que a lareira não funcionava, era impossível manter-se quente no alto da montanha. O telhado foi a primeira parte dos edifícios a ser consertada. Malu fazia as vezes de servente de pedreiro e transportava para seu marido e um profissional contratado a argamassa que acabara de misturar à mão. Só muito mais tarde eles decidiram comprar uma betoneira mecânica. Tanto Malu quanto Alberto se envolveram pessoalmente em cada aspecto do processo de construção. Os inúmeros erros prolongavam significativamente a duração da obra e aumentavam a frustração deles. A garagem, transformada em sala de meditação, foi reconstruída duas vezes para que os encanamentos fossem instalados. Alberto descobriu que tinha talento para assentar tijolos e, por meio de cuidadosa observação, aprendeu os segredos do velho pedreiro profissional que os estava ajudando. Contrataram alguém para fazer a estrada, pois o caminho que havia antes mal podia ser percorrido a pé.

Depois de alguns anos, a casa já estava reconstruída o bastante para que eles abrissem as portas ao público, transformando-a em um local para reuniões espirituais. Malu preparava as refeições para os grupos que iam à casa deles fazer musicoterapia ou aprender a meditar. Malu e Alberto queriam fundar um local de retiro. Como achavam que as doações cobririam seus poucos gastos, não tinham um sistema específico de cobrança. Foi nessa época que Alberto recebeu uma carta de Wanda, sua mãe. Apesar de idosa, ela era independente, forte e visionária. Não só acreditava no que o filho e a nora estavam fazendo como também sabia que poderia ajudá-los de várias maneiras. Poderia ter ido morar com Gigi, seu filho mais velho, que tinha uma propriedade rural no Piemonte, ou poderia viver confortavelmente com Gianni em Assis, mas preferiu ajudar Alberto e Malu. Malu adorou a ideia de a sogra vir morar com eles. Um forte elo havia se formado instantaneamente entre elas já fazia alguns anos, no momento em que se conheceram. Wanda tornou-se assim uma segunda mãe para Malu, cuja mãe havia falecido. Alberto, por outro lado, estava dividido. Sabia que a mãe lhes daria um tremendo auxílio, ainda mais porque Malu estava grávida de

Foto: cortesia de Claudio "Barbeiro"

seu primeiro filho. No entanto, eles ainda levavam uma vida dura, a qual ele não queria compartilhar com outra pessoa, especialmente sua própria mãe. Wanda assegurou ao filho que não se importava com a falta de calefação e que, ajudando-os, daria sentido à própria vida. Apesar de não gostar da ideia, Alberto recebeu a mãe em casa.

Wanda se tornou imediatamente uma grande fonte de coragem para o filho e a nora. Era uma mulher elegante e viajada, muito dedicada ao trabalho. Havia colecionado receitas e técnicas culinárias de todas as cidades que havia visitado e partilhou-as com Malu. Instruiu-a na culinária clássica italiana e ajudou-a a desenvolver seu paladar já refinado.

Nos meses que antecederam o nascimento de Damiano, Malu e Alberto começaram a reavaliar o objetivo de seu centro de retiro. Gastavam dinheiro continuamente para reformar e manter a propriedade e já não acreditavam no ideal de mantê-la por meio de doações. Com a chegada iminente do bebê, Alberto precisava encontrar um meio mais prático de sustentar a família. Um amigo que trabalhava na secretaria de turismo de Perúgia lhes apresentou um novo conceito que estava surgindo na Itália, chamado Azienda Agriturística ou hotel-fazenda. Essencialmente, fazendeiros e proprietários de terra dedicados à agricultura estavam abrindo pequenos hotéis em suas proprieda-

des. Além disso, a Comunidade Europeia oferecia financiamentos para esse tipo de projeto.

A grande vantagem dessa opção era que, ao mesmo tempo em que estariam amparados por uma legislação formal, ainda teriam liberdade para preservar o caráter específico que desde o começo queriam dar ao estabelecimento. Os amigos e familiares os provocavam, dizendo que haviam vendido a alma ao capitalismo e à prosperidade, mas Malu e Alberto sabiam que isso jamais aconteceria. Seu objetivo era proporcionar aos hóspedes um ambiente familiar e confortável e alimentá-los com uma excelente culinária vegetariana. Não era construir um hotel de luxo e uma fábrica de comida, o que poderiam fazer facilmente dada a beleza natural e o bom tamanho da propriedade. Montando um hotel-fazenda, continuariam trabalhando criativamente em prol de seu objetivo essencial, mas com a segurança garantida pelo novo título. Era um casamento entre a realidade e o idealismo, um jeito de manter os pés bem firmes no chão sem deixar de ser originais e imaginativos. Anos depois, vários amigos que haviam zombado deles admitiram o triunfo do Montali e fundaram seus próprios hotéis-fazenda.

Pouco a pouco, Malu e Alberto continuaram trabalhando e construindo o Hotel-Fazenda Montali ao longo dos 20 anos seguintes. O hotelzinho, literalmente isolado, passou a chamar cada vez mais a atenção e a merecer o reconhecimento de toda a Europa Ocidental e da América do Norte. Ao lado de um saudável fluxo de novatos, hóspedes frequentes voltavam ano após ano buscando uma experiência que resumisse, para eles, a rusticidade e o sossego da zona rural italiana. Por ser o Montali um trabalho incessante de fé e amor, sua atmosfera exala uma energia de paz e esperança que penetra em qualquer pessoa que passe por ali.

No inverno de 2004, Malu e Alberto puderam relaxar pela primeira vez em 20 anos. Já não havia paredes a construir, edifícios a reformar ou prementes questões de logística a serem resolvidas. No calor de sua casinha de pedra, puderam aninhar-se com o filho em frente à lareira (que agora funcionava), lendo tranquilamente e adiando ao máximo qualquer pensamento acerca da próxima temporada. Mais tarde teriam de cuidar de grandes projetos de reforma e expansão e de irritantes questões burocráticas. Mas, enquanto esse momento não chegava, a família Musacchio pôde curtir as merecidas férias.

ARQUITETURA

Algumas páginas deste livro serão dedicadas à arquitetura. Imagino que as pessoas vão pensar: "Por que um livro de culinária menciona a arquitetura como conceito culinário?" Existe um motivo. Antes de ser *chef*, minha esposa era arquiteta. Fomos nós que projetamos, juntos, o restaurante, o hotel, os quartos e a cozinha profissional.

De certo modo, tivemos de aplicar a perícia arquitetônica dela à culinária, pois precisávamos construir uma cozinha de restaurante.

Mas por que um capítulo sobre isso? A razão é muito simples. Hoje em dia, as pessoas cozinham cada vez menos. A qualidade da culinária doméstica nunca foi tão ruim. As pessoas compram livros de culinária e assistem a programas de receitas. Enquanto isso, estão sentadas no sofá comendo salgadinhos industrializados.

É certo que esse fenômeno tem certas raízes históricas e sociológicas: a falta de tempo, a correria da vida moderna e... a arquitetura.

Você já reparou no projeto das casas modernas? Com o aumento dos custos de construção, as casas se transformaram em caixas de fósforos e o local que mais sofreu foi A COZINHA. A cozinha moderna é literalmente um armário embutido. A pia nos lembra a de um banheiro de trem e tem mais ou menos o tamanho de um forno de microondas. E onde fica o cômodo? Em geral, no canto mais escuro da casa – uma espécie de prisão! Quem vai trabalhar ali? Ninguém. É por isso que este livro tem um capítulo dedicado à arquitetura. Se quisermos melhorar nossa habilidade culinária, temos de aprender a fazer cozinhas decentes.

A cozinha deve estar localizada em uma parte gostosa da casa – não no quintal nem no terraço!

Nas típicas casas rurais antigas, a cozinha era o centro da vida familiar. Tinha uma grande lareira ao lado da qual todos gostavam de se sentar nas longas noites de inverno, enquanto alguém cozinhava com gosto. Depois, todos jantavam juntos. Agora, uma tevê de plasma de 35 polegadas, com um sofá à frente, substituiu a lareira. Com isso, a cozinha foi para o canto mais escuro e mais odiado da casa. Ninguém quer ficar preso ali, e as famílias acabam passando o mínimo possível de tempo nessas cozinhas deploráveis.

Isso significa que a comida é de má qualidade e, infelizmente, a família passa pouquíssimo tempo reunida. A cozinha como "momento" de união também é coisa do passado.

Esta parte do livro deve servir de alerta para todos os construtores e arquitetos e para as pessoas que estão reformando sua casa. As casas têm de começar a ser projetadas de modo diferente.

Nos dias de hoje, existem no mercado belíssimos fogões que podem embelezar uma casa.

Os móveis de cozinha também se tornaram mais elegantes e requintados. Hoje é possível construir uma cozinha que pareça uma obra de arte moderna! Nunca tenha vergonha de reunir os amigos na cozinha. Você deve, ao contrário, exibi-la com orgulho. E lembre-se: uma cozinha em uso é sempre o lugar mais quente da casa – um lugar onde podemos ter muitas conversas agradáveis.

O que minha mulher sugere, como arquiteta e *chef*, é NÃO separar o espaço da cozinha da sala de estar, especialmente se sua casa for pequena! É um truque muito bom para fazer qualquer casa parecer maior.

NÃO isole a cozinha e, por favor, NÃO isole o cozinheiro ou a cozinheira!

Nossa casa não é grande, e nossa bela cozinha de paredes de tijolo faz parte, em definitivo, da sala de estar. Nossos convidados sempre desfrutam de gostosas conversas enquanto minha esposa produz alguma de suas fabulosas receitas.

Hmmmmmm! Aquele cheirinho gostoso, o chiado da fritura...

É claro que, nesse caso, você terá de convidar seus amigos para jantar. Mas fique tranquilo: você sempre terá muitos amigos!

A. M.

A LEI E OS FORA DA LEI VEGETARIANOS

Nunca foi fácil dirigir um estabelecimento vegetariano. Muitos estabelecimentos fecham depois de pouco tempo, e isso sempre me entristece. Nós também vivemos momentos difíceis, mas no nosso caso o motivo foi mais burocrático que econômico. Vou falar agora sobre uma interessantíssima pérola de estupidez burocrática, que acabou sendo estudada nas faculdades de direito de Bruxelas como episódio típico da opressão do "sistema" contra o indivíduo.

Nosso hotel, por ser um hotel-fazenda, entra na categoria de "Agriturismo" em nossa região. Essa categoria abarca as propriedades rurais que têm um hotel na própria terra e onde os impostos sobre os serviços de hotelaria são um pouquinho mais baixos, por estar o estabelecimento localizado na zona rural.

Para sermos classificados como tais, a lei exige que a propriedade produza alguns dos ingredientes usados no restaurante. Com 1.500 oliveiras e uma grande horta, nunca tivemos problema para atender aos requisitos legais. Mesmo assim, há alguns anos, logo após um famoso terremoto que afugentou da região quase todos os turistas em potencial (e acarretou, com isso, compreensíveis prejuízos), vivemos um dos mais bizarros pesadelos burocráticos da história do direito.

Como eu disse, a lei regional nos mandava produzir, em nossa propriedade de 10 hectares, parte dos ingredientes que utilizávamos. Mas, de repente, a secretaria de agricultura local decidiu endurecer a lei, pois um número demasiado de novos estabelecimentos agriturísticos estava surgindo. A nova lei exigia não só que alguns produtos vegetais fossem plantados *in situ*, mas também que certa quantidade de animais fosse criada na fazenda para fornecer carne aos clientes do restaurante. Considerando o tamanho do nosso restaurante, teríamos de ter cerca de 600 galinhas ou 200 ovelhas. Foi isso que, do nada, a autoridade local nos pediu.

Você deve imaginar como fiquei contente quando ouvi falar da nova lei. É claro que, por ser vegetariano, eu não queria matar nenhuma daquelas 200 ovelhas... e fiquei a pensar que em pouco tempo elas se transformariam em milhares.

A ideia de criar centenas de galinhas malcheirosas – que eu já vislumbrava se intrometendo em toda parte, destruindo minhas hortas, fazendo muito barulho e transformando minha vida num inferno – me aterrorizava. A questão principal, é claro, é que eu não usava carne no restaurante. Parecia-me muito estranho que a lei exigisse que eu tivesse animais para abate.

A possibilidade de treinar os animais para dançar samba nas mesas do restaurante para entreter os clientes nos pareceu muito complicada. Por isso, decidimos lutar contra aquela injustiça. Escrevi para o jornal *La Repubblica*, o maior da Itália, relatando a questão. É claro que os jornalistas adoraram a extraordinária história e a publicaram com um comentário: não é todo dia que se exige que um estabelecimento vegetariano crie animais para servir como alimento.

Nossa atitude não foi oportuna. A prefeitura não a apreciou nem um pouco. Em 20 dias, recebemos o comunicado oficial de que nosso restaurante tinha sido fechado por não atender aos novos regulamentos referentes à produção de carne!

Você há de imaginar como ficamos. Isso aconteceu logo depois do terremoto, que deixou de joelhos todo o setor de turismo – inclusive nosso estabelecimento. Mas eu, filho de general do exército, jamais cogito me render. Nasci para lutar! Passei os três dias seguintes trancado no escritório escrevendo para todas as pessoas que podia imaginar, no mundo inteiro. Depois de mais uma semana, outro artigo meu foi publicado no *La Repubblica*. Se o primeiro era jocoso, o segundo era um verdadeiro *"j'accuse"* dos tempos modernos. Devo dizer que a estranha história tinha intrigado muitos leitores da primeira carta. Quando o segundo "episódio" foi publicado, relatando a represália da autoridade local, a "novela" se transformou num grande sucesso.

Na realidade, a resposta não demorou. Duzentos faxes de protesto (ainda estávamos na época do fax) chegaram à prefeitura. Dois senadores ficaram do meu lado e chamaram os burocratas da administração local para dar explicações – criando um verdadeiro rebu. O próprio Presidente da República também lhes escreveu (guardo com todo o cuidado uma cópia da carta) pedindo que "dessem um pouco mais de atenção ao caso". E a cereja do bolo foi o Ministro da Agricultura (nosso negócio é regulamentado pelo Ministério da Agricultura) pedindo que se instaurasse um debate parlamentar sobre o tema... Uau! O probleminha imbecil desses loucos vegetarianos conseguiu mobilizar até o líder máximo do país. Por essa a autoridade local não esperava. Opa!

Alguns dias depois, recebi um telefonema do prefeito. Ele disse: "Signore Musacchio, a lei foi modificada... mas o senhor poderia, por favor, me dizer como conseguiu isso? Em geral leva 2 anos para mudar uma lei". Pois é. Depois disso, a reputação de encrenqueiros de alguns vegetarianos cresceu. Os políticos foram obrigados a perceber que é melhor não irritar demais os vegetarianos.

Eles não comem carne, mas, às vezes, eles mordem!

A. M.

Antipasti
ENTRADAS

BRUSCHETTA MISTA

No fim do outono e começo do inverno, quando as azeitonas são prensadas, os produtores de azeite de oliva comem somente pão sem sal com o azeite que produzem. O pão é assado em um forno a lenha e, em seguida, fatiado e tostado em uma grelha sobre carvão em brasa. Ainda quente, é esfregado com um dente de alho fresco e servido com algumas gotas do melhor azeite extravirgem do produtor e uma pitada de sal. Essa é a bruschetta verdadeira e original, e esse método secular ainda é praticado cotidianamente na Toscana e na Úmbria. O nome desse prato simples e perfeito nem sempre é pronunciado como se deve. A pronúncia correta é "brusqueta".

6 porções *75 minutos*

BRUSCHETTA DE CHAMPIGNONS

4 colheres (sopa) de azeite extravirgem
1 ramo de alecrim
2 dentes de alho, amassados
450 g de champignons, picados
1 colher (sopa) de salsinha picada
Sal a gosto

—

Aqueça o azeite, o alecrim e o alho em uma frigideira até o alho começar a dourar. Acrescente os champignons e cozinhe em fogo alto por 5 minutos ou até o líquido evaporar e os champignons estarem escuros e crocantes. Tire do fogo, retire o alho e o alecrim e deixe esfriar completamente. Acrescente a salsinha picada e o sal e reserve.

BRUSCHETTA DE TOMATE

300 g de tomates-cereja, lavados e fatiados
1 colher (chá) de orégano
1 dente de alho, levemente amassado
4 colheres (sopa) de azeite extravirgem
4 folhas frescas de manjericão, picadas
Sal e pimenta-do-reino a gosto

—

Junte todos os ingredientes em uma vasilha 30 minutos antes de servir. Tempere a gosto e reserve.

BRUSCHETTA DE NOZES E ALHO

6 colheres (sopa) de nozes, picadas em pedaços médios
1 dente de alho, esmagado
Sal e pimenta-branca
5 colheres (sopa) de azeite extravirgem

—

Misture todos os ingredientes. Reserve.

BRUSCHETTA DE RADICCHIO

140 g de radicchio ou 1 radicchio pequeno, sem os talos e cortado à julienne
1 colher (sopa) de nozes picadas
4 colheres (sopa) de azeite extravirgem
Sal, pimenta-branca e pimenta-do-reino
½ colher (chá) de vinagre balsâmico
½ colher (chá) de suco de limão

———

Misture todos os ingredientes em uma vasilha logo antes de servir para conservar o frescor da verdura.

BRUSCHETTA DE RÚCULA AO PARMESÃO

100 g de rúcula, picada em pedaços graúdos
4 colheres (sopa) de Parmesão ralado em ralador grosso
Sal e pimenta-branca
8 colheres (sopa) de azeite extravirgem

———

Misture todos os ingredientes em uma vasilha logo antes de servir para conservar o frescor da verdura.

BRUSCHETTA

1 pão italiano, cortado em 30 fatias de 8 mm de espessura
3 dentes de alho, descascados, para esfregar

———

Pré-aqueça o forno a 180°C. Espalhe a mistura de nozes e alho em seis fatias de pão. Alinhe-as com as demais fatias em uma assadeira e leve ao forno por 5 minutos. O pão deve ficar crocante por fora e macio por dentro. Tire do forno e esfregue suavemente o alho sobre as torradas em que você não passou a mistura.

Pressione levemente um lado de uma fatia de pão torrado no óleo da mistura de tomate, para que o pão absorva o óleo. Cubra o mesmo lado com uma porção de tomates e faça o mesmo com mais cinco fatias. Siga o mesmo processo com as demais misturas, usando seis fatias de pão torrado para cada uma.

Arrume a bruschetta em uma travessa grande ou em pratos individuais e sirva.

FICHI RIPIENI CARAMELLATI

Figos caramelizados. O sabor agridoce da aventura se torna ainda mais interessante com a presença crocante do caramelo.

6 porções *15 minutos*

INGREDIENTES

100 g de queijo Mascarpone
40 g de queijo Gorgonzola
40 g de queijo Tomino di Mucca ou Brie
12 figos frescos
Manteiga, em temperatura ambiente
Açúcar mascavo
24 meias nozes torradas
1 porção de Molho de Laranja (ver página 30)

Misture os queijos com um garfo ou batedeira portátil até ficarem bem cremosos. Ponha-os em um saco de confeitar.

Lave e seque cada figo. Com uma faca pequena e afiada, faça uma incisão rasa na casca dos frutos, em forma de cruz, começando na ponta afilada e terminando pouco antes da outra extremidade (não corte o figo inteiro). Passe manteiga na superfície de cada figo e role-o no açúcar mascavo. Coloque os figos em uma superfície resistente ao calor (como o fundo de uma assadeira de cerâmica) e caramelize o exterior deles com um maçarico. Deixe esfriar até poder manipulá-los. Corte-os de cima para baixo até três quartos do comprimento, seguindo as incisões já feitas. Recheie cada figo com metade de uma noz, preencha com queijo usando o saco de confeitar e arremate com outra metade de noz. Sirva com Molho de Laranja morno.

TARTINE DEGUSTAZIONE

Duas deliciosas receitas para quando você precisa de algo frio para servir em um coquetel ou para receber os convidados antes de uma refeição importante. Destaque para a beleza da combinação de cores.

8 porções *40 minutos (mais 30 minutos para refrigerar e 1 hora para a salada repousar)*

MASSA

200 g de farinha italiana "00" e mais um pouco para polvilhar
Uma pitada de sal
100 g de manteiga, macia
3 colheres (sopa) de água

———

Junte a farinha e o sal em uma superfície lisa e faça um buraco no meio. Ponha a manteiga e a água no buraco e trabalhe-as gentilmente com as pontas dos dedos até começar a formar a massa. Para fazer a incorporação, corte a massa com um cortador de massa e junte-a de novo três ou quatro vezes até uniformizar a cor e a textura. Embrulhe em filme plástico e deixe 30 minutos na geladeira.

SALADA DE BATATAS

1 batata grande
1 colher (sopa) de Maionese (ver página 29)
1 colher (sopa) de azeitonas verdes, picadas
1 colher (sopa) de cebola roxa, picada
1 colher (sopa) de pepino em conserva, picado
1 colher (chá) de cebolinha, picada
1 colher (chá) de salsinha, picada
2 colheres (chá) de iogurte
1 colher (chá) de azeite extravirgem
Sal, pimenta-branca e molho Tabasco a gosto

———

Cozinhe a batata até ficar al dente e descasque. Deixe-a esfriar completamente, corte-a em cubinhos de 8 mm e ponha-os em uma vasilha média. Agregue com cuidado os outros ingredientes (não quebre nem amasse os cubos de batata) e tempere a gosto. Cubra a vasilha com filme plástico e deixe descansar por 1 hora antes de servir.

SALADA DE BETERRABA

1 beterraba, afervantada e cortada em cubinhos de 8 mm
1 colher (chá) de salsinha picada
2 colheres (sopa) de iogurte
1 colher (sopa) de queijo cremoso de cabra
½ colher (chá) de suco de limão
Sal, pimenta-branca e molho Tabasco a gosto

———

Junte os ingredientes em uma vasilha média e tempere-os a gosto. Cubra a vasilha com filme plástico e deixe descansar por 1 hora antes de servir.

MONTAGEM

Unte 20 forminhas de torta pequenas. Entre dois pedaços de filme plástico polvilhados com farinha, estenda a massa na forma de um grande disco com 2 mm de espessura. Remova o filme de cima. Coloque as forminhas emborcadas sobre a massa e use um cortador de massa ou uma faca para recortá-la ao redor das forminhas, deixando uma sobra de 1 cm de massa ao redor das fôrmas. Aperte cada disco de massa dentro de sua forminha e remova o excesso de massa da borda. Fure a base de cada torta com um garfo, apenas uma vez, e coloque as forminhas em uma assadeira grande. Asse a 175°C por 12 minutos. Espere chegar à temperatura ambiente e tire as massas das forminhas. Preencha metade delas com salada de batatas e a outra metade com salada de beterraba e sirva.

CARPACCIO di RAPA ROSSA

Elegante e vistoso, este carpaccio de beterraba pode ser preparado em poucos minutos. A doçura da beterraba é complementada pelos queijos fortes e pela pimenta-do-reino, enquanto a picância da rúcula enriquece a interessante mistura de sabores e texturas.

6 porções *15 minutos*

INGREDIENTES

330 g de beterraba, aferventada
Suco de limão
48 g de nozes, picadas
3 colheres (sopa) de salsinha fresca, picada
Sal e pimenta-do-reino a gosto
Azeite extravirgem
60 g de queijo cremoso de cabra
60 g de queijo de cabra meia cura
100 g de rúcula

———

Usando luvas descartáveis, corte a beterraba em fatias finas com um fatiador de legumes. Disponha as fatias circulares em pratos individuais, formando círculos maiores. Coloque uma fatia no centro de cada círculo. Regue com suco de limão e espalhe as nozes, a salsinha, o sal, a pimenta e o azeite sobre as fatias de beterraba.

Usando uma colher de chá, coloque pequenas porções de queijo cremoso de cabra sobre as beterrabas. Espalhe também o queijo meia cura ralado. Acrescente um punhadinho de rúcula. Salpique um pouco mais de sal e pimenta-do-reino, regue com algumas gotas de azeite e sirva.

RUSTICI alla RICOTTA

Uma deliciosa massa de torta recheada de ricota fundida com limão e coberta com uma massa choux leve.

8 porções *60 minutos (mais 35 minutos para assar)*

MASSA BASE

125 g de farinha italiana "00"
1 colher (sopa) rasa de açúcar
Raspas da casca de ½ limão

55 g de manteiga, derretida e ligeiramente esfriada
3 colheres (sopa) de água

Peneire a farinha sobre uma superfície de trabalho plana. Acrescente o açúcar e as raspas de limão e misture bem. Abra um buraco pequeno no meio e despeje ali a manteiga e a água. Usando somente as pontas dos dedos, incorpore lenta e completamente o líquido aos ingredientes secos. Com cuidado, dê à massa a forma de uma bola, envolva-a em filme plástico e deixe na geladeira por 15 minutos.

RECHEIO DE RICOTA

175 g de ricota fresca
40 g de queijo Scamorza, cortado em cubinhos de 5 mm
3 colheres (sopa) de Parmesão ralado

1 gema de ovo, levemente batida
Raspas da casca de ½ limão
Sal e pimenta-do-reino a gosto

Bata a ricota com um garfo até ficar bem cremosa. Acrescente os outros ingredientes, misture bem e tempere a gosto.

MASSA DE BIGNÈ

42 g de manteiga, em cubos
104 ml de água
56 g de farinha manitoba

Uma pitada de sal
1 ½ ovo

Junte a manteiga e a água em uma caçarola em fogo médio. Quando a manteiga derreter e o líquido começar a ferver, tire do fogo e acrescente a farinha. Usando uma colher de pau, misture bem a farinha com a água e a manteiga. Leve a caçarola de volta ao fogo e continue mexendo por 2 minutos ou até a massa se mostrar lustrosa e começar a soltar dos lados e do fundo da panela. Tire do fogo e deixe esfriar. Acrescente o sal e depois um ovo por vez, misturando bem a cada ovo acrescentado. Cubra e reserve.

MONTAGEM

Unte oito forminhas de torta pequenas. Ponha a massa base entre dois pedaços de filme plástico levemente polvilhados com farinha e abra-a até dar-lhe a forma de um disco e a espessura de um wafer. Coloque as forminhas emborcadas sobre a massa e use uma faca pequena para cortá-la ao redor das forminhas, deixando uma folga de 1 cm. Coloque os pedaços cortados de massa nas forminhas, pressionando levemente o fundo e os lados. Retire o excesso de massa. Preencha cada forminha com uma colher (sopa) do recheio de ricota e aperte-o um pouco com a colher. Espalhe a massa de bignè sobre a ricota. Ela deve se assemelhar a uma cúpula, cobrindo as laterais das forminhas. Asse a 180°C por 35 minutos. Tire do forno, segure cada forminha e, com cuidado, retire a torta com a ponta de uma faca. Sirva quente.

CAPPUCCINO di ASPARAGI

Sempre que esta entrada é apresentada a hóspedes que não a conhecem, ela causa surpresa. Sirva-a em taças de champanhe e diga aos convidados que ela deve ser mexida. É excelente com um vinho prosecco gelado.

4 porções *30 minutos (mais 40 minutos para cozinhar lentamente)*

INGREDIENTES

1 maço de aspargos
30 g de manteiga
Sal e pimenta-do-reino a gosto
1 chalota, picadinha
125 ml de creme de leite espesso
Noz-moscada a gosto

Quebre os talos de aspargos no ponto onde eles se partem de forma natural (suavemente flexionado, cada talo se quebrará a mais ou menos 5 cm da extremidade inferior). Usando um descascador de legumes, remova as partes fibrosas dos talos. Não descasque as pontas. Reserve todas as raspas. Em uma panela com água fervente levemente salgada, cozinhe os aspargos por 3 minutos ou até que fiquem *al dente*. Com uma escumadeira, transfira-os para um banho de gelo. Ponha as raspas reservadas em 500 ml da água de cocção, cubra e deixe ferver suavemente por 40 minutos ou até o caldo adquirir forte sabor de aspargos. Reserve 300 ml de caldo e mantenha-o quente.

Tire os aspargos cozidos do banho de gelo e escorra-os. Corte as pontas e reserve-as. Pique os talos em pedaços não muito pequenos. Salteie as pontas com metade da manteiga e tempere-as com sal e pimenta-do-reino a gosto. Em outra frigideira, salteie os talos picados com a chalota e o restante da manteiga. Tempere e reserve.

PARA SERVIR

Reaqueça as pontas e os talos picados em frigideiras separadas. Bata o creme de leite com uma batedeira portátil no ponto de picos moles e transfira-o para um saco de confeitar. Se for preciso, aqueça o caldo. Coloque 1 ½ colher (sopa) de talos de aspargo picados no fundo de uma taça de champanhe. Encha-a com cerca de 65 ml de caldo quente. Ponha três pontas de aspargos em cada taça e arremate com uma porção de creme batido e mais uma ponta de aspargo. Salpique com noz-moscada ralada na hora e sirva imediatamente.

O caldo e os aspargos devem ser aquecidos antes da montagem. O creme, não.

GASPACHO

Entrada fria para uma refeição de verão, este petisco espanhol clássico é uma sopa de tomate gelada, guarnecida de hortaliças. Para uma apresentação elegante, sirva-a em taças de Martini.

6 porções *10 minutos (mais 1 hora para gelar)*

INGREDIENTES

1 fatia de pão italiano, sem casca
1 pimentão vermelho médio, sem sementes
1 pepino, descascado e sem a parte macia do miolo
4 tomates, picados em pedaços graúdos
½ dente de alho, fatiado
3 colheres (chá) de suco de limão
4 colheres (sopa) de azeite extravirgem
2 colheres (chá) de vinagre de vinho tinto
2 colheres (chá) de vinagre balsâmico
½ cebola pequena, picada em pedaços graúdos
Sal e pimenta-do-reino a gosto
Algumas gotas de molho Tabasco

Corte o pão em cubos e bata-os no liquidificador até esfarelar. Reserve.

Corte metade do pimentão e metade do pepino em cubinhos para decorar. Pique o restante em pedaços médios e misture com os outros ingredientes. Bata tudo no liquidificador e passe por uma peneira grossa para separar as sementes e a pele dos legumes. Misture o farelo de pão, prove, ajuste o tempero e deixe na geladeira por pelo menos 1 hora.

PARA SERVIR

Divida o líquido em seis taças de Martini. Arremate com um cubo de gelo e os pedacinhos de pimentão e pepino, regue com um fio de azeite e sirva.

CRESPELLE FANTASIA

Panquecas leves recheadas com um creme de berinjela e servidas com um aveludado molho de queijo. Este prato maravilhoso é excelente no inverno; a riqueza e o sabor forte da "fonduta" vão bem com uma taça de vinho de boa safra.

6 porções 95 minutos

CREPES

- 1 colher (sopa) de manteiga e mais um pouco para untar
- 150 ml de leite
- 75 g de farinha
- 1 ovo
- Sal e pimenta-do-reino a gosto
- 24 folhas de salsinha
- 6 hastes de cebolinha

Derreta a manteiga e deixe-a chegar à temperatura ambiente. Com um fouet, agregue o leite, a farinha, o ovo, o sal e a pimenta. Aqueça uma panquequeira antiaderente de 20 cm em fogo médio. Com uma toalha de papel, passe 1 colher (chá) de manteiga na panquequeira. Tire-a do fogo e despeje 60 ml de massa, inclinando a panquequeira para espalhar a massa. Com a massa ainda úmida, ajeite quatro folhas de salsinha no centro e leve a panquequeira de volta ao fogo. Cozinhe até dourar um lado, vire a panqueca e cozinhe o outro lado da mesma forma. Faça o mesmo com o restante da massa (suficiente para seis crepes).

RECHEIO

- 1 chalota, picada
- 1 dente de alho, picado
- 1 ramo de tomilho, fresco
- 2 colheres (sopa) de azeite extravirgem
- 2 berinjelas, descascadas e cortadas em cubinhos
- Sal e pimenta-do-reino a gosto
- 1 colher (sopa) rasa de salsinha picada
- 1 colher (sopa) de queijo cremoso de cabra

Salteie a chalota, o alho e o tomilho em azeite sobre fogo médio-baixo por 1 minuto, até os ingredientes amaciarem. Acrescente a berinjela, tempere com sal e pimenta-do-reino e cozinhe. Mexa de vez em quando até que a berinjela esteja seca e muito macia (cerca de 25 minutos). Tire do fogo, acrescente a salsinha e deixe esfriar até a temperatura ambiente antes de misturar o queijo de cabra.

FONDUTA

- 100 g de queijo Fontina, cortado em cubinhos
- 100 ml de leite
- 1 gema de ovo
- 1 colher (sopa) de manteiga
- 2 colheres (chá) de amido de milho

Uma hora antes de servir, ponha o Fontina e o leite em uma caçarola fora do fogo. Misture a gema, a manteiga e o amido de milho. Cozinhe em banho-maria em fervura lenta, mexendo continuamente, por cerca de 20 minutos. Trabalhe o queijo com as costas da colher de modo que derreta completamente.

MONTAGEM

Mergulhe as cebolinhas em uma panela de água fervente por 1 segundo e transfira-as para um banho de gelo. Ponha os crepes em uma superfície lisa e plana e, com uma colher, ponha recheio no centro de cada um deles. Feche-os como pequenos sachês e prenda-os com as cebolinhas, dando duas voltas e amarrando as pontas. Transfira para uma assadeira forrada de papel-manteiga, cubra com outra folha de papel e leve ao forno a 180°C por 10 minutos. Sirva quente acompanhado pela Fonduta.

CRUDITE di PERE e MELONE

Uma salada de pera e melão servida com vinagrete balsâmico e mel e arrematada com os queijos Fossa e Castelmagno. Esta extraordinária combinação dos sabores salgado, doce e ácido é tão inesperada e deliciosa quanto é fácil de fazer.

---

6 porções 15 minutos

INGREDIENTES

6 peras pequenas, descascadas e cortadas em fatias finas
1 melão tipo Cantaloupe ou Gália, descascado e cortado em fatias finas
Suco de limão
Azeite extravirgem
Mel
Sal
Molho Balsâmico Reduzido (ver página 26)
6 fatias de cada um dos queijos Fossa e Castelmagno, ou de queijo de ovelha curado
Cebolinhas
Pimenta-do-reino a gosto

Disponha decorativamente as fatias de pera e melão em seis pratos. Regue as frutas com suco de limão, azeite, mel, sal e Molho Balsâmico. Arremate com uma fatia de cada queijo e uma única cebolinha. Tempere com pimenta-do-reino a gosto e sirva imediatamente.

GUACAMOLE alla MONTALI

A variação do Montali permanece fiel ao famoso prato mexicano, acrescentando um toque italiano para torná-lo diferente.

6 porções *20 minutos*

GUACAMOLE

1 abacate maduro
1 tomate sem pele e sem sementes, picado
1 colher (sopa) de azeite extravirgem
Suco de ½ limão
½ colher (chá) de mostarda de Dijon
Sal e pimenta-do-reino a gosto

―

Corte o abacate na metade no sentido do comprimento com uma faca pequena, girando-a em torno do caroço. Usando as mãos, gire cada metade para um lado para separá-las. Retire a polpa do abacate com uma colher e reserve o caroço. Amasse bem a polpa do abacate com um garfo. Misture muito bem com os demais ingredientes. Coloque o caroço em uma vasilha com a guacamole, cubra com filme plástico e coloque na geladeira.

SALADA DE MILHO E FEIJÃO

150 g de milho verde, cozido
250 g de feijão cannellini, cozido
2 colheres (sopa) de pimentão vermelho, sem as sementes e picado
1 chalota pequena, picada
2 colheres (chá) de suco de limão
4 colheres (sopa) de azeite extravirgem
1 colher (chá) de vinagre balsâmico
1 dente de alho, esmagado
Sal, pimenta-do-reino e pimenta-branca a gosto
Algumas gotas de molho Tabasco

―

Junte todos os ingredientes em uma vasilha.

PARA SERVIR

1 colher (sopa) de salsinha fresca, picada
1 colher (sopa) de cebolinha, picada

―

Descarte o caroço do abacate. Sirva a salada de milho e feijão em taças individuais, coberta por uma porção de guacamole e guarnecida de salsinha e cebolinha picadas.

TORRI di ZUCCHINE RIPIENE con CREMA di PISELLI

Torres de abobrinha recheadas com um creme de ervilhas e amêndoas tostadas. Um prato sofisticado e bonito, no qual uma abobrinha semicrua abriga o macio purê, que contrasta com a textura crocante das amêndoas.

6 porções (18 pedaços) *25 minutos*

INGREDIENTES

3 abobrinhas
120 g de ervilhas frescas
1 colher (sopa) de azeite extravirgem
Sal, pimenta-do-reino e pimenta-branca a gosto
½ cebola, fatiada
1 colher (sopa) de queijo Mascarpone
½ colher (chá) de suco de limão
1 colher (sopa) de queijo cremoso de cabra
Lascas de amêndoas
Açúcar de confeiteiro

Corte as pontas das abobrinhas e corte-as transversalmente em pedaços de 5 cm. Corte cada pedaço na metade com um corte inclinado (ver foto). Usando um descaroçador de maçã, retire o interior para transformar cada pedaço em um tubo. Cozinhe as abobrinhas em uma panela grande com água fervente por 2 minutos e transfira-as para um banho de gelo a fim de esfriá-las rapidamente. Ponha-as num escorredor e seque-as. Grelhe os pedaços de abobrinha com a parte inclinada para baixo até as marcas da grelha ficarem visíveis. Gire cada pedaço em um ângulo de 90° para criar um efeito de xadrez. Tire do fogo e reserve.

Em uma panelinha, cozinhe as ervilhas até ficarem macias, com 1 colher (sopa) de azeite, sal, pimenta-branca, a cebola e uma quantidade de água apenas suficiente para cobri-las. Coe, remova e descarte a cebola e amasse as ervilhas, fazendo um purê. Passe o purê por uma peneira. Acrescente o Mascarpone, o suco de limão e o queijo de cabra e misture bem.

Toste as lascas de amêndoa em uma panela em fogo baixo. Quando estiverem douradas, polvilhe-as com uma pequena quantidade de açúcar de confeiteiro para adoçar e toste por mais alguns segundos. Tire do fogo.

PARA SERVIR

Encha um saco de confeitar com o purê de ervilhas. Disponha três torres de abobrinha (com o lado inclinado para cima) em cada prato e recheie-as de purê. Arremate com amêndoas, pimenta-do-reino e uma gota de azeite e sirva.

CRUDITE di SPINACI e RUCOLA

Uma salada de espinafre e rúcula temperada com um molho quente de alho e alcaparras e servida com tomate seco, azeitonas pretas e lascas de queijo Parmesão. Esta combinação perfeita de ingredientes mediterrâneos clássicos produz uma salada surpreendentemente extraordinária.

6 porções *15 minutos*

MOLHO

185 ml de azeite
30 alcaparras (lave-as bem se vierem conservadas em salmoura ou em vinagre)
6 dentes de alho, descascados e cortados em fatias finas

Aqueça todos os ingredientes em fogo baixo. Em 8 minutos, ou quando o alho começar a caramelizar, tire do fogo. O óleo quente continuará cozinhando o alho e as alcaparras.

SALADA

250 g de folhas de espinafre, lavadas e secas
170 g de rúcula, lavada e seca
Sal a gosto
Azeite a gosto
Vinagre de vinho tinto a gosto
24 azeitonas pretas sem sementes
6 tomates secos conservados em óleo, cortados à julienne
Lascas de queijo Parmesão Reggiano
Pimenta-do-reino a gosto

Misture o espinafre e a rúcula com um leve tempero de sal, azeite e vinagre de vinho tinto.

Divida as verduras temperadas em seis pratos. Com uma colher, cubra-as com as alcaparras e fatias de alho, guarneça por igual com as azeitonas e o tomate seco, arremate com lascas de Parmesão Reggiano e salpique de pimenta-do-reino moída na hora. Sirva imediatamente.

STUZZICHINI al FORMAGGIO e MELE VERDI

Um petisco delicado e crocante, em que uma mistura de queijos cremosos e maçãs Granny Smith servem de recheio para dois biscoitinhos finos que podem ser comidos em um só bocado.

6 porções (12 pedaços) *25 minutos (mais 2 horas para gelar)*

MASSA

100 g de farinha italiana "00"
2 pitadas de sal
1 colher (sopa) de Parmesão ralado
50 g de ricota
4 colheres (sopa) de manteiga, em temperatura ambiente
1 gema de ovo, para pincelar
12 meias nozes

—

Junte a farinha, o sal e o queijo Parmesão em uma superfície plana e faça um buraco no meio. Acrescente a ricota e a manteiga e forme a massa usando as pontas dos dedos. Molde na forma de uma bola e sove um pouco. Envolva em filme plástico e deixe na geladeira por 2 horas. Abra a massa formando um retângulo de 3 mm de espessura, grande o suficiente para cortar 24 quadrados de 6 cm de lado. Coloque os quadradinhos em uma assadeira forrada de papel-manteiga, separados por uma distância de 1 cm. Pincele os 24 biscoitos com a gema de ovo e arremate doze deles com meia noz. Asse a 180°C por 12 minutos ou até dourar bem. Tire do forno.

RECHEIO

28 g de queijo cremoso de cabra
56 g de queijo Crescenza ou Mascarpone
56 g de ricota
Sal e pimenta-do-reino a gosto
1 colher (chá) de azeite extravirgem
1 colher (chá) de cebolinha picada
Uma pitada de páprica
¼ de maçã Granny Smith, cortada em cubinhos de 5 mm

—

Misture todos os ingredientes, exceto a maçã, até formar um creme. Transfira esse creme para um saco de confeitar com bico médio e reserve.

PARA SERVIR

Esprema o recheio de creme sobre os 12 biscoitos sem nozes e ponha cubinhos de maçã sobre o creme. Cubra com os biscoitos com nozes. Sirva quente, dois por pessoa, com uma salada mista crocante.

FRITTO MISTO

Legumes sortidos mergulhados em massa de tempurá e fritos até ficarem crocantes. Este prato é típico da região do Piemonte.

6 porções 50 minutos

INGREDIENTES

1 ou 2 berinjelas japonesas, cortadas horizontalmente em fatias de 12 x 5 mm
1 abobrinha, cortada em fatias finas
2 cebolas médias, fatiadas em anéis finos
3 cenouras, cortadas na metade e fatiadas à julienne em tiras de 5 mm
3 pêssegos, cortados em fatias finas
Óleo vegetal para a fritura por imersão
Sal
Molho de Ervas e Iogurte (ver página 29)

SEMOLINO DOLCE

250 ml de leite
1 colher (sopa) de manteiga
2 colheres (sopa) de açúcar

Raspas da casca de ½ limão
Casca de ½ limão
52 g de farinha de semolina

———

Junte o leite, a manteiga, o açúcar, as raspas e a casca de limão em uma caçarola e ferva. Acrescente a farinha de semolina e cozinhe por 15 minutos, mexendo sempre. Descarte a casca de limão e despeje a mistura em uma fôrma média de bolo inglês forrada de papel-manteiga umedecido (a mistura de semolina deve chegar a uma altura de 2,5 cm). Cubra com mais papel-manteiga e aperte bem. Deixe esfriar completamente. Quando chegar à temperatura ambiente, inverta a fôrma sobre uma superfície plana e corte o semolino em quadradinhos de 2,5 cm de lado e 5 mm de espessura.

IMPANATURA (EMPANADO)

6 colheres (sopa) de farinha italiana "00"
3 ovos, levemente batidos com uma pitada de sal
12 colheres (sopa) de farinha de rosca

———

Ponha cada um dos ingredientes em uma vasilha larga.

MASSA DE TEMPURÁ

10 colheres (sopa) de farinha italiana "00"
4 colheres (sopa) de amido de milho

220 ml de cerveja
Uma pitada de sal

———

Misture todos os ingredientes até obter uma massa homogênea. Deixe no congelador por alguns minutos antes de usar.

PARA SERVIR

Passe os pedaços de berinjela e de semolino dolce primeiro na farinha, depois no ovo e por fim na farinha de rosca. Alinhe-os em uma travessa. Os demais legumes e as fatias de pêssego devem ser mergulhados na massa de tempurá imediatamente antes da fritura. Aqueça o óleo vegetal em duas panelas. Em uma delas, frite por imersão primeiro a berinjela e depois o semolino dolce. Na outra, frite por imersão os ingredientes mergulhados na massa de tempurá, deixando as cebolas por último. As cenouras cortadas à julienne podem ser fritas em pequenos montinhos. Depois de fritar, transfira os alimentos para uma travessa forrada de toalhas de papel. Com exceção dos pêssegos e do semolino dolce, tempere tudo com sal. Sirva com um pouco de Molho de Ervas e Iogurte.

INSALATA del BOSCO

Salada fresca de cogumelos preparada com rúcula, nozes e queijo Parmesão. Os alimentos crus ressaltam o peculiar aroma amadeirado e o sabor dos cogumelos boletos.

6 porções *10 minutos*

INGREDIENTES

6 boletos pequenos (ou outro tipo de cogumelo)
24 meias nozes
6 punhados de rúcula
Suco de ½ limão
6 colheres (sopa) de azeite extravirgem
12 lascas generosas de queijo Parmesão Reggiano
Pimenta-do-reino a gosto

Para obter o melhor resultado, tire fatias finas do Parmesão Reggiano com um fatiador de legumes.

Para limpar os cogumelos, esfregue-os em uma toalha úmida. Com o fatiador de legumes, fatie-os de forma bem fina, preservando a silhueta dos cogumelos. Corte cada meia noz na metade, ao longo do centro.

Junte e misture todos os ingredientes em uma vasilha, exceto o Parmesão Reggiano e a pimenta-do-reino. Transfira-os para uma saladeira grande.

Aumente o volume da salada, aerando-a suavemente com um garfo. Cubra com as lascas de Parmesão Reggiano e um pouco de pimenta-do-reino e sirva.

CALZONI

O nome desta massa napolitana, recheada e frita, significa literalmente "calças". Fica melhor quando feita com mozarela de búfala.

8 porções *40 minutos (mais 70 minutos para a massa descansar)*

MASSA

375 g de farinha italiana "00" e mais um pouco para polvilhar
1 colher (chá) de sal
218 ml de água morna

1 colher (sopa) de azeite extravirgem
19 g de fermento fresco
Uma pitada de açúcar

Misture a farinha e o sal em uma vasilha grande. Faça um buraco no meio e coloque nele a água e o azeite. Ponha o fermento e o açúcar no líquido dentro do buraco e misture bem, usando os dedos. Incorpore a farinha ao redor da cova até formar a massa. Sove-a bem, deixando-a macia e elástica. Com cuidado, espalhe algumas gotas de azeite pela superfície da massa, cubra-a com um pano e deixe-a descansar por 35 minutos em um local quente e seco. Depois, polvilhe farinha sobre a superfície da massa e "vire-a", puxando pequenas porções da periferia até o lado oposto da vasilha. Depois de virá-la inteira, cubra-a de novo e deixe descansar por mais 35 minutos.

RECHEIO

180 g de tomate-cereja
½ colher (chá) de orégano seco
24 folhas de manjericão, 12 picadinhas e 12 inteiras

1 dente de alho, amassado e picado
Sal e pimenta-do-reino a gosto
Azeite extravirgem
110 g de mozarela fresca, escorrida

Enquanto a massa descansa, tire as sementes dos tomates e pique-os em pedaços graúdos. Deixe-os em um escorredor por 30 minutos para drenar. Misture-os em uma vasilha com o orégano, o manjericão picado, o alho, o sal, a pimenta e duas gotas de azeite extravirgem. Corte a mozarela em cubos mais ou menos do tamanho dos pedaços de tomate, seque-os ligeiramente e acrescente-os à mistura.

MONTAGEM

Em uma bancada limpa polvilhada de farinha, abra a massa formando um disco de 3 mm de espessura. Usando um cortador de 8 cm ou uma taça de vidro, corte 24 círculos da massa macia. No meio de cada disco, coloque uma porção de recheio e, sobre ela, metade de uma folha de manjericão. Dobre o disco ao meio e feche-o com um garfo, apertando-o com suavidade para selar a massa, mas com cuidado para não quebrá-la. Ponha os calzoni em uma assadeira forrada de papel-manteiga e polvilhada com farinha de trigo durum.

Em uma panela grande, aqueça óleo vegetal em quantidade suficiente para cobrir os calzoni. Quando o óleo estiver no ponto, coloque os calzoni na panela com cuidado. Deixe um lado dourar por cerca de 1 minuto antes de virar o calzone para fritar o outro lado. Quando estiverem bem dourados, retire-os com uma escumadeira e deixe-os escorrer numa travessa forrada de toalhas de papel. Tempere com sal e sirva imediatamente.

BIGNE con CREMA di FUNGHI

Uma massa choux italiana recheada de molho cremoso de cogumelos. Este antepasto maravilhoso combina bem com um vinho do porto.

8 porções *40 minutos*

RECHEIO

448 g de champignons
2 dentes de alho, 1 esmagado e 1 inteiro
3 colheres (sopa) de azeite extravirgem

Sal e pimenta-do-reino a gosto
2 colheres (sopa) de queijo Robiola
1 colher (sopa) de salsinha picada

Limpe os champignons com um pano úmido, corte a base dos caules e fatie-os. Salteie todo o alho em 2 colheres (sopa) de azeite até começar a dourar, acrescente os champignons picados e cozinhe em fogo alto até todo o líquido evaporar e os cogumelos ficarem dourado-escuros. Tire do fogo. Remova 2 colheres (sopa) de champignons refogados para usar como guarnição. Descarte o alho inteiro e bata os champignons no liquidificador, transformando-os em purê. Tempere a gosto com sal e pimenta-do-reino. Incorpore os demais ingredientes e reserve.

MASSA CHOUX

53 ml de água
28 g de manteiga, cortada em cubos
Uma pitada de sal
28 g de farinha manitoba
1 ovo pequeno

Aqueça a água, a manteiga e o sal em fogo médio até a manteiga derreter completamente. Assim que o líquido levantar fervura, tire a panela do fogo. Acrescente a farinha toda de uma vez e bata com fouet até misturar bem. Devolva a panela ao fogo e continue batendo por 30 segundos ou até a massa desgrudar dos lados e do fundo da panela. Tire do fogo e deixe esfriar um pouquinho. Misture o ovo com uma colher de pau, incorporando-o completamente.

Transfira a massa para um saco de confeitar com bico de 7 mm e faça montinhos de ½ colher (sopa) em uma assadeira comum ou de silicone. Pincele levemente com água a parte de cima de cada bolinho e asse a 190°C por 10 minutos. Deixe esfriar completamente.

MONTAGEM

Usando uma faca de serra, corte com cuidado o quarto superior de cada bolinho e reserve. Use um saco de confeitar para rechear as bases com o purê de champignons. Recoloque o quarto superior em cada bignè, cubra com mais purê de champignons e aperte por cima, com suavidade, as fatias reservadas de champignons. Ponha os bolinhos em uma assadeira, cubra-a e leve-a ao forno a 175°C por 7 minutos. Sirva quente.

CRUDITE di ZUCCHINE e SALSA allo YOGURT e ERBE

Um excelente prato de verão, bom para refrescar ou revigorar. Leve e magro.

6 porções *10 minutos*

INGREDIENTES

6 abobrinhas pequenas
Sal e pimenta-branca a gosto
Suco de ½ limão
4 colheres (sopa) de azeite extravirgem
1 porção de Molho de Ervas e Iogurte
3 colheres (sopa) de lascas de amêndoa, tostadas

Corte as extremidades das abobrinhas e fatie-as de forma bem fina em um fatiador de legumes. Deixe na geladeira. Na hora de servir, disponha as fatias de abobrinha sobre o prato, sobrepondo-as parcialmente. Tempere com sal e pimenta-branca e regue com o suco de limão e o azeite. Deixe marinar por 5 minutos.

MOLHO DE ERVAS E IOGURTE

1 porção

150 ml de creme de leite espesso levemente batido
150 ml de iogurte
1 dente de alho pequeno
1 colher (sopa) de ervas mistas (cebolinha, tomilho, alecrim e manjericão), picadinhas
3 colheres (sopa) de azeite extravirgem
Sal e pimenta-do-reino
2 colheres (chá) de suco de limão

Bata o creme de leite até montar parcialmente e agregue os demais ingredientes. Conserve na geladeira até o uso.

PARA SERVIR

Despeje o Molho de Ervas e Iogurte sobre a salada, ponha por cima algumas lascas de amêndoa e sirva.

PANZANELLA

Um lindo prato de verão de antiga tradição rural, a Panzanella se originou do velho hábito italiano de não desperdiçar nada. Continua sendo um jeito saudável de o povo do Mediterrâneo aproveitar o pão velho, combinando-o com ingredientes da época. Deve, sem dúvida, ser apreciado no verão.

6 porções *25 minutos*

INGREDIENTES

4 fatias de pão, cortadas em cubos de 1 cm
10 colheres (sopa) de azeite extravirgem
Sal e pimenta-do-reino a gosto
6 tomates-cereja cortados em quatro
1 pepino, descascado e cortado em cubos de 5 mm
1 cenoura, cortada em cubos de 5 mm
1 abobrinha, cortada em cubos de 5 mm
1 talo de aipo, sem as partes fibrosas e fatiado em um fatiador de legumes
1 alface romana pequena, cortada em pedaços graúdos
1 radicchio pequeno, cortado em pedaços graúdos
200 g de queijo Pecorino di Pienza, cortado em cubos de 5 mm
1 dente de alho, esmagado
1 cebola pequena, picada
1 colher (sopa) rasa de orégano
10 folhas de manjericão, picadas em pedaços médios
1 colher (sopa) de vinagre de vinho tinto
Suco de ½ limão
150 g de mozarela de búfala

Misture os cubos de pão com 2 colheres (sopa) de azeite e tempere com sal e pimenta-do-reino. Torre a 180°C por um minuto ou até ficar crocante, mas não duro. Transfira para uma vasilha grande e deixe esfriar completamente. Acrescente o restante do azeite e todos os outros ingredientes com exceção da mozarela. Transfira para uma travessa de mesa, cubra com a mozarela, polvilhe mais pimenta-do-reino e sirva.

ASPARAGI con SALSA all'ARANCIA

Aspargos servidos com um molho de laranja. Um aveludado sabor ácido contrasta com o gosto dominante dos aspargos.

6 porções *30 minutos*

INGREDIENTES

1 maço de aspargos
2 colheres (sopa) de nozes, picadas
2 folhas de radicchio, cortadas à julienne
Azeite extravirgem
Pimenta-do-reino a gosto

———

Quebre os talos de aspargos no ponto onde eles se partem de forma natural (suavemente flexionado, cada talo se quebrará a mais ou menos 5 cm da extremidade inferior). Usando um descascador de legumes, remova as partes fibrosas dos talos. Não descasque as pontas. Reserve todas as raspas. Em uma panela com água fervente levemente salgada, cozinhe os aspargos por 2 minutos ou até que fiquem al dente. Com uma escumadeira, transfira-os para um banho de gelo. Quando estiverem frios, tire-os da água e seque-os sobre toalhas de papel.

MOLHO DE LARANJA

2 laranjas-baía
1 colher (sopa) de amido de milho
3 colheres (sopa) de vinho branco
1 colher (chá) de suco de limão
21 g de manteiga, em temperatura ambiente
Sal e pimenta-branca a gosto

———

Esprema as laranjas para obter cerca de 250 ml de suco. Em uma caçarola pequena, misture o suco de laranja, o amido de milho, o vinho branco e o suco de limão e cozinhe em fogo médio até espessar (mais ou menos 3 minutos). Tire do fogo e acrescente a manteiga às colheradas, usando uma colher de chá e mexendo sem parar até que o molho fique liso e cremoso. Tempere a gosto e mantenha quente.

PARA SERVIR

Disponha os aspargos sobre pratos individuais, alinhando quatro talos. Despeje o Molho de Laranja quente sobre o meio dos aspargos e jogue por cima um pouco de nozes picadas. Guarneça com um leito de radicchio na base dos talos, um fio de azeite e pimenta-do-reino moída na hora. Sirva imediatamente.

POLENTA TARAGNA

Uma variação da típica receita de polenta do nordeste da Itália. A Polenta Taragna, feita com fubá e trigo sarraceno, é disposta em camadas com champignons e um purê de favas e regada com vinagrete balsâmico.

6 porções 60 minutos

POLENTA

240 ml de leite
240 ml de água
2 colheres (sopa) de manteiga
100 g de Polenta Taragna*

30 g de queijo Parmesão ralado
20 g de queijo Pecorino di Pienza ralado
Uma pitada de sal

—

Aqueça o leite, a água e a manteiga em uma caçarola até levantar fervura. Acrescente imediatamente a mistura para polenta e cozinhe por 40 minutos, mexendo com frequência. Acrescente os queijos e o sal e continue cozinhando até o queijo derreter. Forre uma fôrma de bolo inglês de 23 x 10 cm com papel-manteiga úmido, cobrindo toda a superfície interna. Despeje a polenta na fôrma e bata esta na mesa, para eliminar bolhas no fundo e deixar a superfície da mistura lisa. Cubra com papel-manteiga e aperte-o com as mãos, alisando a superfície. Deixe esfriar até chegar à temperatura ambiente.

FATIAS DE CHAMPIGNONS

2 dentes de alho
3 colheres (sopa) de azeite extravirgem
300 g de champignons, fatiados

Sal e pimenta-do-reino a gosto
1 colher (chá) de salsinha picada

—

Salteie o alho no azeite em fogo alto. Quando começar a pegar cor, acrescente os champignons e cozinhe-os até dourar. Tempere com sal e pimenta-do-reino e acrescente a salsinha por último. Reserve.

PURÊ DE FAVA

35 g de favas secas, lavadas
½ cenoura, cortada na metade no sentido do comprimento
2 dentes de alho
½ cebola média, descascada e cortada em quatro

1 ramo de salsinha
2 colheres (sopa) de azeite extravirgem
Sal a gosto
250 ml de água
1 colher (sopa) de suco de limão
1 colher (sopa) de tahine

—

Misture as favas, a cenoura, 1 dente de alho inteiro, a cebola, a salsinha, 1 colher (sopa) de azeite, o sal e a água em uma panela grande e cozinhe em fogo baixo por 40 minutos ou até as favas ficarem macias. Remova os legumes, o alho, a salsinha e o excesso de líquido. Bata as favas no liquidificador. Esmague o outro dente de alho e acrescente-o ao purê de favas junto com o suco de limão, o tahine e o azeite restante. Tempere a gosto. Cubra e reserve.

MONTAGEM

100 g de Ghee (ver página 28)
Molho Balsâmico Reduzido (ver página 26)

Molho de Trufas** (ver página 36)

—

Inverta a polenta sobre uma tábua e corte-a em fatias de 5 mm de espessura. Doure ambos os lados de cada fatia em manteiga clarificada (ghee) e deixe esfriar em uma travessa forrada de toalhas de papel. Passe ½ colher (sopa) de Purê de Fava em uma fatia de polenta e cubra o purê com fatias de champignons. Cubra o champignon com outra fatia de polenta e ponha sobre ela o mesmo recheio. Cubra com uma terceira e última fatia de polenta. Faça o mesmo com as outras fatias e coloque-as em uma assadeira forrada de papel-manteiga.

Para servir, cubra a Polenta Taragna com papel-alumínio e leve ao forno a 180°C por 5 minutos. Arremate cada "sanduíche" de polenta com ½ colher (chá) de Molho de Trufas e sirva acompanhado de Molho Balsâmico Reduzido.

* *Se você não tiver Polenta Taragna, substitua-a por fubá simples.*
** *Se você não tiver Molho de Trufas, substitua-o pelo Molho de Alcaparra e Salsinha (ver Noções Básicas).*

DAMIANO

Seguindo à risca as instruções, o menino Damiano, de 11 anos, arruma generosas fatias de queijo com pão em uma travessa e a leva a seu pai, na varanda. "Obrigado, Dami", diz Alberto. Olhando para seus funcionários, ele continua: "Adoro meu filho! É sempre tão charmoso e educado!" Mas, reparando no prato, ele franze o cenho e troveja: "Damiano! Nunca mais sirva um prato sem trazer um garfo! Aprenda a fazer as coisas direito!"

Foto do arquivo pessoal

Animado, o menino corre à cozinha e volta em segundos com um garfo na mão. Alberto dá um tapinha afetuoso na bochecha do filho antes de voltar a atenção para o almoço.

Damiano, extraordinariamente maduro para a idade, é uma mistura exata de ambos os pais. Como a mãe, tem energia ilimitada e se encanta com os mais mínimos atos da vida cotidiana. Do pai, herdou a determinação e a concentração necessárias para começar e terminar qualquer projeto que resolva realizar. É ágil para inventar anedotas fantásticas e hilárias na hora certa, sempre está disposto a ajudar na cozinha ou na horta e é generoso com seus brinquedos e pertences. É a alegria do Hotel-Fazenda Montali e a admiração daqueles que o conhecem. Mas, acima de tudo, ainda é um menino de 11 anos com interesses correspondentes aos de uma criança da sua idade. É sensível às necessidades dos pais, gosta de protegê-los e se ressente quando eles não têm tempo para ficar com ele. É um jovem definido por seu próprio caráter e pela maneira como foi criado.

Damiano nasceu em 22 de fevereiro de 1994 ao fim de uma gravidez complicada. Era um bebê saudável e idêntico a Alberto. Apesar dos alertas de vários médicos e especialistas, Malu estava determinada a criar seu filho com uma dieta vegetariana. Depois de amamentá-lo por alguns meses, incorporou legumes à dieta alimentar de Damiano, respeitando o fato de ele gostar de alguns e não gostar de outros. Damiano adorava lentilha; quando experimentou macarrão com um molho leve de tomate, aos 9 meses, rejeitou de uma vez as papinhas e passou a ingerir somente alimentos sólidos. Os médicos se espantavam com o crescimento do bebê e sua resposta pronta e ativa aos estímulos. Onze anos depois, ele ainda é mais alto que a maioria de seus colegas de classe e continua crescendo.

Certo mês de novembro, a família Musacchio estava gozando suas férias anuais de um mês após o fim da estação turística. Dessa vez, estavam no Brasil. Damiano tinha 5 anos naquela época e já era muito arguto. Em um jantar, estava sentado entre seus pais em uma mesa lotada de adultos. A cunhada de Malu, aficionada por vinhos, pediu uma garrafa de vinho tinto. O garçom a levou à mesa e serviu uma pequena quantidade para que a mulher o provasse. Com elegância, ela girou a taça, cheirou-a, mexeu o vinho dentro da boca e fez um aceno de cabeça, aprovando-o. Alguns minutos depois, o mesmo garçom serviu Coca-Cola a Damiano. Quando o copo estava parcialmente cheio, Damiano o pegou na mão, girou-o, cheirou-o profundamente antes de levá-lo à boca e fez um gesto de aprovação para o garçom, provocando gargalhadas em todos os presentes.

A personalidade de Damiano é baseada tanto em seu caráter inato quanto na cuidadosa observação de tudo o que acontece ao seu redor. Seus pais decidiram desde cedo que a melhor educação que poderiam fornecer ao filho consistia em abrir seus olhos para o mundo desde a mais tenra idade. Ele deve ser uma das crianças que mais viajaram; já esteve na Austrália, no Brasil, em Lisboa, em Londres

e em cinco países do Sudeste Asiático. Capaz de se hospedar com a mesma facilidade numa pousada de aldeia ou num hotel de cinco estrelas numa grande metrópole, ele estuda com a mãe a rica cultura e história de cada lugar que visita. Aprendeu a enturmar-se com a gente do local e, sem esforço nenhum, faz amigos aonde quer que vá. Quando está sozinho, diverte-se inventando mirabolantes histórias de ficção científica a respeito de outros universos. Sua mente é moldada pelas ricas civilizações e aspectos da vida que ele conheceu em primeira mão; sua imaginação é viva e vibrante.

Com a pouca idade que tem, é extremamente afeito ao trabalho. Além de observar as horas que os pais dedicam ao negócio da família, ele repara em como os funcionários desempenham suas tarefas. Este *chef* sempre mantém tudo limpo; aquele deixa tudo para os outros limparem. Esta menina está sempre contente; aquela, sempre deprimida. Ouve as discussões dos pais acerca das coisas que estes admiram e valorizam e assume para si a filosofia de trabalho deles.

Infelizmente, o contato íntimo com o estilo de vida da hospitalidade também deixa Damiano cansado. Em uma noite de domingo, quando o jantar estava sendo servido, Damiano estava do lado de fora do hotel, sentado com os pés sobre o banco e abraçando as pernas. Estava olhando para o infinito, anormalmente alheio às outras pessoas. Malu foi até lá, sentou-se ao lado dele e abraçou-o, encorajando-o a conversar. Ele olhou para ela e disse simplesmente: "Mamãe, às vezes eu odeio tudo isto". Era domingo, o dia em que a mãe tirava folga para ficar junto do filho. Por necessidade, ela estava lá embaixo trabalhando na cozinha. Ele tinha perdido o único dia que podia passar na companhia dela.

Assuntos urgentes e pequenas emergências interrompem continuamente o precioso tempo de que ele dispõe para ficar junto dos pais. Mas, em vez de se isolar, Damiano permanece disposto a se abrir e construir um relacionamento pessoal com quase todos os que vêm trabalhar em Montali.

O fato de ser criado em um ambiente culinário fatalmente acaba por despertar a consciência e a compreensão da comida. As paixões de Damiano são o futebol e as corridas de motos, mas a culinária é elemento predestinado em sua vida. Embora o que mais lhe agrade sejam alimentos simples, como fatias de queijo Parmesão Reggiano ou macarrão com grão-de-bico, ele também é capaz de comer vários pratos seguidos de apimentados macarrões orientais ou de cuscuz com curry.

Damiano aprecia os sabores novos e incomuns, mas nem sempre gosta de pratos excessivamente complicados e cheios de ingredientes. Sua capacidade de distinguir as texturas e os sabores e de discriminar os diferentes componentes de um prato supera a da maioria dos adultos. Quando Damiano come um molho de tomate, é capaz de discernir a qualidade do tomate, mas nem sempre o sabor geral.

Malu e Alberto lhe explicaram desde muito cedo as razões pelas quais eram vegetarianos. Não era somente questão de saúde, disseram; também não gostavam da ideia de um ser vivo perder a vida para que outro ser possa comer. Mas frisaram que isso não queria dizer que eles eram melhores ou piores que as outras pessoas. Criado como vegetariano em uma cidadezinha italiana, Damiano teve de enfrentar a ocasional zombaria dos colegas que não compreendem seus "estranhos" hábitos alimentares.

"Eca! O que é isso?", exclamou um deles certa tarde, chamando a atenção de todo mundo para o lanche de Damiano. Malu lhe tinha feito um sanduíche com várias fatias de seitan, sua comida favorita. "Com licença", respondeu rapidamente Damiano. "Você já provou isto? Por acaso sabe o que é isto?" O colega abanou a cabeça, humilhado. Damiano trocou um olhar de triunfo com Paolo, seu melhor amigo e filho do açougueiro local. E voltou a comer. Embora os colegas de classe de Damiano talvez não compreendam seus hábitos alimentares, ninguém pode negar a qualidade da culinária de Malu. Para o aniversário de Damiano, em fevereiro, Malu sempre prepara um banquete espetacular que todas as crianças da escola ficam esperando com meses de antecedência.

Se Damiano vai ou não decidir continuar vegetariano pelo resto da vida é uma escolha que Malu e Alberto deixaram completamente a cargo dele. Pode chegar um dia em que ele tenha curiosidade de provar outras coisas, e pode ser que queria mudar completamente de estilo de vida. O mesmo vale para sua carreira. É claro que seus pais adorariam que ele assumisse o Hotel-Fazenda Montali na idade adulta, mas jamais lhe imporiam essa decisão. Damiano sempre foi encorajado a ser independente e a buscar o próprio caminho, e os pais sempre fizeram de tudo para guiá-lo na direção correta sem deixar de respeitar suas decisões, seus gostos e seus desgostos. Ajudam-no a distinguir entre o que ele precisa e o que ele quer, a trabalhar duro em prol de vários objetivos e a sempre usar a inteligência como a maior e melhor de todas as ferramentas.

Malu e Alberto continuam ensinando-o perseverantemente sobre alimentação e hospitalidade. Ele já sabe fazer massa fresca de macarrão, ciabatta e pizza, bem como abrir uma garrafa de vinho e servi-la com dignidade. Certa vez, em Earls Court, Londres, ele se tornou um "astro" quando o velho *chef* Gennaro Contaldo o chamou ao palco. Uma vez que não tinha nada para fazer enquanto os pais e seus funcionários preparavam o curso de culinária que iam dar, ele ofereceu sua ajuda, com toda presteza e educação, àquele famoso *chef* italiano. Fez isso para divertir-se, mas acabou ajudando muito Gennaro, que ficou contentíssimo por contar com mais um bom assistente em um momento de tanto serviço. No último dia do evento, quando estava a ponto de passar a palavra a Alberto para as aulas de culinária, Gennaro chamou Damiano ao palco diante de um grande público. Autografou seu livro de culinária e disse à plateia britânica, que logo percebeu o quanto aquele momento era especial: "A razão por que temos tantos *chefs* bons na Itália é que começamos a treiná-los desde cedo. Uma salva de palmas para o *chef* mais jovem da Itália e da Inglaterra!" Alguns olhos se encheram de lágrimas quando presenciaram esse ato de "passar o bastão".

Em uma noite fresca de agosto, antes do jantar, Alberto estava sentado na varanda com alguns hóspedes e chamou o filho.

"Damiano! Três expressos!" Damiano preparou uma bandeja com colheres, açúcar e pires para que tudo estivesse pronto quando o café saísse. Levou a bandeja e colocou-a delicadamente na mesa diante do pai. O serviço estava perfeito, e Alberto abriu um sorriso orgulhoso para o filho enquanto os hóspedes se deleitavam.

Quando viu que uma bela menina de 12 anos ia jantar no restaurante aquela noite, Damiano deixou o pai e correu para cima para se aprontar. Quinze minutos depois, de banho tomado, perfumado e com gel no cabelo, ele vestiu jeans e sua melhor camiseta e desceu para ajudar a mãe com o jantar. O pessoal da cozinha sorriu e Malu suspirou, melancólica. "Amore di mamma. É agora que vai começar. Meu filho está crescendo tão rápido!"

Primi
PRIMEIROS PRATOS

BIPARMENTIER

Uma aveludada combinação de duas sopas clássicas. No fim do século XX, uma praga dizimou as plantações de batata de toda a Europa e milhares de pessoas morreram. Monsieur Parmentier, um cientista francês, descobriu que as plantações de batata próximas de minas de cobre não tinham sido afetadas. Constatou, assim, que o tratamento das plantações com sulfato de cobre as protegia da doença. Esta deliciosa sopa de batata e alho-poró leva o nome desse cientista. Aqui, ela é servida com uma sopa de abóbora. É excelente com um vinho tinto não muito forte.

6 porções 45 minutos

PARMENTIER (SOPA DE BATATA E ALHO-PORÓ)

1 alho-poró, somente as partes brancas e verde-claras
1 colher (sopa) de azeite extravirgem
1 colher (sopa) de manteiga
300 g de batatas, descascadas e cortadas em fatias finas
30 g de azeitonas verdes, picadas em pedaços graúdos
1 colher (sopa) de salsinha, picada em pedaços graúdos
780 ml de Caldo de Legumes (ver página 36)
1 colher (sopa) de creme de leite
Sal e pimenta-do-reino a gosto

Limpe bem o alho-poró e pique-o em pedaços graúdos. Refogue-o no azeite e na manteiga em fogo médio por 2 minutos. Quando estiver macio, mas antes de escurecer, acrescente a batata, a azeitona, a salsinha e o caldo de legumes e deixe em fervura lenta até as batatas estarem macias e perfeitamente cozidas.

Tire do fogo. Bata no liquidificador em várias levas, de modo que a sopa fique completamente homogênea. Passe na peneira para tirar os últimos fragmentos sólidos e transfira para uma panela limpa. Misture o creme de leite e tempere com sal e pimenta-do-reino. Cubra e reserve até a hora de servir.

ZUCCA (SOPA DE ABÓBORA)

1 alho-poró, somente as partes brancas e verde-claras
1 chalota pequena, picadinha
1 colher (sopa) de azeite extravirgem
1 colher (sopa) de manteiga
250 g de abóbora, descascada e cortada em cubos de 1 cm
1 batata, descascada e cortada em fatias finas
3 folhas de sálvia
2 colheres (chá) de salsinha, picada
Noz-moscada
780 ml de Caldo de Legumes (ver página 36)
1 colher (sopa) de creme de leite
Sal e pimenta-do-reino a gosto

Limpe bem o alho-poró e pique-o em pedaços graúdos. Em uma panela grande, refogue a chalota no azeite e na manteiga em fogo médio até ficar quase transparente. Acrescente o alho-poró e continue a cozinhar lentamente até que ele esteja macio, mas antes de escurecer. Acrescente os demais legumes, as ervas, a noz-moscada e o caldo de legumes e deixe em fervura lenta até a batata e a abóbora se mostrarem macias e perfeitamente cozidas. Retire a sálvia.

Tire do fogo. Bata no liquidificador em várias levas, de modo que a sopa fique completamente homogênea. Peneire o líquido, transfira-o para uma panela limpa e misture o creme de leite. Tempere com sal e pimenta-do-reino. Cubra e reserve até a hora de servir.

CROÛTONS

6 fatias de pão cortadas em cubos de 1 cm
2 colheres (sopa) de azeite
Sal e pimenta-do-reino
1 colher (sopa) de ervas mistas picadas (salsinha, sálvia, tomilho, alecrim)

Corte o pão do dia anterior em cubinhos e misture com o azeite, o sal, a pimenta-do-reino e as ervas. Torre em uma assadeira a 180°C por 5 minutos ou até que o pão esteja dourado e crocante por fora e macio por dentro.

MONTAGEM

Na hora de servir, aqueça bem as duas sopas e verifique a consistência de ambas. Se uma delas estiver mais espessa, acrescente um pouco de caldo até que as duas estejam iguais. Pegue 125 ml de cada uma usando duas conchas iguais. Com uma concha em cada mão, despeje lentamente as duas sopas no prato ao mesmo tempo, começando no centro. Divida o prato ao meio com uma linha reta ou gire as conchas para obter desenhos diferentes. Sirva imediatamente com croûtons ao lado da sopa ou sobre ela. Estas sopas também são deliciosas no verão, quando devem ser servidas geladas.

ZUPPA REALE

Esta "sopa real" é deliciosamente leve. É feita de legumes sortidos e uma fritada crocante de ovo e semolina.

6 porções 35 minutos (mais 1 hora para cozinhar lentamente)

CALDO

- 2 tomates médios
- 1 cebola média
- 2 abobrinhas médias
- 2 cenouras
- 2 batatas médias
- 2 talos de aipo
- 80 g de espinafre
- 2 dentes de alho
- 2 litros de água quente
- 1 ramo de salsinha
- 1 colher (chá) de azeite extravirgem
- ½ colher (sopa) de sal marinho

Corte os tomates e a cebola em quatro. Corte na metade as abobrinhas, as cenouras, as batatas e o aipo e pique-os em pedaços graúdos. Misture todos os ingredientes. Tampe a panela e cozinhe por 1 hora em fogo lento. Coe o caldo e descarte os legumes.

FRITTATINE

- 4 ovos inteiros
- 6 colheres (sopa) de semolina
- 2 pitadas de sal
- 4 colheres (sopa) de queijo Parmesão ralado
- Pimenta-do-reino a gosto

Bata levemente todos os ingredientes. Uma por vez, ponha 3 colheres (sopa) da mistura em uma frigideira antiaderente untada em fogo médio. Deixe a mistura se espalhar até chegar a um diâmetro de mais ou menos 14 cm. Quando o fundo estiver no ponto, vire com cuidado usando uma espátula. Faça o mesmo com o restante da mistura. Corte cada fritada em quadradinhos de 5 mm de lado.

ESCAROLA

- 2 maços de escarola, picada em pedaços graúdos
- 2 dentes de alho
- 2 colheres (sopa) de azeite extravirgem
- Sal e pimenta-do-reino a gosto

Ferva uma panela grande cheia de água levemente salgada. Afervente a escarola por 1 minuto e coe num escorredor. Salteie o alho no azeite até dourar, acrescente a escarola e cozinhe por mais 1 minuto. Tempere com sal e pimenta-do-reino.

MONTAGEM

150 g de queijo Scamorza ou outro queijo suave e macio, cortado em cubos

---

Aqueça o caldo de legumes, acrescente a escarola e as frittatine e cozinhe em fervura branda por 5 minutos. Divida o queijo Scamorza em seis pratos fundos e despeje a sopa sobre o queijo. Pingue algumas gotas de azeite por cima e sirva imediatamente.

PASTA e FAGIOLI

No calor do verão, o feijão-rajado italiano e os tomates são colhidos em seu apogeu. Este cozido cremoso e revigorante é ideal para os meses de julho e agosto no hemisfério norte. Feito com pimentões verdes colhidos antes da madureza, ele exala a essência e os sabores de uma horta italiana. Sirva com um vinho tinto mais suave, como um dolcetto ou um merlot.

8 porções *55 minutos (mais 1 hora para cozinhar lentamente)*

COZIDO

350 g de feijão-rajado italiano fresco ou 180 g de feijão seco deixado de molho em água por 8 horas
6 folhas de manjericão
2 ramos de salsinha
4 dentes de alho
½ cebola média, fatiada
1 talo de aipo
1 pimentão verde pequeno, cortado na metade e sem sementes
90 ml de azeite extravirgem
840 ml de água
Sal a gosto
3 tomates sem pele e sem sementes, picados em pedaços graúdos

—

Em uma caçarola grande, junte o feijão, 3 folhas de manjericão, 1 ramo de salsinha, 2 dentes de alho e metade dos legumes, com exceção dos tomates. Acrescente 3 colheres (sopa) de azeite, a água e 1 colher (chá) de sal. Tampe e cozinhe em fogo baixo até que o feijão esteja al dente, cerca de 1 hora. Retire os legumes com uma escumadeira, deixando somente o feijão e o líquido de cocção. Em outra caçarola, junte os tomates e todos os ingredientes restantes. Cozinhe em fogo baixo por 20 minutos ou até o líquido dos tomates evaporar. Tempere com sal. Acrescente o molho de tomate ao feijão e continue cozinhando em fogo baixo por 10 minutos. Remova as hortaliças aromáticas.

MALTAGLIATI

225 g de farinha italiana "00"
225 g de farinha de trigo durum e mais um pouco para polvilhar
1 colher (sopa) de ervas picadinhas (tomilho, sálvia e alecrim)
1 colher (chá) de azeite extravirgem
Uma pitada de sal
225 ml de água

—

Peneire as duas farinhas sobre uma superfície plana. Acrescente as ervas e faça um buraco no meio. Acrescente os outros ingredientes e incorpore-os à farinha, usando os dedos, até formar a massa. Sove a massa por 8 minutos ou até adquirir textura macia e elástica. Envolva em filme plástico e deixe descansar por 15 minutos. Divida a massa em duas e faça um rolo comprido com cada porção. Passe cada porção de massa por uma máquina de fazer macarrão, desde o espaço mais largo até o espaço 6. Deixe secar por 10 minutos em uma superfície plana. Polvilhe a superfície das tiras de macarrão com farinha de trigo durum e divida cada tira na metade no sentido longitudinal. Empilhe as quatro metades e corte na metade no sentido transversal. Empilhe os oito pedaços de massa e, começando de um dos cantos, corte a massa em fatias de 1 cm de largura, posicionando a faca em ângulo de 45° em relação aos lados da massa. Separe os pedaços de macarrão com os dedos e deposite-os em uma travessa polvilhada de farinha de trigo durum.

PARA SERVIR

Reaqueça o cozido de feijão. Ferva uma grande panela de água. Salgue a água e abaixe o fogo, deixando-a em fervura branda. Junte o macarrão com as mãos, sacuda para tirar o excesso de farinha e cozinhe-o na água fervente. À medida que os pedaços de macarrão forem subindo à superfície (cerca de 1 minuto), retire-os com uma escumadeira e transfira-os para a panela onde estiver o cozido de feijão. Mexa com cuidado o cozido, prove para ver se está bom de sal e sirva-o imediatamente, arrematando cada porção com manjericão picadinho e um fio de azeite extravirgem.

O macarrão fresco cozinha muito mais rápido que o macarrão seco.

ROTOLO di CRESPELLE

Crepes enrolados e recheados com um crocante sortido de legumes. Tão delicioso quanto bonito, este prato é garantia de sucesso em qualquer reunião. É excelente com um vinho branco de sabor vivo, como o Müller Thurgau.

7 porções 55 minutos

CREPES

150 g de farinha
Sal e pimenta-do-reino a gosto
250 ml de leite

3 ovos
1 colher (sopa) de manteiga, derretida

Ponha em uma vasilha a farinha, uma pitada de sal e pimenta-do-reino. Em outra vasilha, bata suavemente o leite, os ovos e a manteiga. Acrescente a mistura líquida à seca, batendo com o fouet até homogeneizar e eliminar todos os grumos. Reserve por 30 minutos. Aqueça uma panquequeira de 23 cm e esfregue-a de leve com manteiga. Tire a panquequeira do fogo. Ponha 60 ml de massa na panquequeira e gire-a lentamente para cobri-la inteira. Devolva ao fogo. Quando um dos lados estiver no ponto, vire a panqueca e cozinhe o outro lado da mesma maneira. Faça o mesmo com o restante da massa. Reserve.

RECHEIO

3 dentes de alho
3 colheres (sopa) de cebola picada
3 folhas de sálvia
3 folhas de hortelã
1 colher (sopa) de salsinha, picada
2 colheres (sopa) de manteiga
2 colheres (sopa) de azeite extravirgem
700 g de legumes sortidos (abobrinha, cenoura e repolho) cortados à julienne

Sal e pimenta-do-reino a gosto
2 gemas de ovo
6 tomates secos conservados em óleo, picados
50 g de queijo Parmesão ralado
335 g de ricota
Noz-moscada

Salteie o alho, a cebola, a sálvia, a hortelã e a salsinha na manteiga e no azeite em fogo médio. Cozinhe a mistura até que a cebola esteja quase transparente e acrescente todos os legumes. Aumente o fogo e cozinhe por 5 minutos, mexendo de vez em quando. Tempere com sal e pimenta. Tire do fogo, descarte o alho, a sálvia e a hortelã e deixe esfriar completamente antes de misturar as gemas de ovo, o tomate seco, os queijos e a noz-moscada.

MONTAGEM

½ colher (sopa) de farinha de rosca misturada com 1 colher (sopa) de queijo Parmesão ralado
3 colheres (sopa) de manteiga derretida

Abra três panquecas em uma superfície plana. Sobre cada uma, espalhe 2 ½ colheres (sopa) dos legumes sortidos. Empilhe as panquecas. Enrole a pilha com todo o cuidado, formando um grande canelone. Reserve e faça o mesmo com as outras panquecas.

Corte os rocamboles em fatias de 2,5 cm. Deposite as fatias em uma fôrma refratária untada, com o lado cortado para cima. Espalhe a farinha de rosca sobre a superfície e complete com algumas gotas de manteiga derretida. Leve ao forno a 180°C por 15 minutos ou até dourar a parte de cima. Sirva duas fatias por pessoa.

Este prato pode ser feito com os mais diversos recheios. Dê asas à sua imaginação.

RAVIOLI sud TIROLESI

Um ravióli do sul do Tirol, na fronteira da Itália com a Áustria. A massa, feita com espinafre e batatas, é recheada com duas variedades de cogumelos e coberta com molhos de zimbro e chalotas. Assim, um ravióli clássico se transforma em algo divino. Aprecie com um vinho encorpado, como um amarone.

5 porções 80 minutos

RECHEIO

150 g de champignons frescos e boletos secos, picados em pedaços graúdos
1 dente de alho, levemente amassado
2 colheres (sopa) de azeite extravirgem
Sal e pimenta-do-reino a gosto
1 colher (sopa) de salsinha picada
1 colher (sopa) de queijo Parmesão ralado

Deixe os boletos secos de molho por 30 minutos em uma caçarola pequena cheia de água quente. Passe para um escorredor. Salteie o alho no azeite em fogo alto. Quando começar a dourar, acrescente todos os cogumelos e cozinhe-os até dourar e perder todo o líquido. Tempere com sal e pimenta-do-reino e deixe esfriar antes de acrescentar a salsinha e o Parmesão. Reserve.

MOLHO DE CHALOTAS

3 chalotas
75 ml de azeite

Corte as chalotas em fatias finas com um fatiador de legumes. Caramelize-as no azeite em fogo baixo por 30 minutos ou até que fiquem escuras e macias. Cubra e reserve.

MOLHO DE ZIMBRO E CREME DE LEITE

330 ml de Caldo de Legumes (ver página 36)
5 bagas de zimbro, amassadas
1 colher (sopa) de amido de milho
210 ml de creme de leite

Ferva 125 ml do caldo de legumes e as bagas de zimbro por 5 minutos. Passe o caldo por uma peneira, descarte as bagas e acrescente o caldo aromatizado com zimbro ao restante do caldo. Leve à fervura lenta. Misture o amido de milho e o creme de leite e despeje-os no caldo quente, mexendo sempre. Continue mexendo até que o molho levante fervura novamente e cozinhe por mais 1 minuto. Cubra e reserve.

MASSA

2 batatas amarelas
1 colher (sopa) de manteiga
75 g de espinafre, cozido e picado
1 ovo pequeno, levemente batido
Uma pitada de noz-moscada
Sal e pimenta-do-reino a gosto
87 g de farinha de trigo durum

Cozinhe e descasque as batatas. Amasse-as ainda quentes com a manteiga. Cubra e deixe chegar à temperatura ambiente. Coloque o purê em uma superfície enfarinhada, acrescente o espinafre picadinho e incorpore-o bem. Acrescente o ovo, a noz-moscada, o sal e a pimenta-do-reino. Trabalhe a massa com uma espátula. Acrescente a farinha em três levas, incorporando-a bem a cada vez. Acrescente mais farinha se a massa ainda estiver muito grudenta. Polvilhe a superfície de trabalho com farinha de trigo durum e abra um terço da massa, formando um grande disco de 2 mm de espessura. Corte o maior número possível de discos usando um cortador de 5 cm de diâmetro. Deposite ½ colher (chá) de recheio no centro de cada disco e feche-o com cuidado, formando uma meia-lua. Sele-o com as mão, deixando as marcas dos dedos. Faça o mesmo com o restante da massa, reaproveitando também as rebarbas, até que a massa ou o recheio acabem. Distribua o ravióli em uma travessa enfarinhada, não deixando que encostem uns nos outros.

PARA SERVIR

Reaqueça separadamente o molho de chalotas e o de zimbro. Ferva uma panela de água com pouco sal e abaixe o fogo. Com cuidado, ponha metade do ravióli na água. Quando subirem à superfície, retire-os com uma escumadeira e transfira seis para cada prato. Cubra com o molho de zimbro e creme de leite e arremate com pedacinhos de chalotas e o azeite em que estas foram cozidas. Faça isso com todo o ravióli. Polvilhe com pimenta-branca moída na hora e sirva.

UMBRICELLI con SALSA di POMODORO, OLIVE e CAPPERI

Uma famosa massa da Úmbria, enrolada à mão e servida com molho de tomate, alcaparra e azeitonas. A textura especial da massa só pode ser obtida com o uso das mãos, e o molho, semelhante a um "puttanesca", pede o acompanhamento de um merlot. A mesma massa é chamada "pici" na Toscana.

5 porções 50 minutos

MASSA

180 g de farinha italiana "00"
140 g de farinha de trigo durum
1 ovo
125 ml de água, em temperatura ambiente
½ colher (chá) de azeite extravirgem
Uma pitada de sal

Peneire ambas as farinhas sobre uma superfície de trabalho plana e faça um buraco no meio. Coloque os demais ingredientes dentro do buraco e misture-os com as pontas dos dedos até formar a massa. Sove-a por 8 minutos. Envolva-a em filme plástico e deixe descansar por 15 minutos.

Usando uma faca ou um cortador de massa, separe um quarto desta e deixe o restante envolvido em filme plástico. Com um rolo, abra a massa separada em um retângulo comprido de 5 mm de espessura. Corte em tiras de 5 mm de largura, começando do lado mais curto. Enrole cada tira, formando cilindros compridos de mais ou menos 3 mm de diâmetro. Polvilhe com um pouco de farinha e transfira os cilindros para uma travessa enfarinhada. Repita o mesmo processo com o restante da massa.

MOLHO

2 dentes de alho
2 colheres (sopa) de alcaparras, picadas em pedaços médios
12 azeitonas pretas, picadas em pedaços médios
4 colheres (sopa) de azeite extravirgem
1 ½ porção de Molho de Tomate (ver página 36)
1 punhado de queijo Parmesão ralado

PARA SERVIR

Ferva uma panela grande com água levemente salgada e abaixe o fogo, deixando a água em fervura lenta. Em outra panela, salteie o alho, as alcaparras e as azeitonas no azeite até o alho dourar bem. Remova o alho, acrescente o molho de tomate e esquente. Despeje os cilindros de massa na água em fervura lenta. Não mexa os delicados macarrões; se os pedaços grudarem ao subir à tona, separe-os cuidadosamente com um garfo. Depois que as massas subirem à superfície, cozinhe por mais 1 minuto e verifique se estão no ponto. Quando estiverem *al dente*, escorra a água, mas reserve 250 ml do líquido de cocção e acrescente a massa e o Parmesão ao molho. Misture com cuidado e acrescente mais líquido de cocção se a mistura estiver muito seca. Sirva imediatamente.

RISOTTO allo ZAFFERANO

A textura reconfortante e o sabor sofisticado deste risoto de açafrão fazem dele um dos pratos mais apreciados do Hotel-Fazenda Montali. Combine-o com um vinho branco delicado – um regaleali ou um sauvignon blanc, por exemplo – que não interfira no sabor do açafrão.

---

5 porções 20 minutos (mais 1 hora de molho)

INGREDIENTES

1 colher (chá) de fios de açafrão
300 g de arroz cru, carnaroli ou arbóreo
750 ml de Caldo de Legumes (ver página 36)
1 colher (sopa) de azeite extravirgem
2 colheres (sopa) de manteiga
1 dente de alho pequeno, esmagado
½ cebola média, picadinha
80 ml de vinho branco
100 g de queijo Fontina ou Taleggio, cortado em cubos de 5 mm
6 colheres (sopa) de queijo Parmesão Reggiano ralado
Sal e pimenta-branca a gosto

Deixe o açafrão de molho em 3 colheres (sopa) de água quente por 1 hora. Lave bem o arroz e escorra. Aqueça o caldo de legumes em uma caçarola até ferver e desligue o fogo.

Em outra caçarola média, aqueça o azeite e metade da manteiga juntos em fogo médio-baixo. Quando a manteiga derreter, acrescente o alho e a cebola e cozinhe-os devagar, mexendo sempre. Quando a cebola estiver transparente, acrescente o arroz e mexa. Quando o arroz também começar a ficar transparente, acrescente o vinho branco e mexa até que ele evapore por completo. Acrescente o caldo quente, duas conchas por vez, mexendo delicadamente até que o líquido quase evapore por completo antes de acrescentar mais caldo.

Acrescente o açafrão e a água do molho e mexa para misturar. Se o arroz ainda não estiver cozido, acrescente uma pequena quantidade de água quente. Quando o arroz estiver al dente (cerca de 15 minutos depois de começar a cozinhar), desligue o fogo, acrescente os queijos e o resto de manteiga e mexa para misturar. Tempere a gosto com sal e pimenta-branca e sirva imediatamente.

Quando se usa arroz parboilizado, ele geralmente leva de 12 a 15 minutos para cozinhar. Para obter o melhor resultado, verifique as instruções para cada marca de arroz.

FRANCOBOLLI di GORGONZOLA al PESTO

Os francobolli ("selos"), ricos e decorativos, são recheados de queijo Gorgonzola e servidos com um clássico molho pesto. Combine com um vinho tinto forte. O molho pesto é, sem dúvida, uma das maiores realizações da cidade de Gênova, onde se originou.

8 porções 35 minutos

MASSA

150 g de farinha italiana "00"
100 g de farinha de trigo durum e mais um pouco para polvilhar

2 ovos inteiros
3 gemas de ovo
Uma pitada de sal
½ colher (chá) de azeite extravirgem

Peneire as farinhas sobre uma superfície de trabalho plana e faça um buraco no meio. Coloque os demais ingredientes dentro do buraco e misture-os com as pontas dos dedos até formar a massa. Forme uma bola e sove por 3 minutos. Se a massa parecer seca, umedeça as mãos com água e continue trabalhando. Cubra-a com filme plástico e deixe na geladeira por 15 minutos.

RECHEIO

55 g de queijo Crescenza ou queijo cremoso de cabra
90 g de queijo Gorgonzola

Bata os dois queijos juntos com um garfo até ficarem muito cremosos e transfira a mistura para um saco de confeitar com bico de 7 mm. Deixe na geladeira por pelo menos 15 minutos para dar firmeza.

MOLHO

½ porção de Pesto (ver página 31)
1 colher (chá) de manteiga

Queijo Parmesão ralado
Pimenta-do-reino a gosto

MONTAGEM

1 clara de ovo, levemente batida, para pincelar

Passe a massa em uma máquina de fazer macarrão em espaço 7, formando uma folha comprida com cerca de 14 cm de largura. Pincele metade da massa com a clara de ovo. Deixando uma folga de 1 cm nas bordas, deposite porçõezinhas de um terço de colher (chá) de recheio de queijo separadas por uma distância de 2 cm em toda a metade pincelada com clara (ver foto). Cubra cuidadosamente com a massa não pincelada e aperte com cuidado entre as fileiras de recheio para selar os francobolli. Com as pontas dos dedos, aperte a massa ao redor de cada bola de recheio para tirar o excesso de ar. Corte as bordas da massa com um cortador ondulado e depois passe o cortador entre as colunas e, em seguida, entre as fileiras de francobolli para separar cada peça. Deposite os selinhos em uma travessa enfarinhada, sem deixar que eles encostem uns nos outros.

Em uma frigideira média, aqueça o pesto com a manteiga. Ferva uma panela de água levemente salgada e abaixe o fogo, deixando a água em fervura lenta. Despeje a massa na água fervente fazendo os selinhos deslizarem pela bandeja, mas não deixe a farinha solta cair na água. Assim que os pedaços de massa subirem à tona, transfira-os com uma escumadeira diretamente para o Pesto. Acrescente meia concha do líquido de cocção da massa. Mexa os macarrõezinhos umas três ou quatro vezes, com cuidado, para que o Pesto revista cada pedaço, e transfira tudo para uma travessa grande. Polvilhe com queijo Parmesão ralado e pimenta-do-reino e sirva imediatamente.

ESTROGONOFE

Esta versão vegetariana da famosa receita russa não perde nada em matéria de textura ou sabor, graças ao uso do seitan. Saboreie este estrogonofe em uma noite fria de inverno acompanhado de uma taça de forte vinho barbaresco.

6 porções *50 minutos*

MOLHO

3 dentes de alho, 2 inteiros e 1 esmagado
5 colheres (sopa) de azeite extravirgem
450 g de cogumelos boletos ou champignons, fatiados
½ porção de Seitan (ver página 35)
1 chalota, picadinha
2 colheres (sopa) de manteiga
3 colheres (sopa) de brandy ou conhaque
1 ½ porção de Molho de Tomate (ver página 36)
200 ml de creme de leite

Salteie 2 dentes de alho inteiros em 3 colheres (sopa) de azeite em fogo alto. Acrescente os cogumelos quando o alho começar a dourar e cozinhe-os até escurecerem e o líquido evaporar. Descarte o alho e reserve os cogumelos. Fatie o seitan em pedaços de 1 x 4 cm. Salteie o alho esmagado e a chalota no restante do azeite e na manteiga por 1 minuto em fogo médio. Acrescente o seitan e cozinhe-o por 5 minutos ou até dourar bem. Flambeie com álcool (ver página 21). Acrescente os cogumelos ao seitan e cozinhe por mais 1 minuto. Leve o Molho de Tomate a uma fervura branda, misture o creme de leite e acrescente a mistura de seitan e cogumelos. Mexa bem para misturar os ingredientes. Tampe a panela e reserve.

ARROZ

550 ml de Caldo de Legumes (ver página 36)
1 dente de alho pequeno, esmagado
1 chalota pequena, picadinha
1 colher (sopa) de azeite extravirgem
1 colher (sopa) de manteiga
300 g de arroz parboilizado, lavado
Sal e pimenta-do-reino a gosto

Leve o caldo de legumes a uma fervura branda. Em uma panela grande, de fundo grosso, salteie suavemente o alho e a chalota no azeite e na manteiga até a chalota ficar translúcida. Acrescente o arroz e mexa por 1 minuto. Acrescente o caldo de legumes, tampe a panela e cozinhe em fogo brando por 12 minutos ou até que o arroz tenha absorvido todo o líquido e esteja no ponto. Reaqueça o molho e sirva-o ao redor do arroz em pratos individuais.

CANNELLONI di RICOTTA con SUGO di POMODORO

Canelone de ricota com molho de tomate. Prato predileto no almoço de domingo das famílias italianas, este canelone clássico pede somente um molho de tomate simples e uma taça de vinho tinto não muito forte.

6 porções 45 minutos

MASSA

165 g de farinha italiana "00"
85 g de farinha de trigo durum e mais um pouco para polvilhar
2 ovos inteiros

3 gemas de ovo
Uma pitada de sal
1 colher (chá) de azeite extravirgem

Peneire as duas farinhas sobre uma superfície plana e faça um buraco no meio. Em uma vasilha, bata levemente os outros ingredientes e despeje-os no buraco. Trabalhe os ingredientes com as pontas dos dedos até formar a massa. Dê-lhe forma de bola e sove-a bem por 5 minutos até adquirir textura lisa e elástica. Envolva-a em filme plástico e deixe descansar por 15 minutos. Corte a massa em três pedaços, passe cada porção na máquina de fazer macarrão em espaço 6 e deposite-as em uma superfície enfarinhada. Corte a massa em quadrados de 12 cm e empilhe-os entre folhas de papel-manteiga enfarinhado com farinha de trigo durum. Ferva uma panela grande de água levemente salgada e abaixe o fogo, deixando a água em fervura lenta. Prepare um banho de gelo com uma colher (sopa) de azeite. Cozinhe o macarrão de oito em oito pedaços, pondo-os na água um por vez. Assim que cada pedaço subir à tona, transfira-o com uma escumadeira para o banho de gelo a fim de esfriá-lo rapidamente. Ponha os quadrados de macarrão, um por um, sobre um tecido limpo e seco em superfície plana. Não sobreponha os quadrados.

RECHEIO

336 g de ricota fresca
1 ovo
Pimenta-do-reino a gosto
Noz-moscada

1 colher (sopa) de queijo Pecorino Romano ralado
1 colher (sopa) de queijo Parmesão Reggiano ralado
1 colher (sopa) de queijo Pecorino di Pienza ralado
Raspas da casca de ½ limão

Bata a ricota com um garfo até ficar cremosa. Acrescente os outros ingredientes e misture-os até obter uma textura homogênea. Reserve.

SUGO DI POMODORO

2 dentes de alho, descascados
3 colheres (sopa) de azeite extravirgem
½ colher (sopa) de salsinha picada

½ colher (sopa) de manjericão picado
1 ½ porção de Molho de Tomate (ver página 36), quente

Salteie os dentes de alho no azeite até dourar e descarte-os. Acrescente as ervas ao azeite, mexa para infundir o sabor e misture tudo no Molho de Tomate aquecido. Reserve.

MONTAGEM

60 g de queijo Parmesão Reggiano ralado
224 g de queijo mozarela, cortado em cubinhos de 5 mm

Usando uma colher ou um saco de confeitar, coloque 2 colheres (sopa) de recheio em um lado de cada quadrado de macarrão e enrole a massa, de modo que cada canelone fique com 2 cm de diâmetro. Com uma concha, transfira metade do molho para o fundo de uma fôrma refratária média e espalhe-o por igual. Disponha os canelones sobre o molho. Polvilhe com queijo Parmesão ralado, cubra com o restante do molho e arremate com os cubos de mozarela. Asse a 180°C por 13 minutos e sirva imediatamente.

SPAGHETTI alla CHITARRA con SALSA ai QUATTRO FORMAGGI e TARTUFO

Este famoso espaguete feito nas "cordas da guitarra" será apreciado por todos os aficionados do rock 'n' roll. O prato, com três tipos de massa cortados em um cortador que lembra as cordas de uma guitarra, é servido com Molho Quatro Queijos e Molho de Trufas.

4 porções *75 minutos*

MASSA DE AÇAFRÃO

70 g de farinha italiana "00"
70 g de farinha de trigo durum
1 ovo inteiro
2 gemas de ovo

Uma pitada de sal
½ colher (chá) de azeite extravirgem
½ colher (chá) de açafrão em pó*

* Se for usar açafrão em pó, deixe 2 colheres (sopa) de molho em água quente por 1 hora. Acrescente uma colher (sopa) a mais de farinha italiana "00" à massa na hora de misturar.

MASSA DE ESPINAFRE

55 g de farinha italiana "00"
55 g de farinha de trigo durum
30 g de espinafre cozido, escorrido e amassado
1 ovo inteiro

1 gema de ovo
Uma pitada de sal
½ colher (chá) de azeite extravirgem

MASSA DE BETERRABA

55 g de farinha italiana "00"
55 g de farinha de trigo durum
30 g de beterraba, descascada, cozida no vapor e amassada*

1 ovo inteiro
1 gema de ovo
Uma pitada de sal
½ colher (chá) de azeite extravirgem

* Não se esqueça de escorrer todo o excesso de água da beterraba depois de amassada.

Começando com a Massa de Açafrão, peneire as farinhas sobre uma superfície plana e faça um buraco no meio. Coloque os demais ingredientes dentro do buraco e misture-os com as pontas dos dedos até formar a massa. Sove-a por 3 minutos. Deixe-a em forma de bola, cubra com filme plástico e reserve. Repita o processo para as Massas de Espinafre e Beterraba.

Comece com uma das bolas de massa. Abra metade da massa sobre uma superfície plana polvilhada com farinha de trigo durum, formando um retângulo de 5 x 20 cm e 2 mm de espessura. Faça o mesmo com as outras massas e deixe secar por 10 minutos sobre uma travessa enfarinhada. Corte com um cortador-guitarra apertando a massa sobre as cordas com um rolo, ou use uma faca comprida. Se for usar a faca, enfarinhe cada tira de massa e enrole-a em torno de um rolo de macarrão começando pelo lado mais curto. Retire cuidadosamente o rolo de dentro da massa e corte a massa em tirinhas de 2 mm de largura. Enfarinhe com farinha de trigo durum e reserve, em montinhos, em uma travessa enfarinhada.

MOLHO

Molho Quatro Queijos (ver página 28)
1 porção de Molho de Sálvia e Manteiga (ver página 32)
1 porção de Molho de Trufas (ver página 36)

Aqueça o Molho Quatro Queijos em banho-maria. Ferva uma panela de água salgada e abaixe o fogo, deixando a água em fervura lenta. Cozinhe as três massas juntas na panela. Assim que subirem à tona, tire a panela do fogo e escorra a massa. Em uma frigideira antiaderente grande, derreta o Molho de Sálvia e Manteiga, acrescente o macarrão e mexa com cuidado. Despeje o Molho Quatro Queijos em pratos individuais e acrescente a massa. Cubra com mais Molho Quatro Queijos e complete com Molho de Trufas.

MACCHERONI LADUS

De origem sardenha, esse "macarrão esticado" é um macarrão caseiro servido com hortaliças sortidas em molho de tomate. É maravilhoso com um "cannonau" da Sardenha ou um pinot noir.

6 porções 60 minutos

MASSA DE MACCHERONI

154 g de farinha italiana "00"
140 g de farinha de trigo durum
1 ovo

90 ml de água, em temperatura ambiente
½ colher (chá) de azeite extravirgem
Uma pitada de sal

Peneire as farinhas sobre uma superfície de trabalho plana e faça um buraco no meio. Coloque os demais ingredientes dentro do buraco e misture-os com as pontas dos dedos até formar a massa. Junte a massa e sove por 8 minutos. Cubra-a com filme plástico e deixe descansar por 15 minutos.

Usando uma faca ou um cortador de massa, separe um quarto da massa, deixando o restante no filme plástico, e, trabalhando em superfície enfarinhada, faça com ela um cilindro comprido de 5 mm de diâmetro. Corte o cilindro em pedaços de 5 mm. Enrole cada pedacinho, formando uma bola, e aperte cada bola no meio com o polegar, puxando-a. Usando as pontas dos dedos, estique cada pedaço de massa, formando retângulos de 5 x 2 cm. Transfira o macarrão para uma travessa enfarinhada e repita o processo com o restante da massa.

COZIDO

1 pimentão vermelho pequeno
1 berinjela, descascada e cortada em cubinhos
3 abobrinhas, cortadas em cubinhos
Óleo vegetal para fritura por imersão
1 colher (sopa) de salsinha
2 dentes de alho, esmagados
3 colheres (sopa) de azeite extravirgem
5 tomates, sem pele, sem sementes e cortados em cubinhos
250 ml de Caldo de Legumes (ver página 36)

Escureça e descasque o pimentão (ver página 20) e corte-o em pedaços de 4 x 1 cm. Em várias levas, frite por imersão os cubos de berinjela e abobrinha até escurecerem um pouco. Transfira do óleo quente para uma travessa forrada de toalhas de papel. Tempere e deixe esfriar. Refogue a salsinha e o alho no azeite por 1 minuto, acrescente os tomates e cozinhe por 10 minutos. Acrescente a berinjela, a abobrinha e o pimentão e cozinhe por mais 3 minutos antes de acrescentar o caldo de legumes quente. Cozinhe por mais 1 minuto.

PARA SERVIR

Queijo Pecorino di Pienza ralado

Ferva uma panela de água com sal. Abaixe o fogo e despeje o macarrão, deslizando-o sobre a travessa. Cozinhe até ficar al dente (cerca de 5 minutos), coe o macarrão e transfira-o para o cozido. Acrescente um punhado de queijo ralado e sirva imediatamente.

LASAGNE alla MONTALI

Nada se compara a uma lasanha fresca recheada de tomates-cereja grelhados, molho pesto e um cremoso molho velouté minutos antes de ser servida. Este prato especial, coberto de rúcula, pinhões e azeitonas pretas, deve ser combinado com um bom vinho branco, como um chardonnay ou um greco di tufo.

8 porções *75 minutos*

MASSA

165 g de farinha italiana "00"
85 g de farinha de trigo durum e mais um pouco para polvilhar
2 ovos inteiros
3 gemas de ovo
Uma pitada de sal
1 colher (chá) de azeite extravirgem

Peneire as farinhas sobre uma superfície plana e faça um buraco no meio. Bata levemente os outros ingredientes em uma vasilha e coloque-os dentro do buraco. Usando as pontas dos dedos, trabalhe os ingredientes até formar a massa. Junte a massa e sove por 5 minutos até obter uma textura lisa e elástica. Envolva em filme plástico e deixe descansar por 15 minutos. Corte a massa em três, passe cada porção pela máquina de fazer macarrão em espaço 6 e disponha-as sobre uma superfície enfarinhada. Usando um cortador redondo de 10 cm, corte discos de massa e reserve-os sobre papel-manteiga enfarinhado.

MOLHO DE TOMATE-CEREJA

250 ml de azeite extravirgem
32 tomates-cereja, cortados na metade horizontalmente
5 colheres (sopa) de farinha de rosca
1 colher (sopa) de manjericão, picado
1 colher (sopa) de salsinha, picada
1 dente de alho, esmagado
Sal e pimenta-do-reino a gosto

Despeje 50 ml do azeite em uma assadeira de 23 x 33 cm. Disponha os tomates na assadeira com o lado cortado para cima. Misture os ingredientes restantes em uma vasilha, menos 3 colheres (sopa) de azeite, e tempere os tomates com a mistura. Cubra os tomates com farinha de rosca, apertando-a suavemente com as pontas dos dedos. Regue tudo com o azeite restante e asse a 175°C por 30 minutos ou até dourar.

VELOUTÉ

360 ml de Caldo de Legumes (ver página 36)
2 colheres (sopa) de manteiga
5 colheres (sopa) de farinha
2 colheres (sopa) de creme de leite
6 colheres (sopa) de queijo Parmesão ralado
6 colheres (sopa) de queijo Pecorino Romano ralado
6 colheres (sopa) de queijo Emmenthal ralado

Ferva o caldo de legumes e abaixe o fogo, deixando-o em fervura lenta. Derreta a manteiga em outra panela em fogo médio e acrescente a farinha, mexendo constantemente até que o roux fique marrom-dourado. Acrescente o caldo, mexendo para misturar. Mexa por cerca de 5 minutos até que o molho esteja cremoso. Misture o creme de leite e os queijos. Tampe a panela e reserve.

MONTAGEM

8 colheres (sopa) de queijo Parmesão Reggiano ralado
½ porção de Pesto (ver página 31)
3 colheres (sopa) de pinhões, torrados
28 g de azeitonas pretas, sem caroço, picadas e cobertas de azeite
300 g de rúcula
Azeite extravirgem
Sal e pimenta-do-reino a gosto

Ferva uma panela de água levemente salgada e abaixe o fogo. Reaqueça o velouté e espalhe 2 colheres (sopa) de molho em cada prato individual. Cozinhe a massa de lasanha em duas levas. Assim que os pedaços de massa subirem à superfície, coloque um disco em cada prato, em cima do molho velouté. Cubra com mais molho, um pouco de Parmesão ralado, 1 colher (chá) de Pesto e quatro metades de tomate. Cubra com mais um disco de massa e repita o recheio. Cubra com um último disco e arremate com Parmesão ralado, Pesto e pinhões. Espalhe um pouco de azeitona e um punhado de rúcula fresca. Regue com algumas gotas de azeite e tempere com sal e pimenta-do-reino a gosto.

GNOCCHI di PATATE

A textura macia desta famosa massa de batatas, que dá água na boca, faz do nhoque um dos pratos mais pedidos da Itália. O movimento rápido dos dedos na preparação da massa aumenta a diversão de fazer nhoque em casa. Escolha um vinho tinto forte para acompanhar o Molho Quatro Queijos.

4 porções *35 minutos*

MASSA

4 batatas médias, amarelas ou rosadas
¼ de colher (sopa) de manteiga
Uma pitada de sal
Uma pitada de noz-moscada
2 gemas de ovo
70 g de farinha italiana "00"
70 g de farinha de trigo durum e mais um pouco para polvilhar

Cozinhe e descasque as batatas. Esmague-as em um espremedor de batatas sobre uma superfície levemente enfarinhada e acrescente a manteiga e o sal. Trabalhe os ingredientes com a espátula até incorporá-los. Cubra e deixe esfriar completamente. Acrescente a noz-moscada e as gemas e misture-as com as mãos até que a massa apresente cor e textura homogêneas. Em levas e com a ajuda de um cortador de massas, incorpore as duas farinhas na massa. Quando esta começar a dar liga, sove-a rápida e suavemente até ficar homogênea, acrescentando mais farinha de trigo durum se estiver grudenta.

Usando uma faca ou um cortador de massa, separe o equivalente a 2 colheres (sopa) de massa. Abra essa porção em uma superfície levemente enfarinhada e forme um rolinho de 1 cm de diâmetro. Corte pedaços de 1 cm. Suavemente, aperte cada pedacinho com os dedos indicador e médio e role os dedos para trás, trazendo o pedacinho de massa junto e dando-lhe forma de concha. Faça o mesmo com o resto da massa, enfarinhando cada leva com farinha de trigo durum para não grudar. Reserve o nhoque em uma travessa enfarinhada, com cuidado para que os pedaços não encostem um no outro.

MOLHO /GUARNIÇÃO

1 punhado de uvas de polpa firme
Açúcar de confeiteiro, para polvilhar
½ punhado de nozes, picadas
1 porção de Molho Quatro Queijos (ver página 28)

Descasque as uvas e corte-as pela metade. Remova as sementes com cuidado e deposite as metades, com o lado cortado para baixo, sobre uma folha de papel-manteiga. Polvilhe com um pouquinho de açúcar de confeiteiro e asse a 180°C por 10 minutos. Aqueça o Molho Quatro Queijos em banho-maria e transfira-o para uma frigideira.

MONTAGEM

Leve uma panela de água levemente salgada à fervura lenta e despeje nela o nhoque, deslizando-o sobre a travessa. Assim que os pedacinhos subirem à tona (cerca de 1 minuto), remova-os com uma escumadeira e coloque-os imediatamente no molho. Misture e transfira para uma grande travessa de servir ou para pratos individuais. Guarneça com nozes picadas e as metades de uva assadas e sirva imediatamente.

RISO alla ORIENTALE

Arroz basmati aromático servido com um molho de tomate de sabor vivo enriquecido com ervilhas, especiarias orientais e panir, um queijo feito em casa. Esta interessante combinação de sabores deve ser apreciada com um revigorante vinho gewürztraminer.

5 porções 70 minutos

PANIR

1 porção de Panir (ver página 30)
2 colheres (sopa) de Ghee (ver página 28)
Sal e pimenta-do-reino a gosto

Corte o panir em pedaços de 1 x 1 cm. Salteie em ghee até dourar e tempere com sal e pimenta-do-reino a gosto.

MOLHO

200 g de ervilhas
4 colheres (sopa) de azeite extravirgem
½ cebola pequena, fatiada
1 colher (chá) de sementes de cominho
1 chalota, picada
1 dente de alho pequeno, esmagado
2 colheres (sopa) de Ghee (ver página 28)
1 colher (sopa) de gengibre ralado
1 pimentão verde pequeno, sem sementes e picado

10 tomates, sem pele, sem sementes e picados
1 colher (chá) de coentro moído
1 colher (chá) de curry em pó
1 colher (chá) de sementes de funcho moídas
1 colher (sopa) de açúcar mascavo
1 colher (sopa) de hortelã, picada
2 colheres (sopa) de salsinha, picada
180 ml de iogurte natural, em temperatura ambiente
Sal e pimenta-do-reino a gosto

Misture as ervilhas com 1 colher (sopa) de azeite, a cebola, sal, pimenta-do-reino e água suficiente para cobrir. Cozinhe até as ervilhas amolecerem. Escorra o líquido e descarte a cebola. Aqueça as sementes de cominho, a chalota e o alho em 2 colheres (sopa) de azeite e no ghee até as sementes começarem a escurecer. Acrescente o gengibre e o pimentão e toste por 1 minuto. Acrescente os tomates, o coentro, o curry, o funcho, o açúcar e metade das ervas frescas. Cozinhe por 15 minutos com a panela semitampada, mexendo de vez em quando. Bata no liquidificador, leve de volta ao fogo, acrescente as ervilhas e cozinhe por 5 minutos. Tire do fogo, deixe esfriar por 10 minutos e lentamente misture o iogurte até incorporá-lo. Acrescente o panir e as restantes ervas frescas. Prove para acertar o tempero. Mantenha quente.

ARROZ

3 colheres (sopa) de sementes de gergelim
Sal
345 ml de Caldo de Legumes (ver página 36)
1 dente de alho pequeno
2 chalotas, picadinhas

2 colheres (sopa) de azeite
2 colheres (sopa) de manteiga
210 g de arroz basmati ou arroz longo
2 colheres (sopa) de Ghee derretida (ver página 28)
2 colheres (sopa) de salsinha picada

Toste o gergelim em ½ colher (chá) de sal e reserve. Aqueça o caldo de legumes e deixe em fervura lenta. Em uma panela de fundo grosso, salteie com cuidado o alho e as chalotas no azeite e na manteiga até as chalotas ficarem transparentes. Acrescente o arroz, mexendo, e refogue por 1 minuto. Acrescente o caldo de legumes, deixe a panela semitampada e cozinhe em fogo baixo por 10 minutos ou até o arroz amolecer e absorver todo o líquido. Divida o arroz em seis pratos individuais, regue com ghee e salpique com a salsinha e o gergelim. Sirva acompanhado do molho.

GNOCCHETTI SARDI

Estes nhoquezinhos da Sardenha são feitos de farinha de trigo durum. Embora a forma da massa seja semelhante à do nhoque de batata, a textura e o molho deste prato espetacular do Mediterrâneo captam a essência de um revigorante verão italiano.

6 porções 40 minutos (mais 1 hora para descansar)

MOLHO DE TOMATE E AZEITONAS

600 g de tomate-cereja, sem sementes e cortados em oito
70 g de azeitonas pretas, picadas em pedaços médios
70 g de azeitonas verdes, picadas em pedaços médios
14 g de alcaparra
5 folhas de manjericão
1 dente de alho inteiro, esmagado

1 colher (chá) de orégano
1 colher (sopa) de salsinha, picada
Sal e pimenta-do-reino a gosto
1 colher (chá) de molho de soja
6 colheres (sopa) de azeite extravirgem
1 abobrinha pequena, ralada

Junte todos os ingredientes em uma vasilha grande e aperte-os com as mãos para misturar e amassar os tomates. Tampe e reserve por 1 hora para que os sabores se combinem.

MASSA

154 g de farinha italiana "00"
140 g de farinha de trigo durum
1 ovo

125 ml de água, em temperatura ambiente
½ colher (chá) de azeite extravirgem
Uma pitada de sal

Peneire ambas as farinhas sobre uma superfície de trabalho plana e faça um buraco no meio. Coloque os demais ingredientes dentro do buraco e trabalhe-os com as pontas dos dedos até formar a massa. Junte a massa e sove por 8 minutos. Envolva em filme plástico e deixe descansar por 15 minutos.

Usando uma faca ou um cortador de massa, separe um quarto da massa, deixando o restante no filme plástico. Sobre uma superfície enfarinhada, faça um rolinho comprido de 1 cm de diâmetro. Corte o rolo em pedaços de 1 cm. Aperte o meio de cada pedaço com a ponta do polegar e empurre-o para a frente, criando uma forma de concha. Repita o processo com o restante da massa e transfira o nhoque para uma travessa enfarinhada.

PARA SERVIR

60 g de queijo Pecorino di Pienza, cortado em cubinhos
280 g de mozarela de búfala para cobrir
5 folhas de manjericão
Molho de pimenta vermelha em óleo, opcional

Acrescente o Pecorino di Pienza ao Molho de Tomate e Azeitonas. Ferva uma panela grande de água levemente salgada e abaixe o fogo, deixando a água em fervura lenta. Sacuda os gnocchetti dentro de um escorredor para tirar o excesso de farinha e despeje-os na água. Quando os nhoquezinhos subirem à tona, deixe-os cozinhar por mais 1 minuto ou até ficarem al dente. Coe e acrescente o nhoque quente ao molho. Mexa suavemente para misturar e sirva imediatamente, coberto de mozarela e manjericão recém-picado. Se quiser, regue com óleo de pimenta.

GNOCCHI alla ROMANA

Esta variedade de nhoque é originária de Roma, onde a massa de semolina é cortada em discos, disposta em camadas e assada com cobertura de molho de zimbro e queijo ralado. Aprecie este substancioso prato de inverno acompanhado de um bom vinho sangiovese.

6 porções 50 minutos

NHOQUE

1 litro de leite
70 g de manteiga e mais um pouco para untar
210 g de semolina
Uma pitada de noz-moscada
Sal e pimenta-do-reino a gosto
28 g de queijo Pecorino Romano ralado
60 g de queijo Parmesão ralado
1 gema de ovo, batida

Misture o leite e a manteiga em uma caçarola e ferva. Acrescente a semolina e cozinhe por 20 minutos, mexendo sempre. Agregue a noz-moscada, o sal, a pimenta-do-reino, o queijo Pecorino Romano e metade do Parmesão ralado. Tire do fogo e mexa por 1 minuto para esfriar ligeiramente antes de acrescentar a gema. Despeje a massa em uma superfície untada de mármore ou granito e, com as mãos úmidas, aperte-a de modo que forme um grande retângulo. Molhe um rolo de macarrão e abra a massa na forma de um retângulo de 25 x 43 cm com 5 mm de espessura. Molhe a borda de um copo de vidro de 5 cm de diâmetro e corte o maior número possível de discos de massa. Unte uma fôrma refratária de 20 x 28 cm e forre o fundo com as rebarbas de massa. Cubra as rebarbas com os discos, sobrepondo-os parcialmente, polvilhe o resto do Parmesão ralado e arremate com bolinhas de manteiga.

Uma tábua grande coberta de papel-manteiga untado pode substituir a superfície de mármore ou granito.

MOLHO

500 ml de Caldo de Legumes (ver página 36)
5 bagas de zimbro, amassadas ou picadinhas
1 colher (sopa) de amido de milho
300 ml de creme de leite
1 punhado de queijo Parmesão ralado
Pimenta-branca

Junte os ingredientes (sem o Parmesão) em uma caçarola, misture bem e ferva. Acrescente o Parmesão e cozinhe, mexendo até derreter o queijo. Reserve.

PARA SERVIR

Asse o nhoque a 180°C por 15 minutos ou até dourar. Aqueça o molho, despeje-o com uma concha sobre o nhoque e sirva quente com um toque de pimenta-branca moída.

CAPPELLETTI al POMODORO

O recheio exclusivo deste ravióli, com pimentões tostados, queijo de ovelha e espinafre, faz dele um macarrão delicioso e surpreendente, que compensa de sobra o esforço da confecção.

5 porções 50 minutos

MASSA

150 g de farinha italiana "00"
50 g de farinha de trigo durum e mais um pouco para polvilhar
3 gemas de ovo

1 ovo inteiro
Uma pitada de sal
½ colher (chá) de azeite extravirgem
2 colheres (chá) de massa de tomate

Peneire as farinhas sobre uma superfície de trabalho plana e faça um buraco no meio. Coloque os demais ingredientes dentro do buraco e trabalhe-os com as pontas dos dedos até formar a massa. Sove por 3 minutos. Se a massa parecer muito seca, umedeça as mãos e continue trabalhando. Envolva em filme plástico e deixe na geladeira por 30 minutos.

RECHEIO

½ pimentão vermelho pequeno
2 dentes de alho, 1 inteiro e 1 cortado em fatias finas
½ colher (sopa) de aipo picado
Sal e pimenta-do-reino a gosto

Azeite extravirgem
55 g de espinafre cozido, prensado para tirar a água
28 g de queijo Pecorino ralado
1 clara de ovo, levemente batida
42 g de queijo Brie, cortado em cubinhos de 5 mm

Escureça o pimentão (ver página 20) e corte-o em quadrados de 1 cm. Misture com o alho fatiado, o aipo, o sal, a pimenta e um pouco de azeite. Enquanto isso, salteie o dente de alho inteiro em azeite até dourar. Acrescente o espinafre e refogue por 2 minutos. Tempere a gosto. Tire do fogo e deixe esfriar. Misture o queijo ralado com uma colher (sopa) de clara de ovo, formando uma pasta. Reserve o restante da clara de ovo para pincelar.

MONTAGEM

2 porções de Molho de Tomate (ver página 36)
1 punhado de folhas de manjericão, picadas em pedaços médios
Raspas de queijo Parmesão Reggiano para pôr por cima

Passe a massa pela máquina de fazer macarrão em espaço 7 e, em uma superfície plana enfarinhada com farinha de trigo durum, corte-a em discos de 10 cm de diâmetro. Pincele metade de cada disco de massa com clara de ovo. Coloque um punhadinho de espinafre ao lado do centro de cada disco. Complete com um pedaço de queijo Brie, o recheio de pimentão e uma pitada da pasta de queijo ralado. Cubra o recheio com o lado da massa que não foi pincelado, formando uma meia-lua. Sele cada capelete suavemente a partir do meio, tirando o ar de dentro. Junte as extremidades da meia-lua e sele-as. Disponha os capeletes em uma travessa enfarinhada com farinha de trigo durum.

Aqueça o Molho de Tomate e o manjericão em uma frigideira grande. Ferva uma panela de água levemente salgada e abaixe o fogo, deixando a água em fervura lenta. Despeje os capeletes na água, deslizando-os sobre a travessa, e cozinhe-os até que subam à superfície e permaneçam flutuando por cerca de 3 minutos. Transfira-os para o molho com uma escumadeira e mexa rapidamente para misturar. Sirva com um fio de azeite e lascas de queijo Parmesão a gosto.

PIZZOCCHERI

Este macarrão, especialidade de Valtellina nos Alpes italianos, é feito em parte com farinha de trigo-sarraceno, que lhe dá textura incomum. Os sabores combinados do repolho e do espinafre devem ser acompanhados por um vinho encorpado, como um amarone ou um cabernet sauvignon.

8 porções 45 minutos

MASSA

400 g de farinha de trigo durum e mais um pouco para polvilhar
200 g de farinha de trigo-sarraceno
4 ovos, levemente batidos
2 colheres (sopa) de Grappa
6 colheres (sopa) de cerveja
Uma pitada de sal

Peneire as farinhas sobre uma superfície plana e faça um buraco no meio. Coloque os demais ingredientes dentro do buraco e trabalhe-os com as pontas dos dedos até formar a massa. Faça uma bola com a massa e sove bem por 8 minutos. Envolva em filme plástico e deixe na geladeira por 30 minutos. Depois passe pela máquina de fazer macarrão em espaço 6, formando uma tira alongada, ou faça o mesmo com a mão, formando um disco grande e muito fino. Deixe secar, descoberta, por 10 minutos.

Se for usar a máquina de fazer macarrão, divida a tira na metade nos sentidos longitudinal e transversal, enfarinhe a bancada e empilhe os pedaços. Fatie em tiras de 1 cm de largura. Se for abrir a massa com a mão, enfarinhe a superfície com farinha de trigo durum e enrole a massa em torno de um rolo de macarrão, dando mais de uma volta se necessário. Com uma faca afiada, faça um corte reto ao longo do rolo e deixe a massa cair. Ponha o rolo de lado e corte novamente a massa no meio, no sentido longitudinal. Enfarinhe a superfície de uma das duas pilhas de massa e coloque uma em cima da outra. Corte transversalmente em tiras de 1 cm de largura. Com cuidado, enfarinhe os pedaços de macarrão e reserve-os em uma travessa enfarinhada.

MOLHO

3 dentes de alho, levemente amassados
3 folhas de sálvia
170 g de manteiga
2 batatas médias, descascadas e cortadas em cubinhos de 1 cm
300 g de repolho crespo, espinafre ou couve-comprida-da-toscana, cortado à julienne
200 g de queijo Fontina ou Gouda meia-cura, cortado em cubinhos
100 g de queijo Parmesão ralado
Pimenta-branca

Aqueça o alho e a sálvia com a manteiga em uma frigideira pequena. Quando o alho começar a dourar, pressione os dentes com as costas de uma colher para extrair o suco e descarte os dentes. Reserve a manteiga com sálvia. Cozinhe a batata e a verdura em 2 litros de água levemente salgada em fervura lenta por 10 minutos. Despeje o macarrão, deslizando-o sobre a travessa, e cozinhe por mais 5 minutos (o macarrão não deve chegar a cozinhar completamente). Coe o macarrão e a verdura. Espalhe metade do macarrão com verdura e metade do molho de sálvia e manteiga no fundo de uma fôrma refratária de 23 x 33 cm. Cubra com metade do queijo em cubos e metade do Parmesão ralado. Repita o procedimento. Cubra com o restante do Parmesão e asse a 180°C por 10 a 15 minutos. Arremate com pimenta-branca moída na hora e sirva na própria fôrma refratária.

TIMBALLO alla TERAMANA

Originário da cidade de Teramo, na Itália Central, este timballo é feito de cinco camadas de crespelle (crepes finos) e quatro hortaliças suculentas. É um prato vistoso e deve ser servido em ocasiões especiais com um sauvignon blanc ou um vermentino di sardegna.

6 porções 90 minutos

CREPES

250 ml de leite
100 g de farinha
28 g de manteiga e mais um pouco para fritar as panquecas
1 ovo
Sal e pimenta-do-reino a gosto

—

Bata os ingredientes com um fouet. Aqueça uma panquequeira antiaderente de 20 cm, redonda ou quadrada, em fogo médio-alto. Espalhe 1 colher (chá) de manteiga na panquequeira e esfregue com uma toalha de papel. Tire a panela do fogo. Com uma concha, ponha 50 ml de massa na panquequeira e vire-a para espalhar a massa. Recoloque a panquequeira no fogo e frite até dourar um lado do crepe. Vire o crepe e doure o outro lado. Faça o mesmo com o restante da massa (12 crepes).

RECHEIO

3 dentes de alho
1 ramo de alecrim
7 colheres (sopa) de azeite extravirgem
250 g de champignons, picados em pedaços médios
Sal, pimenta-do-reino e pimenta-branca a gosto
200 g de ervilhas
2 chalotas, picadas
280 g de abobrinhas, cortadas em cubinhos de 1 cm
250 g de espinafre cozido
7 g de manteiga
100 g de queijo Parmesão ralado
30 g de queijo Pecorino Romano ralado
250 g de mozarela, cortada em cubinhos de 1 cm

—

Champignon: Salteie 2 dentes de alho e o alecrim em 2 colheres (sopa) de azeite até dourar. Acrescente os champignons e salteie em fogo alto. Cozinhe até evaporar o líquido. Tire do fogo, descarte o alho e o alecrim e tempere a gosto. Reserve.

Ervilha: Cozinhe as ervilhas, metade da chalota picada, 1 ½ colher (sopa) de azeite, pimenta-branca e água suficiente para cobrir tudo. Quando as ervilhas amaciarem, remova a chalota, escorra, tempere a gosto e reserve.

Abobrinha: Salteie a abobrinha com o restante das chalotas em 1 ½ colher (sopa) de azeite. Cozinhe até evaporar todo o líquido e tempere a gosto. Tire do fogo e reserve.

Espinafre: Salteie o espinafre na manteiga e no azeite e alho restantes. Tempere a gosto. Tire do fogo e descarte o alho. Pique bem e reserve.

MONTAGEM

Unte uma fôrma quadrada de 20 cm de lado. Ponha dois crepes empilhados no fundo. Polvilhe sobre eles um quarto de cada queijo ralado. Espalhe o espinafre sobre o queijo. Disponha um quarto dos cubos de mozarela sobre o espinafre. Ponha mais dois crepes, um em cima do outro. Com os champignons, a ervilha e a abobrinha, siga essa mesma ordem: dois crepes, queijos ralados, a hortaliça e a mozarela. Arremate a última camada com os dois crepes restantes. Por cima deles, ponha algumas bolinhas de manteiga. Cubra com papel-alumínio e asse a 180°C por 20 minutos. Tire do forno. Usando uma tesoura limpa, corte o timballo em seis porções iguais. Sirva imediatamente.

RISOTTO allo ZENZERO e LIMONE

Segundo alguns apreciadores, este risoto de gengibre e limão é tão bom que parece místico. É um dos risotos mais célebres em Montali. Nunca sirva com vinho tinto, mas com um branco floral, como um gewürztraminer.

4 porções *20 minutos*

INGREDIENTES

½ cebola pequena, picadinha
1 chalota, picadinha
1 dente de alho pequeno, esmagado
1 folha de sálvia
3 colheres (sopa) de azeite extravirgem
250 g de abóbora, descascada e cortada em pedaços de 2,5 cm
125 ml de água
Sal e pimenta-branca a gosto
280 g de arroz carnaroli ou arbóreo
530 ml de Caldo de Legumes (ver página 36)
75 ml de vinho branco
½ colher (sopa) de gengibre, descascado e ralado
1 colher (sopa) de salsinha, picadinha
1 colher (sopa) de manteiga
4 colheres (sopa) de queijo Parmesão Reggiano ralado
2 colheres (sopa) de suco de limão

MOLHO

Em uma panela grande, refogue metade da cebola picada, a chalota, o alho e a sálvia em 2 colheres (sopa) de azeite em fogo médio-baixo. Quando a cebola e a chalota estiverem translúcidas, acrescente a abóbora e a água. Tampe a panela e cozinhe até amaciar a abóbora. Descarte a sálvia e amasse o restante com um garfo. Tempere a gosto com sal e pimenta-branca. Tampe e reserve.

ARROZ

Lave e escorra o arroz. Em uma panela pequena, ferva o caldo de legumes e desligue o fogo. Em outra panela, aqueça o restante do azeite em fogo médio com o restante da cebola, da chalota e do alho. Quando a cebola e a chalota ficarem translúcidas, acrescente o arroz e frite-o até começar a ficar transparente. Acrescente o vinho branco e mexa suavemente por 30 segundos. Acrescente o caldo à razão de duas conchas por vez, mexendo com um suave movimento ondulatório e deixando o arroz absorver todo o líquido antes de acrescentar mais. Quando o arroz estiver parcialmente cozido (cerca de 7 minutos depois do começo da cocção), acrescente o gengibre, a abóbora e ½ colher (sopa) de salsinha e misture. Continue acrescentando o caldo, duas conchas por vez, até que o arroz esteja *al dente* (mais aproximadamente 7 minutos). Tire do fogo e acrescente a manteiga, 2 colheres (sopa) de queijo Parmesão Reggiano e o suco de limão, misturando bem. Tempere a gosto e, para servir, ponha um pouco mais de queijo Parmesão ralado e salsinha por cima.

O RESTAURANTE COMO UM NEGÓCIO

Este negócio nunca foi fácil. Contudo, parece que nos últimos 15 anos poucos tipos de investimentos cresceram tanto quanto o segmento de hotéis e restaurantes. Acho que no caso dos hotéis a causa é um pouco mais fácil de entender, pelo fato de o edifício construído para o hotel representar por si mesmo um investimento grande e importante e, sob vários aspectos, ser uma garantia de longo prazo para o investimento. Se o hotel, por exemplo, não vai muito bem no decorrer do tempo, a empresa pode vender ou alugar o edifício e ter lucro de qualquer maneira. O edifício em si é o primeiro elemento e o mais importante em um investimento em hotelaria.

Esse é um esquema relativamente fácil pelo qual grandes empresas multinacionais podem investir seu dinheiro excedente quando não sabem ao certo o que fazer com ele. Gastam dinheiro para montar um hotel em um lugar popular, e isso já é um investimento. Então tentam gerenciar o hotel por si mesmos, mas, no fim, alugam o complexo para alguma empresa especializada no ramo de hotelaria que esteja interessada em trabalhar naquela região e não queira gastar com construção. De maneira resumida, é assim que funciona o negócio dos hotéis em larga escala, e é por causa disso que esse ramo cresceu tanto nos últimos dez anos.

O negócio dos restaurantes é muito mais complexo. Ainda me pergunto por que cresce tão rápido, sendo ele um ramo tão difícil e complicado. Pouca gente sabe, por exemplo, que menos de 50% (sim, 50%!) dos restaurantes de Londres sobrevivem por dois anos. Sim, um bom número de restaurantes não vive o suficiente para ver dois invernos. Quantas vezes você mesmo não foi a algum restaurante recomendado, ou mesmo a algum lugar a que já tinha ido antes, e ao chegar descobriu que ele estava fechado ou sob nova direção, com uma qualidade completamente diferente? Você pergunta: "Será que ganharam dinheiro tão rápido que já se aposentaram?" Não, decerto não é essa a resposta. A razão óbvia é que eles não conseguiram sobreviver à gigantesca competição que existe em cidades tão grandes quanto Londres (ou outras, como Nova York).

Aposto que qualquer um pode adivinhar as razões para a falência de um restaurante.

São facilmente identificáveis com o acrônimo: "CR SR PA" (comida ruim, serviço ruim e preços altos). Esses são os três fatores mais comuns da falência de um restaurante.

Mas vejamos, ao invés disso, quais são os fatores do sucesso de um restaurante. O que as pessoas esquecem quando tentam adentrar no "setor culinário"?

Quais são as poucas regras que, infelizmente, nem todos seguem ou mesmo não conhecem?

Digamos que, de modo geral, um bom restaurante progredirá bem se tiver:

1) Boa localização. É claro que um restaurante no centro de Londres é muito mais visível que outro no interior da França. Mas, mesmo em Londres, há uma grande diferença entre o Soho e o Shepherd's Bush. A prova disso é o preço dos aluguéis. O bom empreendedor tem de prever qual área geográfica crescerá mais em breve a fim de ter o melhor lugar pelo menor preço. Na praia "protegida" de Jericoacoara aqui no Brasil, por exemplo, o preço de um terreno do tamanho de um restaurante aumentou 2.500% em dez anos! Belo lucro, não? Se você não for capaz de prever qual lugar se valorizará e pagar um preço baixo por ele, já cometeu um pequeno erro.

2) A qualidade, é claro. É isso que sempre fez e felizmente sempre fará a diferença. Um bom *chef* sempre será bem aceito em qualquer lugar do mundo.

3) Ideias. Qualquer *chef* francês pode fazer um bom restaurante na França. Alguns são um pouco melhores e outros, um pouco piores, mas... são franceses fazendo comida francesa na França. É meio óbvio. A graça está em criar um "restaurante inglês" em Roma ou um restaurante de frutos do mar no meio do deserto.

Está em fazer algo que nunca foi feito, de forma característica, ou pelo menos tentar fazer uma interpretação pessoal da culinária de sua preferência. Isso tudo faz parte do fabuloso processo da criação.

Então, você precisa ter uma ideia e dar o melhor de si para criar algo que ninguém mais tenha feito.

Procure o quanto quiser, mas ache. Encontre sua ideia e acredite nela. Lute por ela e, quem sabe, você a realizará. Então será a hora de pensar nos custos, mas encontre a ideia de qualquer forma. A ideia como conceito não é, necessariamente, uma coisa complicada. É melhor um pizzaiolo comum em uma boa pizzaria do que um *chef* medíocre em um restaurante caro e supostamente fino.

Mais uma vez, nosso acrônimo: "CR SR PA".

Você gosta de batatas fritas? Abra um restaurante especializado em batatas fritas, com a melhor qualidade e a maior variedade de batatas de todo o mundo e 20 tipos de massas líquidas e sais, e seu estabelecimento estará cheio o tempo todo (pelo menos enquanto seus rins e seu fígado não fraquejarem). Diz o ditado: seja você mesmo.

4) Tendência. É um conceito muito importante, levando em conta que as "tendências" hoje em dia têm o poder de mover centenas de pessoas, ou até mesmo milhões, quando controladas de forma apropriada pelos meios de comunicação. Há alguns anos, por exemplo, a tendência eram os bares de sushi. Em toda reunião de negócios ou encontro profissional, o lugar certo para se estar e para ser visto era um sushi bar. Antes disso eram as cafeterias da moda. E ainda antes eram os restaurantes pertencentes a celebridades. Essas são as tendências oficiais, que são frequentemente "lançadas e seguidas" por pessoas como Armani ou gênios criativos que trabalham em conjunto com centenas dos melhores arquitetos e estilistas. E é dessa forma que acabam surgindo restaurantes que parecem joias e custam tanto quanto. Isso é de muita importância para o setor, já que um restaurante novo, se começar bem, pode impulsionar a economia e os salários não somente para alguns *chefs* e alguns garçons. Uma cidade pequena pode ter sua receita duplicada com o começo de um pequeno turismo na região, por exemplo. E é por isso que muita gente faz de tudo para ter algum tipo de cobertura da mídia quando inaugura um estabelecimento.

Esse é o segredo para ser notado e para que mais gente procure você. Curiosamente, as estatísticas mostram que, em um número grande e inesperado de casos, uma grande reportagem na imprensa sobre um restaurante novo mais atrapalha do que ajuda. Muitos lugarzinhos começaram com alguns caras legais com uma boa ideia e acabaram se transformando em novos estabelecimentos.

Mas esses caras não sabiam que estavam lançando uma nova tendência. Primeiro eles abriram o novo estabelecimento; então, um jornalista de algum grupo famoso da mídia se apaixonou pelo clima ou pela ideia do lugar e no dia seguinte havia 1.200 pessoas querendo jantar ali. E, dois meses depois, os caras legais faliram porque o trabalho era muito maior do que o planejado. A coisa só dá certo se você for capaz de "captar" a tendência e de ser o primeiro a se deixar levar por ela (a fim de ser o criador da nova tendência), e então... bom, você estará sossegado!

O melhor, claro, é lançar a ideia e ser capaz de se manter firme nela!

5) Resultados. Cerca de 80% do tempo, as tendências e ideias vão ajudá-lo a administrar um negócio bem-sucedido, mas infelizmente isso não dura para sempre.

O mesmo jornalista famoso que impulsionou sua ideia vai crucificar você dois anos depois, mesmo que você tenha conseguido lidar com a pressão do sucesso explosivo do começo.

Ele será a sua nêmesis. É um jogo cruel, mas é assim que funciona. Sempre haverá um lugar novo para caras novas! Somente a qualidade vai além disso tudo. Um bom *chef* se sairá bem mesmo vendendo peixe no deserto ou sorvete para esquimó. A tendência tem o poder de lhe dar energia para fazer muito com pouco, mas é claro que depois de dois anos as pessoas estarão cansadas de gastar, por exemplo, 20 dólares por um hambúrguer só para comê-lo debaixo de uma foto do Sylvester Stallone no restaurante dele em Hollywood enquanto poderiam pagar apenas um décimo do valor no outro quarteirão. Essas são as tendências – se acontecer de você ser uma celebridade na era dos restaurantes das celebridades. Mas apenas a qualidade de um bom *chef* será capaz de manter o negócio de pé quando os entusiastas da tendência sumirem. E isso sempre acontece relativamente rápido! Quanto maior a cidade, mais rápido acontecerá. Claro que, se você não trabalha em uma cidade grande, está menos envolvido com toda a loucura das tendências e suas consequências.

Mas você será menos conhecido. Terá de confiar muito mais na qualidade, já que não se beneficiará de nenhum tipo de "impulso" dado pelas tendências alheias.

Por exemplo, decidimos abrir um restaurante vegetariano num dos lugares mais carnívoros no mundo e no meio do nada.

E, por algum motivo, está dando certo.

Você pode ir contra todas as estratégias de marketing do mundo, mas mesmo assim pode obter êxito se você gosta do que faz. De qualquer maneira, tudo na vida tem seu preço.

Disse no começo que não entendo o porquê de tantas pessoas tentarem entrar em uma vida tão difícil quanto a de um dono de restaurante. É tão difícil... A única coisa que pode mantê-lo ativo, se você for capaz de escapar do grupo dos 50% de perdedores, é o amor por esse

O RESTAURANTE COMO UM NEGÓCIO (continuação)

trabalho. Só isso lhe permitirá cumprir o turno de 16 horas que é um requisito para ser um bom *chef*. Você precisa de uma disciplina muito rígida para conseguir estar sempre no restaurante, sempre dando o máximo da qualidade, mesmo quando a vida fica difícil.

Ainda me lembro de que minha mãe morreu em um dia em que o restaurante e o hotel estavam lotados. É claro que ninguém esperava, e muito menos estava preparado para isso. Mesmo assim, tivemos de lidar com a situação. Schumacher participou de uma corrida no mesmo dia em que a mãe dele morreu. E é certo que ele ganha muito mais dinheiro do que eu! Quem dera o dinheiro pudesse comprar um substituto para aquele dia. Mas Schumacher é um campeão, e a vida é difícil. Não há tempo para chorar pelos nossos próprios problemas.

Mas é por isso que o Schumacher é um campeão: porque ele treina muito e é extremamente disciplinado. A disciplina é necessária nesse tipo de vida porque você sempre estará "no palco" de certa forma. Ainda me lembro da minha primeira grande "lição de disciplina", quando auxiliava na minha própria cozinha, há mais de 20 anos. Já falei do meu melhor *chef*, o japonês Akira Shishido. Sozinho, ele trabalhou duro na cozinha por dois anos inteiros. Depois de dois anos, decidimos contratar outro *chef* japonês para ajudá-lo.

E como era de se esperar, não funcionou. Akira era o Schumacher da situação, e ele treinava a si mesmo de forma simples e constante para ser o melhor na cozinha. O jovem *subchef* era apenas um cozinheiro que não tinha o amor e a abnegação necessários para o trabalho, mesmo sendo um cara legal.

E os dois eram japoneses – muito diferentes de nós, italianos. Certo dia, cheguei ao restaurante lá pelas 17 horas. Os *chefs* normalmente chegavam às 16 e começavam a preparar a comida para o restaurante, que abriria às 20. Eu esperava encontrar Masa (o *subchef*) trabalhando com Akira na cozinha. Mas o que me surpreendeu foi tê-lo encontrado sentado no degrau da porta da cozinha. Vendo sua cara, logo percebi que ele não tinha saído para fumar um cigarro ou para descansar por alguns minutos. Estava cabisbaixo, com a típica expressão de culpa que os japoneses fazem quando seu chefe está a ponto de mandá-los se suicidar imediatamente. Claro que, sendo eu um "macaco branco" (nos chamavam assim às vezes), não estava muito disposto a me meter em uma situação que não prometia ser nem amigável nem fácil, principalmente entre dois orientais.

Infelizmente eu era o chefe, e o restaurante era meu. Então, com delicadeza, tentei entender o que tinha acontecido. Era o de sempre. O *chef* executivo não gostou do erro que Masa, o ajudante, tinha acabado de cometer pela sexta vez no mesmo dia! Céus, Akira ficou furioso e, como não conseguiu fazer com que Masa cometesse harakiri de imediato (na Itália isso seria inadequado), impôs-lhe o castigo de ficar sentado no degrau a noite toda sem sair dali!

Para ele, essa era a punição mínima para alguém que queima o risoto três vezes seguidas. Imaginei de relance as manchetes dos jornais na Itália se em qualquer momento eu mandasse qualquer um dos meus funcionários fazer isso! Decerto os sindicatos me fritariam em um belo banho de azeite e alecrim (é desnecessário mencionar o lugar onde eles colocariam a cenoura). Aposto que os sindicatos japoneses prefeririam não se envolver com o sangue dos harakiris.

Culturas diferentes. Contudo, era assim que a situação estava naquele momento. Mesmo assim, depois de algum tempo, minha atitude italiana de mediação me levou a perguntar para o *chef* executivo: "E aí, e se ele lavasse os pratos?" Isso enquanto eu via o tempo passar e pensava nas refeições que teria de servir sem 50% da minha força de trabalho.

Akira me olhou horrorizado. Além de perder um belo suicídio, para ele o castigo de ser expulso da cozinha certamente não era suficiente para um crime tão grave quanto a ineficiência. Não sei se ele estava certo, mas Masa finalmente foi lavar os pratos e conseguimos servir o jantar naquela noite. Os dois não trabalharam juntos por muito tempo.

De qualquer modo, naquele dia aprendi minha primeira lição sobre eficiência profissional e sobre como a cozinha deve ser administrada. Lembro-me de muitas vezes em que trabalhamos com menos funcionários que no dia anterior e mesmo assim conseguimos fazer muito mais de forma muito melhor. Em uma cozinha, é melhor apenas uma pessoa que ama o trabalho do que três que estão ali só para ganhar dinheiro. E a disciplina é a única regra para conseguir trabalhar assim por muito mais do que os dois anos que mencionei. Disciplina e organização da cozinha.

A.M.

A VIDA EM MONTALI: UM RETRATO SINCERO

"Acorde! Acorde! Já são 3 horas!", dizia Agnes enquanto acordava sua colega de quarto, sacudindo-a. Já eram 3 horas! "Do que você está falando?", respondeu Ursula meio grogue.

"Já são 3 horas! Vamos logo!" Os olhos verdes de Agnes estavam arregalados de pânico. Sua colega de quarto verificou o horário e viu que na verdade eram 3 da tarde.

"E então? Já são 3. Qual é o problema?" Agnes piscou, percebendo aos poucos que "3 horas" não significava nada. A sesta tinha começado às 2, e os funcionários do Montali só voltariam ao trabalho daí a uma hora. Agnes tinha acabado de acordar e, tonta de sono, depois de olhar para o relógio, pensou que, sendo 3 horas, estava atrasada para alguma coisa.

Para os jovens funcionários do Montali, o trabalho é tudo. Todos eles, com 20 e poucos anos, viajam de muitos lugares do mundo deixando sua vida confortável para trás e trabalham de 14 a 17 horas diárias, seis dias por semana, durante sete meses. Por isso, e pelo fato de ser preciso andar 15 minutos de carro para chegar à cidade mais próxima, a vida dos funcionários se resume em trabalhar no hotel e no restaurante. Muitos deles não suportam a quantidade de trabalho ou a distância de casa e acabam desistindo. Para os outros, o estágio é um compromisso pessoal que estão determinados a completar, pelo menos em sua maior parte. Cada um deles tem um medo inato de se atrasar. Mesmo que, como no caso de Agnes, não estejam atrasados.

A oportunidade de viver e trabalhar na Itália é um sonho que muitos não têm tempo nem motivação para tentar realizar. Já para um *chef* jovem, a oportunidade de mergulhar no estudo da culinária italiana, em uma cozinha italiana de verdade, é maravilhosa. Eles sabem que sempre haverá dificuldades e provações, como em qualquer ambiente de trabalho. Mas qualquer inconveniência ou imperfeição será rapidamente superada porque – advinha? – estou indo para a Itália, meu velho! Por mais que alguém se prepare emocionalmente para as dificuldades, não é possível se preparar por completo para o batismo de fogo que é o primeiro mês.

Dependendo da pessoa, o tempo de adaptação pode ser um desafio por uma série de razões. A ideia de viver no interior da Itália, para alguns, é uma fantasia bucólica. Mas, para uma pessoa da cidade, a realidade inevitável de aprender a coexistir com determinados insetos e com as estranhas criaturas das montanhas pode ser chocante.

Com o tempo você aprende que, quando vive no mato, ao dirigir durante a noite é muito mais comum cruzar com um javali (ou, de dia, com um faisão) do que cruzar com carros na rua. É uma questão de se acostumar.

O Hotel-Fazenda Montali tem algumas peculiaridades. É um restaurante *gourmet* vegetariano localizado no coração da Itália, com uma *chef* brasileira. As refeições são preparadas e servidas por eslovacos, mexicanos, asiáticos, poloneses, suecos e norte-americanos. Com um corpo de funcionários tão diversificado, é natural que ocorram regularmente alguns problemas de comunicação. Às vezes eles causam dramas novelescos, mas em outras ocasiões são necessários para quebrar comicamente a tensão.

Certa noite, o restaurante estava lotado e os primeiros pratos já tinham sido servidos. O nível de tensão estava aumentando na cozinha desde a tarde e o calor intenso só fazia aumentar a irritação geral. Em mau inglês, Janko virou para Marta e disse o equivalente a: *"Marta, não é você lavou panelas?"* Percebendo o olhar confuso de Marta, Marketa interveio e corrigiu: "Marta, você já lavou as panelas?" Ante a confirmação de Marta, Marketa se voltou para Janko e brincou no seu inglês com sotaque: "Janko, você realmente precisa melhorar sua gramática (*grammar*)". E Janko respondeu: "O quê? Minha avó (*grandma*) tem 87 anos!" Todos rolaram no chão de tanto rir.

Para muitos, se adaptar à carga de trabalho do Montali é a parte mais fácil. Lá pelo terceiro ou quarto mês já vivem em uma rotina confortável. Os *chefs* começam a detectar um padrão cíclico nos pedidos de refeições, se familiarizando com o estilo culinário de Malu, e os garçons já sabem claramente quais são suas responsabilidades cotidianas além de servir o jantar à noite. Entretanto, enquanto a eficiência e a velocidade aumentam perceptivelmente, ocorre também um evidente desgaste dos nervos. Como disse um dos membros da equipe: "Assim como você pode se sentir solitário em uma cidade grande como Los Angeles, com milhões de pessoas à sua volta, pode sentir claustrofobia no cume de uma montanha junto de oito pessoas". Inevitavelmente, em tal situação, as pessoas perdem as estribeiras.

Ninguém sabe tão bem quanto Malu e Alberto o quanto é difícil trabalhar no Montali.

Para eles, o hotel e o restaurante são sua vida, uma escolha e uma paixão. Se cada um dos funcionários adorasse o trabalho no restaurante tanto quanto eles adoram, a vida não poderia ser melhor. O casal faz sua parte, se esforçando para que os funcionários se sintam tão seguros e confortáveis quanto possível.

Do mesmo jeito, há um traço em comum entre aqueles que ficam e trabalham por toda a temporada. Não apenas estão dispostos a trabalhar duro como têm também um compromisso com o restaurante e com as decisões que tomaram. Para Malu e Alberto, essas pessoas valem seu peso em ouro. Os bons funcionários são pessoas que vão trabalhar todos os dias deixando suas preocupações para trás e tratam o Montali como se fossem os proprietários.

Não é sem recompensa que eles sustentam a tal ponto o trabalho e o profissionalismo. Muitos dos jovens que vêm o fazem para aprender sobre si mesmos, sobre o tipo de pessoa que querem ser e sobre os limites que são capazes de superar. É uma pausa para reflexão nos seus 20 e poucos anos e uma chance de estudar uma culinária única junto de pessoas originárias dos mais diversos países. Em troca do tempo empenhado, os *chefs* realmente sentem orgulho dos seus esforços, contribuições e criatividade. Aprendem a administrar o tempo e a elevar a eficiência ao máximo, a esvaziar a mente e a só se concentrar na tarefa que estão fazendo no momento. É um período incrível de crescimento e autodescoberta.

À medida que se aproxima o fim da temporada, o clima vai esfriando e os funcionários vão um por um voltando para casa. O calor da cozinha, comparado ao clima frio, gera um ambiente aconchegante, e Malu, Alberto e os funcionários curtem a companhia uns dos outros mais do que nunca. O fim da temporada vai se aproximando, pressagiando que logo mais a "família" se fragmentará pelo mundo afora.

Quando os funcionários saem pelo portão, não sabem se verão o hotel, Malu, Alberto e uns aos outros novamente. Saem orgulhosos por terem cumprido seu compromisso e afetuosos com as pessoas que aprenderam a amar.

Pensam mais no quanto progrediram individualmente do que nas notícias que terão de ouvir e contar quando chegarem em casa. Lembram-se de ter aprendido a dirigir o velho Fiat Uno de câmbio manual com mais de 250.000 quilômetros rodados, cruzando com o pastor e suas ovelhas todas as manhãs, e do coelho suicida que decidiu correr pela estrada no exato momento em que estavam passando. Percebem que acabaram se acostumando com os insetos na banheira, com as aranhas na pia e com as cãibras que de vez em quando os acordavam às 3 da manhã. Lembram-se das tradiçõezinhas que criaram uns com os outros, da vista incomparável que tinham do lago Trasímeno pela janela do apartamento medieval e dos incontáveis "a la salutes" no *Happy Hour*.

Ninguém sabe se eles se tornarão bons *chefs*. Mas, com certeza, no Montali eles construíram bons alicerces para isso.

APRENDIZES

Na nossa longa jornada como donos de restaurante, trabalhamos com muitos *chefs*. Às vezes os *chefs* são pessoas complicadas: temperamentais, rabugentos, orgulhosos... Sempre personalidades difíceis de se lidar.

Por sorte, a *chef* executiva é minha esposa, então não dependemos muito dos outros. Mesmo assim, uma ajuda de qualidade sempre foi necessária, pois nossa culinária é relativamente complexa. Constantemente percebemos que os *chefs* mais jovens, que fizeram faculdade de gastronomia e querem trabalhar como aprendizes, são, de modo geral, os melhores para o serviço. Estão realmente dispostos a se empenhar em aprender a profissão para se tornarem os melhores. Relativamente jovens, são também mais fáceis de lidar do que os *chefs* mais velhos e em geral estão muito motivados para aprender novas técnicas. Eu, pessoalmente, adoro essa motivação.

Mesmo havendo grande demanda para comidas saborosas e magras, nenhuma faculdade tem um curso específico de culinária vegetariana, o que faz do nosso treinamento algo ainda mais interessante do ponto de vista profissional. A possibilidade de a nossa culinária singular se espalhar pelo mundo por intermédio desses jovens alegres era, e ainda é, fonte de especial satisfação. Lembro-me do e-mail eufórico de um dos nossos ex-*chefs*, descrevendo animado o dia em que a banda Black Sabbath apareceu no restaurante em que ele trabalhava no Kansas e pediu 12 refeições vegetarianas. O dono, atônito, que não conhecia nenhuma receita vegetariana nem sabia que Matthew tinha estagiado no Montali, estava apavorado por causa da aparência da banda e saiu correndo para a cozinha em busca da ajuda de seu *chef*.

A melhor parte foi a satisfação geral quando nosso ex-*chef* disse que não teria problemas para atender ao pedido. Mas ainda melhor foi o fato de o Black Sabbath ter adorado a refeição e ter voltado para jantar por três dias seguidos.

O prazer de partilhar o orgulho de Matthew também foi nosso – o orgulho de demonstrar grande habilidade culinária perante seu chefe e seus lindos clientes. Mas é claro que nem sempre as coisas acontecem assim. A vida tem muito mais sofrimento do que prazer e as pessoas são como a vida – que não é fácil no Montali. Nosso negócio é sazonal, e todos que conhecem esse trabalho sabem o quanto é difícil conseguir um bom salário anual estando oficialmente aberto ao público apenas metade desse período. Você literalmente tem de trabalhar um ano em seis meses. A jornada de trabalho é dura, começando às 8 da manhã e terminando, às vezes, à meia-noite. Nem todos são capazes de trabalhar por tantas horas. A vida no hotel se parece mais com a de um exército batendo em retirada, do qual se espera que corra a maior parte do tempo e não pare para tomar fôlego. "Não façam prisioneiros."

Normalmente, é mais uma questão de ritmo e atitude. Se não fosse, eu e minha esposa já estaríamos mortos. Muitos simplesmente não dão conta. Mas aqueles que o conseguem adquirem uma experiência fantástica e se tornam capazes de trabalhar sob quaisquer condições e circunstâncias, sem problemas de tempo nem dificuldades. Isso é bem comum para qualquer restaurante ou hotel de sucesso nos dias de hoje. Somente os fortes alcançarão o objetivo. Os outros fugirão no decorrer da temporada.

É assim que funciona um negócio de turismo sazonal. Muita diversão, já que você está em um paraíso, mas muito trabalho também. É mais ou menos como trabalhar em um navio de cruzeiro. É difícil fazer uma escolha quando recebemos os currículos dos novos candidatos no começo da temporada. Como você pode escolher um *chef* tendo apenas um arquivinho JPG e uma página de currículo que podem muito bem não significar nada? Lembro-me de um *chef* que mandou uma foto grande de si mesmo trajando um uniforme branco impecável e ostentando uma medalha de ouro. Uau! Impressionante! Quase se parecia com Jean Paul Bocuse. Depois, me surpreendi ao descobrir que ele fora viciado em drogas por muito tempo, passara quatro temporadas na cadeia e agora vivia apoiado em antidepressivos. Uau! Não aguentaria 15 horas diárias. De fato ele só trabalhou por duas semanas e, aí, lá estava eu no meio da temporada sem um *chef*.

As pesquisas também provam que cerca de 70% dos currículos são falsos ou exagerados. Uma vez um sujeito me escreveu dizendo que tinha trabalhado para Celine Dion na casa dela. Depois descobri que ele tinha apenas trabalhado como garçom em uma lanchonete canadense que aparentemente pertencia à famosa cantora. Outro era o "chefe dos garçons" no Hilton de Praga... faça-me o favor... ele não passava do mensageiro que carregava as malas! É desse jeito que o recrutamento às vezes acontece: você precisa confiar na sua intuição, fazendo uma escolha e torcendo para que tenha acertado e tenha conseguido um bom funcionário. Invariavelmente, a temporada de sete meses será permeada daqueles momentos "especiais" nos quais as funcionárias caem no choro e os funcionários começam a soltar fogo pelas ventas por causa do trabalho.

É impossível definir regras. Às vezes é mais fácil lidar com os homens, por serem menos emotivos que as mulheres. Já em outras é justamente o contrário, pelo fato de as mulheres serem mais receptivas. Volta e meia os norte-americanos são mais acessíveis que os ingleses; volta e meia, não. Tivemos um *chef* coreano que era chato e cabeça-dura. Temos uma *chef* coreana que escreveu este livro comigo, e ela é a personificação da energia, da esperteza e do bom humor. É tão difícil fazer escolhas na época das contratações...

O fato de o trabalho ser sazonal o torna mais complicado. Isso porque temos de começar de novo e treinar a maior parte dos funcionários todo ano, em um trabalho sem fim e, às vezes, cansativo. Em geral, tudo depende muito mais do contratado. É muito bom quando você encontra uma pessoa ansiosa para aprender e disposta a se dedicar ao trabalho. Já quando você contrata alguém sem a mínima vontade de aprender e trabalhar, é doloroso. O grande problema é que os jovens que trabalham como garçons pensam: "Não sou um criado". Essa forma de pensar é muito comum nessa geração, menosprezando um trabalho que deveria ser motivo de orgulho! Não somos todos criados, afinal de contas? Todos servem a alguém nesta vida. Mas, infelizmente, a maioria das pessoas não mais se orgulha do seu trabalho.

Já ver um *chef* lento terminar a temporada "correndo" na cozinha, constatar que um *chef* padeiro aprendeu a fazer sobremesas e entradas ou contemplar uma garçonete "não muito sofisticada" chegar ao fim da temporada se comportando como uma dama são grandes motivos de regozijo. Essas coisas fazem parte das satisfações do nosso trabalho. Pelo menos servem como contrapeso aos momentos nos quais realmente ficamos bravos.

Lembro de uma vez que, depois de um esplêndido jantar, apreciava a companhia de alguns clientes e bebericava um vinho na varanda. Uma funcionária veio perguntar aos cavalheiros se gostariam de mais uma bebida.

Depois disso, gentil, ela também me perguntou se gostaria de mais uma. Pedi uma taça de Grecale, um vinho pós-refeição gelado e doce, de que gosto bastante. A bela jovem foi buscar as bebidas, e alguns dos clientes comentaram que a minha vida poderia ser quase um sonho para muitos. A pérgula onde estávamos sentados estava coberta de madressilvas e de um jasmim no auge do florescimento. Naquele momento romântico, em uma colina isolada, o aroma maravilhoso contagiava a todos. O Montali é um lugar deslumbrante, e a vista do vale era de tirar o fôlego nessa noite de lua cheia. Um dos hóspedes me disse: "Alberto, aqui você vive como um rei." Nesse exato momento, a jovem, que havia acabado de voltar com as bebidas (elegantíssima), tropeçou na varanda e me deu o mais doce banho de toda a minha vida. É claro que a vida como Rei Alberto não durou muito, e as pessoas tiveram um vislumbre de quão movimentada e instável pode ser a vida de um hoteleiro.

Como chefe, você naturalmente sabe que em geral será odiado por muitos dos seus empregados, independentemente de o quanto eles se divertem. O Montali pode ser muito divertido. Por exemplo, os funcionários passam noites a fio bebendo drinques variados por conta da casa, passam as horas da sesta se bronzeando à beira da piscina, todo dia se deliciam com o melhor da culinária *gourmet* e fazem turismo com o carro do hotel por todas as fabulosas cidades medievais da Úmbria e além. Vida dura, hem? Mas tudo isso é esquecido quando o chefe grita um pouquinho. Ele não passa de um cretino, mesmo que, sem o cretino para cuidar de tudo, o estabelecimento não possa se manter por um dia sequer. Mas, no fim das contas, eu sei que os funcionários me amam mesmo quando grito – e todos admitem que um pouquinho de gritaria faz o trabalho progredir muito melhor.

A. M.

Secondi
SEGUNDOS PRATOS

SPIEDINI PRIMAVERA

Espetinhos vegetarianos de primavera. Uma sucessão intrigante de frutas, hortaliças grelhadas e seitan no espeto. Este prato colorido é excelente para um bufê.

6 porções 95 minutos

INGREDIENTES

1 berinjela, cortada em fatias finas no sentido do comprimento
3 colheres (sopa) de salsinha picada e mais 1 ramo inteiro
4 dentes de alho, cortados em fatias finas
2 abobrinhas, cortadas em fatias finas no sentido do comprimento
1 pimentão vermelho
1 colher (sopa) de folhas de aipo
1 laranja
6 endívias pequenas, cortadas na metade no sentido do comprimento
3 ½ cenouras, descascadas
1 colher (chá) de vinagre de vinho branco
1 chalota, picadinha
1 ½ colher (sopa) de aipo, picado
½ porção de Seitan, cortado em quadrados de 2,5 cm (ver página 35)
1 colher (sopa) de farinha
2 colheres (sopa) de vinho branco
2 fatias de abacaxi
Sal e pimenta-do-reino a gosto
Azeite extravirgem

Berinjela: Grelhe e transfira para uma vasilha. Tempere com um fio de azeite, sal, pimenta-do-reino, 1 colher (sopa) da salsinha picada e um quinto do alho fatiado. Reserve.

Abobrinhas: Siga o procedimento da berinjela.

Pimentão: Escureça e descasque o pimentão (ver página 20), corte em quadrados de 2,5 cm e misture com as folhas de aipo, um quinto do alho fatiado, um pouquinho de azeite e sal.

Laranja: Use uma faca de serra para tirar a casca e a parte branca da laranja, deixando a polpa exposta. Corte horizontalmente em fatias de 1 cm de largura e corte cada fatia radialmente em 4.

Endívias: Grelhe as metades e tempere com azeite, sal e pimenta-do-reino

Cenouras: Corte três em rodelas de 1 cm de largura. Cozinhe no vapor até que estejam *al dente*. Transfira para uma vasilha e tempere com sal, pimenta-do-reino, o resto da salsinha picada, um quinto do alho fatiado, azeite e 1 colher (chá) de vinagre de vinho branco.

Seitan: Salteie a chalota, o resto do alho, o aipo e a ½ cenoura restante em 4 colheres (sopa) de azeite extravirgem por 2 minutos. Acrescente o seitan e o ramo de salsinha e salteie em fogo alto até o seitan começar a escurecer. Polvilhe com a farinha e cozinhe por mais 1 minuto. Acrescente o vinho e cozinhe até evaporar. Prove o tempero.

Abacaxi: Descasque, tire o miolo e corte em fatias redondas de 2,5 cm de largura. Corte cada fatia em oito pedaços em forma de cunha.

COBERTURA

3 colheres (sopa) de farinha de rosca
½ colher (sopa) de salsinha picada
½ colher (sopa) de manjericão picado

1 dente de alho pequeno, esmagado
1 colher (chá) de azeite extravirgem
Sal a gosto

Junte todos os ingredientes em uma vasilha.

MONTAGEM

Em 12 espetinhos, espete um pedaço de cada ingrediente nesta ordem: abobrinha, berinjela, endívia, cenoura, pimentão, seitan, laranja, abobrinha, berinjela, cebola, cenoura, pimentão, seitan e abacaxi. Disponha os espetinhos em uma travessa, polvilhe com a cobertura e asse a 180°C por 10 minutos. Sirva-os quentes.

QUICHE di PORRI

Uma quiche de alho-poró com crosta amanteigada, perfeita para um coquetel noturno ou um lanche de domingo.

8 porções *45 minutos (mais 30 minutos para gelar e 20 minutos para assar)*

MASSA

250 g de farinha italiana "00"
Uma pitada de sal
125 g de manteiga, derretida e esfriada até a temperatura ambiente
1 ovo, levemente batido
3 colheres (sopa) de água, se necessário

———

Misture a farinha e o sal em uma superfície plana e faça um buraco no meio. Coloque a manteiga e o ovo dentro do buraco e trabalhe com as pontas dos dedos até começar a formar a massa. Para incorporar bem os ingredientes, corte a massa ao meio com um cortador e torne a juntar as duas metades. Faça isso umas três ou quatro vezes até que a textura e a cor estejam homogêneas, acrescentando água se a massa estiver muito seca. Envolva em filme plástico e deixe na geladeira por 30 minutos.

RECHEIO

500 g de alho-poró, somente as partes brancas e verde-claras
600 ml de leite
165 ml de creme de leite
Sal a gosto

———

Limpe bem o alho-poró. Corte em fatias finas em um fatiador de legumes e misture as rodelas com o leite em uma frigideira grande. Cozinhe em fogo baixo até que a consistência esteja cremosa como a de um ovo batido. Bata no liquidificador rapidamente, deixando alguns pedaços grandes de alho-poró. Incorpore o creme de leite e tempere com sal. Deixe chegar à temperatura ambiente.

MONTAGEM

Abra a massa com um rolo entre duas folhas de papel-manteiga enfarinhado, formando um disco de 33 cm de diâmetro. Retire a folha superior de papel-manteiga e coloque 8 forminhas de torta de 7 cm de boca para baixo sobre a massa. Com uma faquinha, corte a massa ao redor das fôrmas, deixando 1 cm de folga. Inverta as fôrmas e, com cuidado, aperte a massa dentro delas, no fundo e nos lados. Com um garfo, faça alguns furos na base das massas e recheie. Passe os dentes do garfo em círculos concêntricos sobre a superfície de cada recheio. Asse a 180°C por 20 minutos. Sirva quente.

RULLO di SPINACI e RICOTTA

Um rocambole de espinafre e ricota. Neste clássico italiano, o espinafre conduz a ricota por um sonho cremoso envolvido em uma massa leve e crocante.

---

4 porções *45 minutos (mais 30 minutos para assar)*

RECHEIO

150 g de espinafre, cozido e prensado para tirar o excesso de líquido
½ colher (sopa) de manteiga
Sal e pimenta-do-reino a gosto

150 g de ricota fresca, escorrida
30 g de queijo Parmesão ralado
Uma pitada de noz-moscada

Pique o espinafre bem fino e salteie na manteiga em uma panela média. Tempere a gosto e deixe esfriar completamente. Em uma vasilha média, amasse a ricota com um garfo até ficar cremosa. Misture o Parmesão e a noz-moscada na ricota. Incorpore o espinafre frio e misture. Tempere a gosto, cubra e reserve.

MASSA

125 g de farinha italiana "00" e mais um pouco para enfarinhar
Uma pitada de sal
60 g de manteiga, macia e cortada em pedaços grandes

1 ovo, levemente batido
½ colher (chá) de água

Peneire a farinha e o sal dentro de uma vasilha e faça um buraco no meio. Coloque a manteiga dentro do buraco e trabalhe com as pontas dos dedos até que a massa esteja parecida com uma farinha grossa. Pegue punhados de massa e esfregue-os entre as palmas das mãos. Faça isso até a massa adquirir consistência arenosa e todos os ingredientes estarem bem incorporados. Acrescente o ovo e, beliscando a massa com as pontas dos dedos, incorpore o ovo até começar a dar liga. Sove por 1 minuto, até obter uma consistência lisa. Pegue a bola de massa e atire-a com força na bancada 20 vezes. Cubra com filme plástico e deixe na geladeira por 15 minutos. Abra a massa em uma superfície enfarinhada, formando um retângulo de 28 x 33 cm com o lado mais curto voltado para você. Enrole a massa, mas não a estique muito, em um rolo de macarrão e desenrole-a sobre uma folha grande de papel-manteiga. Use um cortador de pizza para acertar as bordas.

MONTAGEM

2 colheres (sopa) de creme de leite misturadas com 1 colher (sopa) de leite, para pincelar

---

Pré-aqueça o forno a 180°C. Misture o leite e o creme de leite em um copo pequeno e pincele toda a superfície da massa com a mistura. Espalhe o recheio sobre a massa, deixando uma borda de 2,5 cm descoberta na extremidade superior. Com muito cuidado, faça uma dobrinha nos lados da massa para o recheio não cair. Usando o papel, enrole a massa de baixo (o lado mais perto de você) para cima, formando um rocambole. Pincele a superfície com mais creme. Usando o papel como base, transfira o rocambole para uma assadeira e leve ao forno por 30 minutos. Deixe esfriar por alguns minutos antes de fatiar e servir.

Este prato pode ser preparado e assado no dia anterior. Reaqueça a 150°C por 10 minutos; depois aumente a temperatura para 180°C e deixe no forno mais 5 minutos.

COXINHAS ENCANTADAS

Uma versão incomparável do salgadinho frito brasileiro, recheado com uma pasta cremosa de berinjela. Tão bonito quanto delicioso, este prato promete agradar a todos.

6 porções 55 minutos

RECHEIO

1 dente de alho pequeno, esmagado
1 colher (chá) de folhas de tomilho
1 colher (sopa) de cebola picadinha
2 colheres (sopa) de azeite extravirgem
1 berinjela, descascada e cortada em cubinhos
Sal e pimenta-do-reino a gosto
1 colher (sopa) de queijo Parmesão ralado
1 colher (sopa) de queijo Pecorino Romano ralado

Salteie o alho, o tomilho e a cebola no azeite por 1 minuto. Acrescente a berinjela e tempere com sal e pimenta-do-reino. Cozinhe até que a berinjela esteja macia e seca – cerca de 20 minutos. Bata no liquidificador e deixe esfriar completamente antes de misturar os queijos.

MASSA

1 batata pequena
120 ml de Caldo de Legumes (ver página 36)
120 ml de leite
1 colher (sopa) de manteiga
½ colher (chá) de sal
125 g de farinha

Cozinhe, descasque e amasse a batata e reserve. Em uma caçarola, ferva o caldo de legumes, o leite, a manteiga e o sal. Acrescente a farinha toda de uma vez e mexa imediatamente. Continue mexendo por 5 minutos ou até que a massa comece a secar e a desgrudar do fundo da panela. Tire do fogo e misture com a batata. Em uma superfície plana, sove a massa por 2 minutos.

MONTAGEM

2 colheres (sopa) de farinha
60 g de farinha de rosca
2 ovos inteiros, batidos e levemente salgados
Óleo vegetal para fritura por imersão
Sal a gosto

Faça uma bola com 1 colher (sopa) de massa e amasse-a, formando um disco de 6 cm de diâmetro. Coloque 1 colher (chá) da pasta de berinjela no meio e feche a massa ao redor do recheio, com cuidado para não romper a massa. Sele com cuidado e molde a coxinha em forma de pera. Faça o mesmo com a massa restante.

Coloque a farinha, a farinha de rosca e os ovos em vasilhas separadas. Empane cada coxinha separadamente, primeiro na farinha, depois no ovo e por último na farinha de rosca. Reserve em um prato. Aqueça o óleo vegetal e frite as coxinhas em levas, dourando bem. Transfira para uma travessa forrada de toalhas de papel e tempere com sal. Sirva-as quentes.

PASTICCIO di MELANZANE

Uma torta de berinjela servida com Molho de Alcaparra e Salsinha. Um prato excelente para qualquer ocasião. A torta se funde ao saboroso molho de alcaparras em uma união de puro prazer. Este prato é o predileto de muitos clientes nossos.

8 porções 30 minutos (mais 25 minutos para assar)

PASTICCIO

3 berinjelas, descascadas e cortadas em cubinhos de 5 mm
200 g de queijo Scamorza, cortado em cubinhos de 5 mm
2 ovos, levemente batidos
40 g de queijo Parmesão ralado
2 dentes de alho, esmagados
1 colher (sopa) de orégano
Sal e pimenta-do-reino a gosto

Deixe a berinjela de molho em água fria por 10 minutos. Escorra os pedaços, aperte-os nas mãos e coloque-os em uma panela grande em fogo alto. Cozinhe os pedaços de berinjela sozinhos, mexendo de vez em quando, até amaciar e quase secar. Deixe chegar à temperatura ambiente. Incorpore o queijo Scamorza, os ovos, o Parmesão ralado, o alho e o orégano e misture bem. Tempere com sal e pimenta-do-reino. Forre com papel-manteiga o fundo de uma fôrma redonda desmontável e unte o papel ligeiramente. Coloque a mistura na fôrma às colheradas e espalhe-a por igual usando um garfo. Reserve.

MOLHO DE ALCAPARRA E SALSINHA

1 colher (sopa) de alcaparras
2 colheres (sopa) de salsinha
Azeite extravirgem para cobrir

Lave e enxágue as alcaparras. Pique-as com a salsinha e misture com o azeite em uma vasilha pequena. Reserve.

PARA SERVIR

Meia hora antes de servir, asse o pasticcio a 180°C por 25 minutos. Tire da fôrma e corte em fatias em forma de cunha. Sirva imediatamente, cobrindo cada fatia com 1 colher (sopa) do Molho de Alcaparra e Salsinha.

Para incrementar ainda mais este prato, sirva-o acompanhado de porções de Purê de Cenoura (ver página 212), Salada de Beterraba (ver página 213) e um pouco de Molho de Pimentão (ver página 31).

SFORMATINI di ZUCCHINE

Um flã cremoso de ricota e abobrinha, com um toque de manjerona. Este prato refinadíssimo é servido sobre uma crosta de queijo Parmesão.

6 porções 25 minutos (mais 20 minutos para assar)

INGREDIENTES

2 colheres (sopa) de azeite extravirgem
1 chalota, picadinha
2 abobrinhas, raladas em ralador grosso
1 colher (chá) de manjerona seca
Pimenta-branca e sal a gosto

100 g de ricota
1 colher (sopa) de queijo Parmesão ralado
1 ovo
2 claras

Aqueça o azeite e a chalota juntos em uma panela por 30 segundos. Em seguida, acrescente a abobrinha, a manjerona e a pimenta-branca. Cozinhe até que a abobrinha esteja macia e seca, mexendo de vez em quando (cerca de 15 minutos). Tire do fogo e deixe esfriar. Em uma vasilha, amasse a ricota e o parmesão com um garfo, formando um creme. Bata o ovo e as claras e misture com a ricota, obtendo uma textura lisa. Misture com a abobrinha cozida e tempere a gosto.

Pré-aqueça o forno a 180°C. Ferva uma panela média de água. Unte seis forminhas para muffins (de bordas retas), de preferência de silicone, e forre o fundo delas com quadradinhos de papel-manteiga. Divida a mistura por igual entre as forminhas e coloque-as em uma assadeira. Despeje água quente na assadeira, com cuidado, até a metade da altura das forminhas. Cubra com papel-alumínio e leve ao forno por 20 minutos.

CROSTA DE PARMESÃO

Manteiga
12 colheres (sopa) de queijo Parmesão ralado

Derreta a manteiga em uma panela antiaderente em fogo médio-alto. Polvilhe 2 colheres (sopa) de Parmesão ralado dentro da panela, formando um disco de 13 cm de diâmetro. Quando o queijo derreter, use uma espátula e transfira cuidadosamente a película de queijo para a base de um ramequim emborcado e untado. Molde-a suavemente com os dedos, dando-lhe forma de concha. Deixe esfriar por 1 minuto e transfira-a, com a parte plana para baixo, para uma folha de papel-manteiga. Faça o mesmo com o restante do queijo.

PARA SERVIR

1 porção de Molho de Trufas (ver página 36)

Transfira as crostas de Parmesão para pratos individuais, coloque um flã dentro de cada uma e guarneça com Molho de Trufas para servir.

Na falta de Molho de Trufas, use o Molho de Azeitonas (ver página 30).

INVOLTINI di MELANZANE

Rolinhos-primavera de berinjela. Um delicioso sabor mediterrâneo no qual os tomates-cereja contrastam com a berinjela frita. É maravilhoso com recheio de mozarela de búfala.

6 porções 35 minutos (mais 15 minutos para assar)

BERINJELA

4 berinjelas médias, descascadas e cortadas no sentido do comprimento em fatias de 5 mm de espessura
420 g de farinha italiana "00"
Óleo de girassol para fritar
Sal a gosto
3 bolas de mozarela
24 folhas de manjericão

Deixe a berinjela de molho em água com 1 colher (sopa) de farinha por 15 minutos. Enquanto isso, aqueça o óleo. Drene a berinjela, apertando dois pedaços por vez nas mãos, e deixe-as secando em um escorredor. Cubra cada pedaço completamente de farinha. Frite no óleo até dourar bem e transfira para uma travessa forrada de toalhas de papel. Deixe esfriar por 2 minutos e aperte cada pedaço entre toalhas de papel limpas para tirar todo o excesso de óleo. Tempere com sal. Fatie a mozarela em rodelas de 6 mm de espessura e corte-as em tiras de 6 mm de largura. Coloque uma tira de mozarela e uma folha de manjericão atravessadas na parte de baixo de cada pedaço de berinjela e, com cuidado, enrole os pedaços (24 rolinhos no total).

MONTAGEM

18 tomates-cereja, cortados em quatro
3 dentes de alho, cortados em fatias finas
Azeite extravirgem
Sal e pimenta-do-reino a gosto
5 folhas de manjericão, picadas em pedaços graúdos

Misture o tomate com o alho, o azeite, o sal, a pimenta-do-reino e o manjericão e regue com mais azeite até combinar bem todos os ingredientes. Ponha metade dos tomates temperados no fundo de uma fôrma de 20 x 20 cm. Disponha os rolos de berinjela por cima e cubra com o restante do tomate. Asse a 180°C, descoberto, por 15 minutos. Sirva quente.

RULLO di SCAROLA

Rocambole de escarola. O gostinho amargo dessa verdura combina perfeitamente com o frescor do queijo Crescenza. A textura dos pinhões e da farinha de rosca transforma cada bocado deste prato em uma sinfonia de delícias.

8 porções *20 minutos (mais 15 minutos para crescer e 35 minutos para assar)*

INGREDIENTES

- 3 colheres (sopa) de azeite extravirgem
- 3 dentes de alho, 2 inteiros e 1 esmagado
- 40 g de azeitonas pretas, sem caroço e picadinhas
- 4 pés de escarola, picada em pedaços graúdos
- 35 g de pinhões, levemente tostados
- 85 g de uvas-passas reidratadas
- Sal a gosto
- 4 colheres (sopa) de farinha de rosca
- 1 colher (sopa) de manteiga
- 1 ½ colher (sopa) de ervas mistas (manjericão, sálvia, cebolinha), picadas em pedaços graúdos
- Creme de leite para pincelar
- 4 colheres (sopa) de queijo Crescenza ou outro queijo cremoso

---

Salteie os dois dentes de alho inteiros e as azeitonas no azeite até dourar o alho. Acrescente a escarola e mexa durante a cocção até todo o líquido evaporar. Tempere com sal e agregue os pinhões e as uvas-passas. Toste a farinha de rosca na manteiga até dourar bem. Transfira para uma vasilha e misture as ervas e o alho esmagado. Reserve.

MASSA

- 250 g de farinha italiana "00"
- 125 ml de água
- 3 colheres (sopa) de manteiga, em temperatura ambiente
- Uma pitada de sal

Peneire a farinha em uma superfície plana. Faça um buraco no meio, coloque a água, a manteiga e o sal e trabalhe com os dedos até começar a formar a massa. Sove por 30 segundos e depois atire a massa com força na bancada 100 vezes. Cubra com uma vasilha de vidro quente, emborcada, por 15 minutos (a vasilha pode ser aquecida por 1 minuto em forno quente). Enfarinhe um pano limpo. Molde a massa na forma de disco e passe-a repetidamente sobre os punhos, com cuidado, para abri-la. Quando a massa estiver fina (mas antes de começar a se romper), coloque-a sobre o pano e dê-lhe, com cuidado, formato retangular, mantendo a mesma espessura. O retângulo deve ter aproximadamente 46 x 25 cm, e a massa deve estar semitransparente. Acerte as bordas com um cortador de pizza.

MONTAGEM

Pincele a superfície da massa com creme de leite e polvilhe com a mistura de farinha de rosca. Disponha o recheio e o queijo por igual sobre a farinha, deixando descoberta uma borda de 1 cm na parte de cima (a mais distante de você). Use o pano como guia e faça uma leve dobra dos lados para evitar que o recheio caia. Levante o pano pelos cantos de baixo e, com todo o cuidado, enrole o rocambole de baixo para cima. Continue rolando o rocambole já enrolado para cima em um pedaço de papel-manteiga, deixando a borda de ligação embaixo. Pincele a superfície com mais creme de leite. Sem tirar do papel-manteiga, transfira para uma assadeira. Leve ao forno a 180°C por 35 minutos ou até dourar. Fatie e sirva entre morno e quente.

SFORMATINO MEDITERRANEO

Um prato para impressionar todos os sentidos. Esta mistura de abobrinha e ricota é servida sobre Molho de Beterraba e guarnecida com cenouras fritas.

6 porções *45 minutos (mais 25 minutos para assar)*

EXTERIOR

- 3 abobrinhas, cortadas em fatias finas e grelhadas
- 1 dente de alho, fatiado
- 1 colher (sopa) de salsinha, picada
- Sal e pimenta-do-reino a gosto
- 2 colheres (sopa) de azeite extravirgem

Deixe as abobrinhas grelhadas marinando nos demais ingredientes por meia hora.

RECHEIO

- 240 g de ricota
- 2 colheres (sopa) de queijo Parmesão ralado
- 40 g de queijo Pecorino di Pienza, cortado em cubinhos
- 1 ovo, levemente batido
- Sal e pimenta-do-reino a gosto

Bata a ricota com um garfo, deixando-a bem cremosa. Acrescente os demais ingredientes, misture bem e reserve.

MOLHO DE BETERRABA

- 1 beterraba média, cozida no vapor e amassada
- 2 colheres (sopa) de Caldo de Legumes (ver página 36)
- 3 colheres (sopa) de iogurte natural
- 1 colher (sopa) de salsinha, picada
- 1 colher (chá) de suco de limão
- 1 colher (sopa) de azeite extravirgem
- Sal e pimenta-branca a gosto

Passe o purê de beterraba por uma peneira e misture bem com os demais ingredientes.

CENOURAS FRITAS

- 3 cenouras, descascadas e fatiadas com um descascador de legumes
- Óleo vegetal para fritura por imersão

Frite as fatias finíssimas de cenoura por imersão em óleo quente até ficarem crocantes. Escorra sobre toalhas de papel e tempere com sal.

MONTAGEM

Forre o fundo de seis ramequins ou forminhas para muffin com quadrados de papel-manteiga. Ponha algumas fatias de abobrinha nas forminhas, deixando as extremidades pendendo para fora. Coloque o recheio sobre a abobrinha e feche as fatias por cima. Coloque as forminhas em uma assadeira com 5 cm de altura e preencha a assadeira com água fervente até a metade da altura das forminhas. Cubra com uma folha de papel-manteiga e asse a 180°C por 25 minutos. Tire as forminhas da água e, cuidadosamente, emborque cada uma com a ajuda de uma espátula. Forre o fundo de cada prato individual com uma concha de Molho de Beterraba quente. Coloque os bolinhos de abobrinha recheada com cuidado sobre o molho e arremate com a cenoura frita. Sirva imediatamente.

PARMIGIANA alla CASERTANA

Uma variação da Parmigiana di Melanzane. Este prato clássico da cidade de Caserta, no sul da Itália, é especialmente apreciado por nossos hóspedes veganos.

---

6 porções 50 minutos

INGREDIENTES

700 g de berinjela, descascada e fatiada em rodelas de 5 mm
Farinha italiana "00", para empanar
Óleo vegetal
3 cebolas médias, descascadas e cortadas em fatias finas em um fatiador de legumes
2 colheres (sopa) de azeite extravirgem
2 colheres (sopa) de alcaparras, escorridas da salmoura, lavadas e picadinhas
2 colheres (sopa) de azeitonas pretas, sem caroço e picadinhas
2 colheres (sopa) de azeitonas verdes, sem caroço e picadinhas
1 colher (sopa) de pinhões, tostados
2 colheres (sopa) de uvas-passas reidratadas
5 tomates, descascados, sem sementes e cortados em pedaços graúdos
5 folhas de manjericão, cortadas em pedaços graúdos
1 colher (sopa) de vinagre de vinho tinto
Sal e pimenta-do-reino a gosto

Deixe a berinjela de molho na água misturada com 1 colher (sopa) de farinha por 15 minutos. Drene a água e aperte cada rodela entre as mãos para tirar o excesso de líquido. Empane as rodelas em farinha e coloque-as em uma travessa grande. Frite as berinjelas por imersão em óleo vegetal até dourar bem. Transfira-as para uma travessa forrada de toalhas de papel e enxugue-as com mais toalhas de papel para absorver o excesso de óleo (a berinjela absorve naturalmente uma grande quantidade de óleo). Deixe esfriar.

Enquanto isso, em uma panela grande, cozinhe as rodelas de cebola em 2 colheres (sopa) de azeite. Caramelize-as lentamente em fogo baixo, mexendo de vez em quando ao longo de 30 minutos ou até estarem dourado-escuras e secas. Misture os ingredientes da lista, das alcaparras ao manjericão, e cozinhe por mais 1 minuto antes de acrescentar o vinagre. Tempere com sal e pimenta-do-reino e cozinhe por mais 1 minuto ou até o vinagre evaporar.

MONTAGEM

Espalhe um terço da mistura de cebola no fundo de uma fôrma refratária de 23 x 33 cm. Sobreponha metade das berinjelas sobre a cebola e salpique com sal a gosto. Acrescente outro terço da mistura de cebola, sobreponha a outra metade das berinjelas e salpique com sal a gosto. Arremate com o resto da cebola e aperte suavemente a superfície com as costas de uma colher. Leve ao forno a 180°C, sem cobrir, por 5 minutos. Corte em porções com uma tesoura limpa e sirva quente.

CANNOLI di RADICCHIO e PERE

Rolinhos de radicchio, pera e queijo defumado. Uma receita extremamente sofisticada com uma combinação única de sabores. A doçura da pera complementa de modo surpreendente o amargor do radicchio e se harmoniza com o queijo defumado. Um gosto cativante.

4 porções 35 minutos (mais 20 minutos para assar)

RECHEIO

1 radicchio, cortado radialmente em oito no sentido do comprimento (o miolo deve segurar as folhas)
2 colheres (sopa) de azeite extravirgem e mais um pouco para regar
Sal e pimenta-do-reino a gosto
1 pera, descascada e descaroçada
2 dentes de alho
1 chalota, picadinha
1 colher (sopa) de nozes, picadas
2 colheres (sopa) de vinho branco
2 colheres (chá) de vinagre de vinho tinto

Regue as fatias de radicchio com azeite e tempere com sal e pimenta-do-reino. Grelhe todos os lados em uma panela de grelhar e deixe esfriar antes de picar em pedaços graúdos. Corte a pera em fatias de 5 mm de espessura e grelhe do mesmo modo. Deixe esfriar um pouco antes de cortar em cubos de 5 mm e misturar com o radicchio. Salteie o alho e a chalota em azeite até o alho dourar e a chalota ficar transparente. Descarte o alho e ponha o radicchio e a pera na panela. Cozinhe por mais 2 minutos e então acrescente as nozes, o vinho e o vinagre. Cozinhe por cerca de 10 minutos ou até o líquido evaporar. Tempere com sal e pimenta-do-reino e drene em um escorredor. Deixe esfriar completamente.

MONTAGEM

250 g de Massa Folhada (ver página 32)
28 g de queijo Taleggio, cortado em cubos de 1 cm
28 g de queijo Scamorza defumado, cortado em cubos de 1 cm
1 gema de ovo, para pincelar

Abra a massa folhada em uma superfície plana e forme um retângulo grande com 2 mm de espessura. Com uma faca afiada ou um cortador de pizza, corte-a em quadrados de 9 cm. Passe 2 colheres (sopa) de recheio sobre uma metade de cada quadrado, deixando uma borda de 5 mm, e arremate o recheio com os dois queijos. Pincele as bordas com gema de ovo. Dobre o lado não recheado sobre o recheio para criar uma espécie de cilindro e aperte suavemente as bordas para selar. Pincele toda a superfície com gema de ovo. Asse a 180°C por 20 minutos. Sirva quente.

PARMIGIANA di ZUCCHINE

Abobrinha à parmegiana. Uma variação sobre a versão clássica. Feita tradicionalmente com berinjela, esta receita leva abobrinha. A massa leve e crocante que envolve o legume combina de modo delicioso com o bechamel e o molho de tomate. Uma verdadeira iguaria italiana.

6 porções 60 minutos

INGREDIENTES

90 g de farinha
90 g de amido de milho
Sal a gosto
210 ml de cerveja
Óleo vegetal para fritura por imersão
4 abobrinhas, cortadas em fatias finas no sentido do comprimento em um fatiador de legumes
375 ml de Molho de Tomate (ver página 36)
1 porção de Bechamel Básico (ver página 26)
42 g de queijo Parmesão ralado
60 g de queijo Pecorino di Pienza, cortado em cubinhos
85 g de mozarela, cortada em cubinhos

———

Em uma vasilha, misture a farinha, o amido de milho, uma pitada de sal e a cerveja e bata com um fouet até obter uma textura lisa. Aqueça o óleo vegetal em uma panela grande e funda. Quando o óleo estiver quente, mergulhe as fatias de abobrinha na massa e frite-as até ficarem douradas e crocantes. Retire-as com uma escumadeira e disponha sobre toalhas de papel para escorrer o óleo, temperando com um pouco de sal. Reserve para esfriar.

MONTAGEM

Espalhe um terço do Molho de Tomate no fundo de uma fôrma refratária de 20 x 20 cm e acrescente algumas gotas de Bechamel Básico. Disponha as abobrinhas lado a lado sobre o molho. Salpique com metade do Parmesão ralado e dos cubinhos de Pecorino di Pienza. Despeje outro terço do Molho de Tomate e do Bechamel Básico e repita o processo duas vezes, arrematando tudo com mozarela. Leve ao forno a 180°C por 20 minutos ou até que o prato esteja dourado-escuro e borbulhante. Tire do forno e sirva quente.

GATEAU di PATATE

Petiscos individuais de batata, com o característico sabor terroso do queijo Provolone defumado.

6 porções *15 minutos (mais 20 minutos para assar)*

INGREDIENTES

3 batatas grandes
40 g de manteiga
2 ovos, levemente batidos
2 colheres (sopa) de azeite extravirgem
2 colheres (sopa) de queijo Parmesão ralado
1 colher (sopa) de queijo Pecorino Romano ralado
Sal, pimenta-do-reino e pimenta-branca a gosto
Azeite para untar
Farinha de rosca
28 g de queijo Provolone defumado, cortado em cubinhos

Cozinhe e descasque as batatas. Amasse bem com a manteiga em uma vasilha e deixe esfriar. Quando estiver em temperatura ambiente, misture todos os outros ingredientes menos o azeite para untar, a farinha de rosca e o queijo defumado. Unte seis ramequins de 5 cm e enfarinhe com farinha de rosca. Forre o fundo com um pedacinho de papel-manteiga.

MONTAGEM

Divida metade da mistura entre os ramequins. Introduza uma camada de queijo defumado e complete com a mistura restante. Use os dentes de um garfo para desenhar círculos concêntricos na parte superior. Arremate com bolinhas de manteiga, asse a 180°C por 30 minutos e sirva quente.

Se você não tiver Provolone defumado, use outro queijo defumado suave.

PIZZA e MINESTRA

De origem humilde, esta "pizza" crocante de fubá se combina com folhas de dente-de-leão e minestra (caldo de legumes) em uma sopa substanciosa. Este prato é originário de região de Molise, na Itália Central, e é apreciado tanto pelos mais pobres quanto pelos ricos.

8 porções 25 minutos (mais 30 minutos para assar)

POLENTA ASSADA

4 colheres (sopa) de azeite extravirgem e mais um pouco para regar
2 colheres (sopa) de farinha de rosca
250 g de fubá mimoso
140 ml de água
140 ml de leite
1 colher (chá) de sal

Forre com papel-manteiga o fundo de uma fôrma desmontável de 28 cm de diâmetro. Regue o fundo com uma porção generosa de azeite e espalhe farinha de rosca sobre este. Toste o fubá em uma frigideira seca em fogo médio até pegar um pouco de cor e transfira-o para uma vasilha. Misture 2 colheres (sopa) de azeite e os ingredientes restantes e ponha a mistura na fôrma preparada. Espalhe bem a mistura e, com os dedos, faça pequenas depressões em toda a superfície. Regue com mais azeite e leve ao forno a 170°C por 30 minutos ou até que a parte de cima esteja dourado-escura e crocante. Tire do forno, deixe esfriar até conseguir pegar a fôrma na mão e inverta-a sobre uma superfície plana. Corte a polenta em cubos de 1 cm e reserve.

DENTE-DE-LEÃO

900 g de folhas de dente-de-leão
4 dentes de alho
1 pimenta-caiena pequena, fatiada
60 ml de azeite extravirgem
Sal a gosto
240 ml de Caldo de Legumes (ver página 36)

Ferva uma panela de água levemente salgada e afervente a verdura por alguns segundos. Transfira para um prato. Salteie o alho e a pimenta no azeite até dourar o alho. Acrescente o dente-de-leão e salteie por mais 1 minuto, temperando com sal a gosto. Acrescente os cubos de polenta e o Caldo de Legumes e continue cozinhando por mais 3 minutos. Prove o tempero e sirva quente.

STRUDEL di ZUCCHINE

Enriquecido com pinhões tostados e folhas de manjericão, este strudel de abobrinha e queijo Taleggio ganha um toque muito especial. Aprecie-o em um jantar formal ou em um almoço descontraído.

8 porções *45 minutos (mais o tempo de esfriar e 35 minutos para assar)*

RECHEIO

- 2 dentes de alho
- 3 colheres (sopa) de azeite extravirgem
- 1 colher (sopa) de pinhões
- 4 abobrinhas, gratinadas
- Sal e pimenta-branca a gosto
- 180 g de ricota
- 2 colheres (sopa) de queijo Parmesão ralado
- Uma pitada de noz-moscada

Salteie os dentes de alho no azeite até começarem a dourar. Acrescente os pinhões e toste. Acrescente as abobrinhas gratinadas e cozinhe até todo o líquido evaporar e elas começarem a ganhar cor. Tempere com sal e pimenta-branca e descarte os dentes de alho. Deixe esfriar completamente. Em outra vasilha, misture a ricota, o Parmesão e a noz-moscada e acrescente a mistura à abobrinha fria. Reserve.

MASSA

- 100 g de farinha italiana "00"
- 100 g de farinha de trigo durum
- 2 colheres (sopa) de azeite extravirgem
- 1 clara de ovo
- 90 ml de água
- Uma pitada de sal

Peneire ambas as farinhas sobre uma superfície seca e plana. Faça um buraco no meio e coloque nele os outros ingredientes. Incorpore-os com os dedos até formar a massa. Junte-a em uma bola e sove até adquirir consistência perfeitamente homogênea. Jogue a bola de massa com força na bancada 50 vezes e cubra a massa com uma vasilha de vidro quente emborcada por 15 minutos (a vasilha pode ser aquecida por 1 minuto em forno quente).

MONTAGEM

- 2 colheres (sopa) de creme de leite misturadas com 1 colher (sopa) de leite, para pincelar
- 80 g de queijo Taleggio, cortado em pedaços graúdos
- 4 folhas frescas de manjericão, cortadas em pedaços graúdos

---

Coloque um pano limpo sobre uma superfície seca e enfarinhe. Depois de a massa descansar, dê-lhe forma de disco e passe-a sobre os punhos lentamente, como na foto, para abri-la. Quando a massa estiver fina, mas antes de começar a se romper, coloque-a sobre o pano e dê-lhe, com cuidado, formato retangular, mantendo a espessura. A massa deve estar fina e semitransparente. Acerte as bordas com um cortador de pizza. Pincele a superfície com a mistura de leite e creme de leite.

Espalhe o recheio de abobrinha por igual sobre a massa, deixando uma borda de 2 cm descoberta na parte de cima (mais longe de você). Faça o mesmo com a mistura de ricota e com o queijo Taleggio e espalhe o manjericão. Use o pano como guia e faça uma leve dobra dos lados da massa para o recheio não cair. Levante o pano pelos cantos de baixo e, com todo o cuidado, enrole o strudel de baixo para cima até deixar a borda de ligação embaixo. Coloque o strudel em uma assadeira forrada de papel-manteiga, pincele a superfície com leite e creme de leite e asse por 35 minutos a 180°C ou até dourar bem. Deixe esfriar por alguns minutos antes de fatiar e servir.

MELANZANE RIPIENE

Berinjela recheada. Um suculento prato tradicional. O tomilho e a manjerona realçam o incrível sabor dos ingredientes. Este prato fica ainda melhor quando cozido em uma caçarola de barro. Você vai sentir a diferença.

4 porções 25 minutos (mais 1 hora para cozinhar)

INGREDIENTES

- 5 berinjelas compridas de tamanho médio
- Sal marinho
- 1 chalota média, picadinha
- 1 dente de alho, picado
- 1 colher (chá) de manjerona
- 1 colher (chá) de folhas de tomilho
- 45 ml de azeite extravirgem
- Sal, pimenta-do-reino e pimenta-branca a gosto
- 1 colher (sopa) de salsinha picada
- 90 g de fatias de pão sem casca, embebidas em leite
- 1 colher (sopa) de queijo Parmesão ralado
- 1 colher (sopa) de queijo Pecorino Romano ralado
- 1 colher (sopa) de queijo Fossa ralado
- 8 folhas de manjericão
- 140 g de mozarela, em 8 fatias

Lave as berinjelas e corte fora as pontas. Corte quatro berinjelas em fatias redondas de 6 cm de largura. Usando um boleador de frutas, retire a parte de dentro de cada fatia, deixando 5 mm de polpa ao redor da casca. Reserve a polpa retirada. Salpique um pouco de sal marinho dentro dos cilindros de berinjela e deixe-os em pé dentro de um escorredor por 10 minutos. Lave para tirar o excesso de sal e coloque os pedaços de berinjela de cabeça para baixo sobre um pano para secar. Descasque a quinta berinjela e pique-a com a polpa reservada.

Salteie a chalota, o alho, a manjerona e o tomilho no azeite por 1 minuto e acrescente a berinjela picada. Tempere com uma pitada de sal e pimenta-do-reino e continue cozinhando por mais 20 minutos, mexendo de vez em quando. Cozinhe até o excesso de água evaporar e a mistura amaciar. Tire do fogo e acrescente a salsinha picada. Deixe esfriar completamente. Aperte o pão com a mão para tirar o excesso de leite e acrescente o pão à mistura. Acrescente os queijos ralados e misture bem.

MOLHO

- 450 g de tomates-cereja, cortados ao meio
- 2 dentes de alho médios, fatiados
- 4 folhas de manjericão, picadas em pedaços graúdos
- 60 ml de azeite extravirgem
- Sal e pimenta-do-reino a gosto

Misture todos os ingredientes do molho em uma vasilha e tempere a gosto.

MONTAGEM

Ponha o molho no fundo de uma caçarola pesada de 25 cm de diâmetro e borda de 7 mm. Encha cada cilindro com o recheio de berinjela e insira neste uma folha de manjericão. Coloque a berinjela sobre o molho dentro da caçarola. Cubra a caçarola com papel-manteiga e tampe. Cozinhe em fogo baixo por 1 hora. Desligue o fogo e coloque uma fatia de mozarela sobre cada pedaço. Sirva quente, com o molho.

POLPETTONE di SEITAN VESTITO

A tradução de "polpettone" é "bolo de carne". Na versão do Montali, a carne é substituída por seitan e envolvida em massa folhada. Fica delicioso com Molho Tártaro.

4 porções 65 minutos

RECHEIO DE SEITAN

1 chalota pequena, picadinha
1 dente de alho pequeno, esmagado
½ cenoura, fatiada em rodelas
½ talo de aipo, fatiado em rodelas
1 maço de salsinha e mais 1 colher (sopa) de salsinha picada
1 colher (sopa) de manteiga
2 colheres (sopa) de azeite extravirgem
350 g de Seitan, cortado em cubos de 1 cm (ver página 35)
55 g de ricota
½ colher (sopa) de farinha
2 colheres (sopa) de vinho branco
Sal, pimenta-do-reino e noz-moscada a gosto
Raspas da casca de ½ limão
2 colheres (sopa) de queijo Parmesão ralado
1 colher (sopa) de queijo Pecorino Romano ralado
1 ovo e mais 1 gema
28 g de cubos de pão, sem casca, mergulhados em leite por 3 minutos e apertados com as mãos para drenar o excesso

—

Salteie as hortaliças e a salsinha (com exceção da picada) na manteiga e no azeite por 30 segundos. Acrescente o seitan, cozinhe por 2 minutos, polvilhe com a farinha e continue cozinhando. Acrescente o vinho para dissolver a farinha e cozinhe até todo o líquido evaporar. Deixe esfriar completamente. Remova a salsinha e bata todo o resto no liquidificador. Misture a salsinha picada, noz-moscada, sal, pimenta-do-reino, as raspas de casca de limão, os queijos, o ovo, a gema e o pão. Reserve.

ABÓBORA

60 g de polpa de abóbora

—

Descasque cuidadosamente a abóbora, se possível em um único pedaço. Cozinhe no vapor até ficar *al dente*. Tire do fogo e deixe esfriar. Corte em palitos compridos de 1 cm de largura.

MONTAGEM

225 g de Massa Folhada (ver página 32)
1 gema de ovo, para pincelar
1 colher (sopa) de sementes de gergelim

—

Embeba um pedaço de papel-manteiga de 33 x 33 cm em água. Torça com cuidado para tirar o excesso de líquido e abra sobre uma superfície plana. Espalhe a mistura de seitan, formando um quadrado de 23 x 23 cm faceado com a borda de baixo do papel, deixando 5 cm de cada lado. Alinhe as tiras de abóbora na horizontal 5 cm acima da borda de baixo, deixando 1,5 cm de cada lado em relação ao quadrado de seitan. Levante a borda de baixo do papel e enrole o seitan de modo bem apertado em torno da abóbora. Feche os dois lados do papel como se fosse um papel de bala e coloque tudo dentro de uma fôrma de bolo inglês de 23 x 13 cm. Asse a 180°C por 40 minutos. Tire do forno e deixe esfriar completamente.

Abra a massa folhada, formando um retângulo de 28 x 23 cm. Pincele as bordas com gema de ovo. Abra o papel-manteiga, retire o rolo de seitan e coloque-o perto da borda de baixo da massa.

Enrole a massa com cuidado em torno do seitan. Pincele toda a superfície com gema de ovo e salpique com gergelim. Asse novamente a 180°C por 20 minutos. Deixe esfriar por alguns minutos antes de fatiar e servir.

PORRI al MONTASIO

A doçura delicada do alho-poró vai bem com o gostinho azedo do queijo Montasio. Este petisco fica excelente acompanhado de macios discos de pão fritos.

4 porções 20 minutos (mais 70 minutos para descansar)

INGREDIENTES

675 g de alho-poró, somente as partes brancas e verde-claras
2 colheres (sopa) de manteiga
2 ½ colheres (sopa) de farinha
500 ml de leite
Sal, pimenta-do-reino e noz-moscada a gosto
150 g de queijo Montasio ou Cheddar, cortado em cubos de 1 cm

———

Limpe o alho-poró e corte cada um em três pedaços iguais. Corte cada cilindro na metade transversalmente, fazendo um corte inclinado. Cozinhe em água fervente levemente salgada por 3 minutos e reserve. Em outra panela, derreta a manteiga e acrescente a farinha. Mexa até dourar bem o roux e acrescente 125 ml de leite, mexendo sempre até obter uma textura lisa. Acrescente o restante do leite e cozinhe até engrossar, cerca de 3 minutos. Misture dois terços do queijo no molho, mexendo bem até derreter. Tempere com sal, pimenta-do-reino e noz-moscada.

MONTAGEM

Unte o fundo de uma travessa de cerâmica refratária de 20 x 20 cm. Arrume os cilindros de alho-poró com o lado inclinado para cima e regue com o molho. Cubra com o queijo restante e leve ao forno a 180°C por 10 minutos ou até que o queijo esteja dourado-escuro e borbulhante. Sirva quente com os Discos de Pão.

DISCOS DE PÃO

140 g de farinha italiana "00" e mais um pouco para enfarinhar
1 colher (chá) de fermento fresco
170 ml de água quente
2 colheres (chá) de azeite extravirgem
¼ de colher (chá) de sal
Óleo vegetal para fritar

———

Peneire a farinha em uma vasilha grande e faça um buraco no meio. Em outra vasilha, misture os outros ingredientes e despeje-os dentro do buraco. Trabalhe a massa com um movimento ondulatório das mãos para incorporar ar. Quando a cor e a textura estiverem homogêneas, cubra com filme plástico e deixe descansar em local quente e seco por 35 minutos. Depois, enfarinhe a superfície da massa e "vire-a", puxando pequenas porções das bordas e levando-as até o outro lado da vasilha. Depois de virar toda a massa, repita duas vezes o processo, começando sempre por enfarinhar a superfície. Deixe descansar por mais 35 minutos.

Enfarinhe uma superfície plana e abra a massa com o rolo, formando um disco de 2 mm de espessura. Corte rodelas com um cortador de 6 cm de diâmetro. Frite as rodelas por imersão em óleo vegetal, ponha sobre toalhas de papel para escorrer e tempere com sal. Sirva quente.

TORTINO di SCAROLA e PORRI

Tortinha de escarola e alho-poró. A massa crocante à base de gordura e os alimentos vegetarianos simplesmente salteados produzem um agradável e leve sabor agridoce. Prato maravilhoso para um coquetel.

5 porções 60 minutos (mais o tempo para esfriar)

MASSA

168 g de farinha italiana "00" e mais um pouco para enfarinhar
1¼ colher (chá) de sal
84 g de manteiga, em temperatura ambiente e cortada em cubinhos
1 ½ colher (sopa) de água fria

——

Misture a farinha e o sal em uma vasilha média. Agregue a manteiga com as pontas dos dedos até obter uma textura farinhenta. Pegue a mistura aos punhados e esfregue-a entre as palmas das mãos. Faça isso até que a mistura adquira uma textura arenosa. Acrescente a água e continue trabalhando com as pontas dos dedos até formar a massa. Dê-lhe forma de bola e envolva em filme plástico. Deixe na geladeira por 30 minutos.

Abra a massa com o rolo entre duas folhas de papel-manteiga enfarinhadas, formando um retângulo grande de mais ou menos 43 x 28 cm e 3 mm de espessura. Unte seis forminhas de torta de 9 cm de diâmetro com manteiga. Use uma faca pequena para cortar a massa em discos pouco maiores que as forminhas. Com cuidado, ponha a massa dentro das forminhas. Fure o fundo da massa com um garfo e asse a 180°C por 10 minutos. Tire do forno e deixe esfriar completamente antes de remover as massas de torta das forminhas.

RECHEIO

35 g de azeitonas pretas sem caroço, picadas em pedaços graúdos
2 dentes de alho grandes, descascados
5 colheres (sopa) de azeite extravirgem
1 escarola, picada em pedaços graúdos
Sal e pimenta-do-reino a gosto
2 colheres (sopa) de uvas-passas, reidratadas com vinho do porto e escorridas
1 alho-poró, somente as partes brancas e verde-claras, cortado à julienne
70 g de queijo macio de ovelha, cortado em cubinhos de 5 mm

——

Salteie as azeitonas com 1 dente de alho em metade do azeite por 30 segundos, antes de acrescentar a escarola. Tempere com sal e pimenta-do-reino e cozinhe lentamente em fogo médio por 20 minutos. Acrescente as uvas-passas e cozinhe por 2 minutos com a panela destampada. Retire e descarte o alho. Em outra frigideira, cozinhe o alho-poró com o outro dente de alho e o restante do azeite em fogo médio até amaciar, cerca de 10 minutos. Retire e descarte o alho e misture o alho-poró com a escarola.

MONTAGEM

Divida metade dos cubinhos de queijo entre as seis massas de torta e forre com eles os fundos de cada uma. Ponha o recheio sobre o queijo. Cubra o recheio com o restante do queijo e reserve até a hora de servir. Reaqueça em uma assadeira a 180°C por 5 minutos ou até que o queijo esteja derretido e borbulhante. Sirva imediatamente.

FAGOTTINI di PASTA SFOGLIA FARCITE con COUSCOUS

Pacotinhos de massa folhada recheados com um cuscuz apimentado. Um prato da África do Norte com espírito italiano e um toque asiático!

8 porções 45 minutos

CUSCUZ

45 g de ervilhas
1 dente de alho pequeno
14 g de manteiga
1 ½ colher (sopa) de azeite e mais um pouco para regar
1 colher (chá) de cominho em pó
1 colher (chá) de curry em pó
1 colher (sopa) de gengibre, descascado e ralado
½ talo de aipo, picado
1 cenoura pequena, cortada em pedaços de 5 mm
½ abobrinha, cortada em pedaços de 5 mm
42 g de couve-flor, dividida em florzinhas
1 chalota pequena, picadinha
Sal e pimenta-do-reino a gosto
42 g de cuscuz
42 ml de Caldo de Legumes (ver página 36)
1 ½ colher (sopa) de pinhões, levemente tostados
2 colheres (sopa) de uvas-passas, reidratadas em água quente e escorridas

---

Ponha as ervilhas em uma panela pequena com água apenas suficiente para cobri-las. Salgue e regue com azeite. Cozinhe em fogo médio até as ervilhas começarem a amaciar, cerca de 10 minutos. Escorra e reserve. Salteie o alho na manteiga e no azeite em uma panela grande. Quando o alho dourar, acrescente o cominho, o curry e o gengibre. Acrescente os outros legumes e cozinhe até que fiquem *al dente*, temperando com sal e pimenta-do-reino. Toste o cuscuz em uma panela antiaderente até dourar bem e reserve em uma vasilha. Ferva o caldo de legumes e jogue-o imediatamente sobre o cuscuz. Tampe a vasilha e espere 10 minutos. Destampe, mexa com um garfo e acrescente à mistura de legumes. Agregue os pinhões, as uvas-passas escorridas e a ervilha. Deixe esfriar completamente.

MASSA FOLHADA

500 g de Massa Folhada (ver página 32)
1 ovo, batido, para pincelar

MONTAGEM

30 g de queijo Pecorino di Pienza, cortado em quadrados finos de 2,5 cm

---

Abra a massa folhada formando um retângulo grande, com cerca de 3 mm de espessura. Com um cortador de pizza, corte a massa em quadrados de 12 cm. Preencha cada um com 2 colheres (sopa) da mistura de cuscuz e um quadradinho de queijo. Junte dois vértices opostos do quadrado de massa sobre o recheio, selando-os um sobre o outro com o ovo batido. Pincele os outros dois vértices com ovo, dobre-os e aperte suavemente para selar. Pincele as superfícies dos pacotinhos com mais ovo e disponha-os em uma assadeira forrada de papel-manteiga. Asse a 180°C por 20 minutos e sirva quente.

EMPADINHAS

Este salgadinho brasileiro de origem africana é tradicionalmente recheado com vários tipos de carne, mas a versão do Montali usa deliciosos palmitos e azeitonas verdes.

6 porções 60 minutos

RECHEIO

1 chalota, picada
1 colher (sopa) de azeite extravirgem
60 g de azeitonas verdes, sem caroço e picadas, e mais 6 azeitonas inteiras
1 colher (sopa) de salsinha fresca, picada
180 g de palmito, picado
6 colheres (sopa) de água
½ porção de Bechamel Básico (ver página 26)
Sal e pimenta-do-reino a gosto

___

Salteie a chalota no azeite até ficar translúcida. Acrescente as azeitonas picadas, metade da salsinha, o palmito e a água e cozinhe em uma panela tampada por 5 minutos. Agregue o Bechamel Básico e cozinhe por mais 1 minuto. Misture o restante da salsinha, tempere a gosto e tire do fogo. Deixe esfriar completamente.

MASSA

150 g de farinha
½ colher (chá) de sal
90 g de manteiga, cortada em cubinhos e em temperatura ambiente
1 ovo

___

Junte a farinha, o sal e a manteiga em uma vasilha média e trabalhe com as pontas dos dedos até que a massa adquira a consistência de fragmentos grossos. Pegue-a aos punhados e esfregue-a suavemente entre as palmas das mãos, deixando-a cair de volta na vasilha. Faça isso até que a massa adquira uma consistência arenosa. Acrescente e incorpore o ovo. Com um cortador de massa, corte a massa repetidas vezes e trabalhe-a bem com as mãos até homogeneizar a cor e a textura. Envolva em filme plástico e deixe na geladeira por 15 minutos.

MONTAGEM

1 ovo, batido, para pincelar

___

Entre duas folhas de papel-manteiga enfarinhadas, abra dois terços da massa (deixe o resto dentro do filme plástico) com o rolo, formando um disco grande de 5 mm de espessura. Com um cortador redondo de 12 cm, corte seis discos. Preencha seis ramequins com os discos de tal modo que os lados do ramequim cheguem a três quartos da altura da massa. Preencha cada empada com 1 colher (sopa) de recheio. Coloque uma azeitona inteira no centro e complete com mais uma colher (sopa) de recheio. Abra o restante da massa como fez antes, mas deixe-a um pouco mais fina. Usando um cortador redondo um pouquinho menor que o diâmetro dos ramequins, corte seis discos iguais. Aperte-os suavemente sobre o recheio. Cole os lados à cobertura com uma faquinha pequena, trabalhando em toda a borda do ramequim para dar aspecto bonito aos salgadinhos. Com o que sobrar de massa, faça 6 bolinhas de 5 mm para arrematar a cobertura dos salgadinhos. Pincele a superfície com ovo e asse a 180°C por 20 minutos. Sirva quente.

UM CASAMENTO NA ILHA DA FANTASIA

"Onde vamos ficar?", perguntou Gene, incrédulo, quando seu irmão Joe entrou de carro pelo portão.

"Num hotel-restaurante vegetariano", repetiu Joe.

"Ah. Era isso mesmo que eu tinha entendido." Gene e Rob se entreolharam, surpresos. Fazia muito tempo que aquela viagem de um mês à Itália estava sendo planejada, mas só agora seu irmão Joe, responsável por definir o itinerário, havia decidido lhes revelar o fato. Eles riram da ironia.

Os irmãos DiSimone, de Boston, Massachusetts, estavam na Úmbria para comparecer ao maior festival de churrasco do mundo. La Sagra della Bistecca é realizada todo mês de agosto em Cortona, e há anos os irmãos ouviam falar das ruas dessa cidade medieval repletas de grelhas imensas com carvões em brasa, de onde fumegavam cortes e mais cortes de carne macia. Em 2002, os três dedicados amantes da carne bovina anteviam o festival como um dos pontos mais altos da viagem.

Quando estacionaram diante do Hotel-Fazenda Montali, nenhum deles sabia o que ia encontrar. Por causa das belas fotos que vira na internet, da proximidade com Cortona ou de pura e simples curiosidade a respeito de um hotel-restaurante vegetariano, Joe havia reservado um quarto para ele e seus irmãos por duas noites. Não menos que Gene e Rob, ele tinha uma ideia preconcebida acerca do hotel, baseada no termo "vegetarianismo". Em Boston, o vegetarianismo não é uma preferência alimentar; é uma campanha militante para salvar o mundo.

E é isso que eles imaginavam encontrar no Montali até o momento em que viram Alberto fumando um Marlboro atrás do outro diante do escritório. Ele os recebeu calorosamente, conduziu-os ao quarto e informou-os que o jantar seria servido às 20 horas. Joe, Gene e Rob assentiram com delicadeza e desfizeram as malas. Achavam que comeriam pouco no jantar, mas isso não os incomodava, pois de qualquer modo tinham planos de dirigir-se ao festival logo em seguida.

Mais tarde, sentaram-se para jantar admirando a bela decoração do salão e fizeram alguns comentários sobre a sensação de paz daquele ambiente, mas seus pensamentos já se voltavam para o que aconteceria dali a 3 horas. Entretanto, a cada prato que Alberto levava à mesa, eles se surpreendiam um pouco mais. A comida estava incrível.

Os irmãos acabaram indo ao festival de qualquer jeito apesar de estarem completamente saciados, e Alberto achou isso muito

engraçado; mas a refeição que fizeram em Cortona não foi tão memorável quanto a que tinham acabado de comer nem quanto a que tinham comido na noite seguinte. Quando os três foram embora do Montali, já tinham se apaixonado pela comida, pela paisagem, pelo silêncio, pela oportunidade de conhecer os outros hóspedes e pela tranquila experiência que tiveram. Suas emoções tinham estado à flor da pele durante nove meses, desde que sua mãe falecera. Depois de ter brigado entre si durante toda a primeira metade da viagem, eles de repente se sentiram preenchidos por uma sensação de calma que havia muito não sentiam juntos.

Um ano depois, Joe voltou ao Montali com os irmãos e a namorada, Sara Concannon. O casal tinha se conhecido havia alguns anos quando os dois trabalharam no mesmo caso, ele como investigador da polícia de Boston e ela como promotora pública. Do mesmo modo que Joe e seus irmãos, ela se sentiu completamente fascinada pelo Montali. Adorou o fato de o restaurante não ter menu e de o jantar, preparado com carinho e apresentado com esmero, ser uma nova surpresa todos os dias. Passou a conhecer toda uma variedade de pratos que, por ignorância, poderia ter rejeitado em outros restaurantes.

No decorrer dos anos seguintes, Joe e Sara continuaram frequentando o Montali. Ficavam até tarde da noite conversando com Alberto na varanda, rapidamente definiram quais eram seus pratos prediletos (que Malu anotou) e passaram a se sentir completamente à vontade dentro e fora do hotel e um com o outro.

Por diferentes razões, os três irmãos se lembram muito bem do dia 23 de outubro de 2004. Depois de prolongados estudos de culinária na Itália, o *chef* Rob voltou para Boston nesse dia. Do outro lado da cidade, Gene estava eufórico pelo fato de os Red Sox terem ganhado o primeiro jogo da final do campeonato norte-americano de beisebol. E, em um restaurante tranquilo, Joe comemorou seu aniversário pedindo a Sara que eles passassem juntos todos os aniversários do resto de sua vida. O dia foi bom para todos.

Nem Joe nem Sara queriam um casamento de gala no Iate Clube ou em um hotel glamuroso de Boston. Desde cedo decidiram que queriam um casamento simples, na presença da família e dos amigos mais íntimos, em um local que fosse especial para ambos. Além disso, Joe tinha familiares e bons amigos na Europa. O Montali podia lhes proporcionar um ambiente caloroso e íntimo, uma comida deliciosa e, em especial, a oportunidade de mostrar às pessoas que eles mais amavam esse hotelzinho precioso sobre o qual tanto falavam.

Tendo desenvolvido forte amizade com Joe e Sara, Malu e Alberto assumiram o encargo de cuidar de tudo. Do menu à documentação, da música aos inúmeros detalhes miúdos, tudo foi resolvido. Alberto encomendou arranjos de flores, foi e voltou a Perúgia inúmeras vezes com pilhas e pilhas de documentos e agendou sessões de cabeleireiro no melhor salão de beleza da cidadezinha próxima para a manhã do grande dia. O salão sequer abria às segundas-feiras, o dia do casamento, mas Alberto conseguiu, de algum modo, convencer os donos não só a abrir mas também a fazê-lo às 7h30 da manhã, duas horas e meia antes do horário normal de abertura em um dia comum.

Os cinco dias e cinco noites de férias para Sara, Joe e todos os seus convidados foram repletos de tranquilidade, suculentos petiscos e elegantes apresentações musicais. Enchendo o salão do restaurante, eles conversavam e bebiam vinho até tarde da noite e passavam os dias passeando pela região ou curtindo o sol à beira da piscina. Já os funcionários tiveram de trabalhar 17 horas por dia durante cinco dias, correndo como doidos e sobrevivendo à base de uma mistura de cafeína e pura adrenalina. Os *chefs* tentavam preparar com antecedência o máximo possível de alimentos, mas as especificidades e complexidades da maioria dos pratos exigiam que fossem preparados somente no dia em que seriam servidos.

Por mais que todos trabalhassem, Malu trabalhava dez vezes mais. Nas horas mortas da noite entre domingo e segunda-feira, ela preparou centenas de delicados doces brasileiros sortidos, empadinhas em miniatura, dezenas de canelones de ricota, diversos molhos e mais o bolo de casamento. Quando os *chefs* entraram grogues na cozinha na manhã de segunda-feira, olharam maravilhados e perplexos para Malu, que bateu com força um tapete na parede de tijolos e cumprimentou-os: "Ciao, ragazzi!" O brilho no olhar e o frescor da pele não enganaram ninguém: todos sabiam que ela havia passado a noite praticamente em claro.

Os hóspedes começaram a chamar Alberto de "Sr. Rourke", o dono da Ilha da Fantasia, seriado dos anos 1970. Ele se assegurava de que tudo corresse perfeitamente. Antes de perceberem que estavam com calor, Alberto já tinha aberto a janela. Quando não sabiam qual vinho beber, Alberto lhes trazia a melhor pedida. Ele se antecipava a todas as necessidades de seus hóspedes, quaisquer que fossem.

No dia do casamento, os hóspedes saíram cedo para ir à cerimônia em uma igreja da região. Quando voltaram, mal haviam saído dos carros quando Alberto, Agnes e Marketa apareceram diante deles com taças cheias de champanhe Bellini gelado. Uma harpista e um flautista tocavam na varanda, e os hóspedes se sentaram à sombra, apreciando as minipizzas e as tortinhas então servidas. Na cozinha, Daniel despejava cachaça em uma tigela de ponche de frutas quando Malu, passando por ali, mergulhou uma xícara dentro do ponche para prová-lo.

"Daniel, está faltando alguma coisa... precisa de mais tequila!", disse ela, depois de dar um gole.

"Malu, já tem uma garrafa e meia de tequila aí dentro!", retrucou Daniel.

Malu arregalou os olhos e disse: "Basta!" Voltou a atenção para os pãezinhos de nozes e queijo Pecorino Romano que acabavam de sair do forno. "Certo. Corte-os na metade, espalhe pasta de pimentão nas fatias e peça que as meninas os sirvam", instruiu, antes de prestar atenção de novo no canelone dentro do forno.

Joe, Sara e seus convidados não tinham ideia do que seria servido naquele dia. Supondo que as entradas fossem o prometido "almoço leve", devoraram-nas com gosto. Quando chegou o primeiro prato de canelone de ricota e risoto de açafrão, servido em pratos individuais, eles tiveram uma agradável surpresa. Quando esses pratos foram substituídos pela sequência de coxinhas e empadinhas de palmito e azeitona, eles comeram até se fartar. Quando por fim os doces típicos brasileiros, brigadeiros e beijinhos, foram postos para circular, os hóspedes já haviam atingido o nirvana culinário.

Um descanso, mais algumas bebidas e por fim os hóspedes estavam prontos para o toque final: o bolo de casamento.

Os quatro *chefs*, geralmente invisíveis, saíram da cozinha garbosos, de roupa limpa, levando o grande destaque culinário da semana – um bolo de cenouras de duas camadas recheado de geleia de damasco, coberto de ganache de chocolate e decorado com uma peônia e creme de leite espesso. Os hóspedes os receberam com gratidão e alegria.

Joe e Sara deram presentes a Malu e Alberto para demonstrar sua apreciação. Para Malu, uma bolsa preta, clássica, de grife; para Alberto, uma garrafa de Mondavi & Rothschild Opus One, um vinho especial da Califórnia. Mais tarde, Alberto entrou na cozinha e encarou os funcionários. Sabia que havia dias que eles estavam dando tudo de si. Viu seus olhos vermelhos e seus dedos enfaixados e falou: "Sei que ainda não disse isto, mas queria falar do quanto estou orgulhoso do trabalho que vocês têm feito nos últimos dias. Estou muito orgulhoso". Em seguida, pediu a Marketa que abrisse a garrafa de Opus One e distribuísse o vinho entre o pessoal. Sorriu discretamente quando eles brindaram "a la salute!" e foram para os fundos a fim de apreciá-lo juntos por uns poucos minutos preciosos.

Ainda é um mistério como os convidados conseguiram deglutir o jantar poucas horas depois da recepção. Mas o fato é que todos compareceram e apreciaram todos os pratos, desde a entrada Crudite di Pere e Melone até a sobremesa Vulcano di Cioccolato, enquanto um violoncelista e um violinista tocavam no salão. Depois do jantar, sentaram-se de frente para o palco de pedra que Alberto iluminara com uma única lâmpada. Um cantor e uma cantora de ópera apresentaram clássicos italianos como "O Sole Mio" e "Time to Say Goodbye", acompanhados por um pianista. O tenor, orgulhoso com seu cachecol colorido, cativou o grupo com sua voz ressoante. Em um vestido preto brilhante, enfunado pela brisa da noite de verão, a soprano cantou em notas cristalinas que se espalharam pelo bosque. Malu preparou cadeiras para os funcionários e insistiu para que cada qual pegasse uma taça de vinho e apreciasse o concerto ao ar livre, ordem que todos se apressaram a obedecer.

Tanto para os convidados quanto para o pessoal da casa, o casamento foi uma ocasião memorável. Ao fim de cada noite, os funcionários se reuniam ao redor da bancada de

mármore depois de todos irem se deitar e limpavam as taças com panos de seda, deixando-as imaculadas. Ouvindo música dançante até depois da meia-noite, arregalavam os olhos para não fechá-los e pulavam ao som da música para não dormir. Iam para seus quartos, cuidavam das mãos machucadas e caíam na cama, para acordar daí a algumas horas e começar tudo de novo. Derramavam lágrimas de exaustão, competiam para ver quem gritava mais alto e às vezes mergulhavam em um silêncio comatoso. Alguns precisavam conversar ininterruptamente para se manter atentos, enquanto outros assumiam um comportamento robótico para poder seguir em frente.

O mais importante é que os convidados de Joe e Sara puderam conhecer o querido Montali, acerca do qual haviam ouvido tantas histórias por tantos anos. Além disso, conheceram o lendário Alberto, com seus contos e aventuras do mundo inteiro, e Malu, sua bela esposa brasileira e gênio da culinária.

Acima de tudo, não tiveram de se preocupar com nenhum detalhe maçante. Joe e Sara simplesmente chegaram para se divertir. Como ocorrera desde a primeira vez em que os irmãos DiSimone haviam se hospedado ali, em 2002, o Montali lhes proporcionou tudo o que estavam procurando antes que eles mesmos o percebessem.

Assortito

GUARNIÇÕES

Purê de Fava

6 porções

60 g de favas secas, lavadas
½ cenoura, cortada na metade no sentido do comprimento
2 dentes de alho
½ cebola média, cortada em quatro
1 ramo de salsinha

2 colheres (sopa) de azeite extravirgem
Sal a gosto
350 ml de água
1 colher (sopa) de suco de limão
1 colher (sopa) de tahine

―

Junte as favas, a cenoura, 1 dente de alho inteiro, a cebola, a salsinha, 1 colher (sopa) de azeite, o sal e a água em uma panela grande e cozinhe em fogo baixo por 40 minutos ou até amaciar as favas. Retire as favas e bata-as no liquidificador. Descarte os outros ingredientes. Esmague o dente de alho restante e acrescente-o ao purê de favas com o suco de limão, o tahine e 1 colher (sopa) de azeite. Tempere a gosto. Cubra e reserve.

Purê de Cenoura

6 porções

5 cenouras, descascadas
1 colher (sopa) de manteiga
1 chalota, picadinha
Sal e pimenta-do-reino a gosto

2 colheres (sopa) de queijo Parmesão ralado
½ colher (sopa) de salsinha, picadinha
½ colher (sopa) de cebolinha, picadinha

―

Corte as cenouras em pedaços iguais de 5 cm e cozinhe no vapor até que fiquem *al dente*. Salteie na manteiga com a chalota picadinha e tempere com sal e pimenta. Bata no liquidificador e reserve. Quando a cenoura estiver completamente fria, misture o queijo ralado, a salsinha e a cebolinha. Prove o tempero e acrescente mais sal e pimenta-do-reino se necessário. Sirva em temperatura ambiente.

Flores de Abobrinha Fritas

6 porções

7 colheres (sopa) de farinha
5 colheres (sopa) de amido de milho
3 pitadas de sal
140 ml de cerveja

60 g de queijo Pecorino di Pienza
12 flores de abobrinha
Óleo vegetal para fritar

―

Misture a farinha, o amido, o sal e a cerveja para fazer uma massa de textura pastosa. Corte o queijo na forma de 12 palitinhos. Remova o miolo das flores de abobrinha e substitua-o pelos pedaços de queijo. Mergulhe cada flor de abobrinha na massa e frite por imersão no óleo. Transfira do óleo para uma travessa forrada de toalhas de papel e tempere com sal. Sirva imediatamente.

Salada de Milho e Maçã
6 porções

½ espiga de milho verde, cozida no vapor
1 maçã Granny Smith
1 chalota, picadinha
1 colher (sopa) de salsinha picada
3 colheres (sopa) de azeite extravirgem

Vinagre de vinho tinto a gosto
Vinagre balsâmico a gosto
Suco de limão a gosto
Sal e pimenta-do-reino a gosto
1 fio de molho Tabasco

———

Com uma faca, remova os grãos da espiga. Descasque, descaroce e corte a maçã em cubinhos de tamanho igual aos dos grãos de milho. Misture todos os ingredientes. Deixe descansar por pelo menos 2 horas antes de servir, para que os sabores se combinem.

Salada de Beterraba
8 porções

300 g de beterraba, aferventada
100 g de iogurte
2 colheres (sopa) de queijo Feta ralado
Sal e pimenta-do-reino a gosto

1 colher (sopa) de queijo de cabra cremoso
2 colheres (chá) de salsinha, picadinha
2 colheres (sopa) de azeite extravirgem
Suco de limão a gosto

———

Rale a beterraba em ralador grosso e misture com os demais ingredientes. Prove o tempero. Sirva gelada ou em temperatura ambiente.

Berinjela "alla Siciliana"
6 porções

Óleo vegetal para fritura por imersão
1 berinjela grande
Sal e pimenta-do-reino a gosto
1 talo de aipo médio, picado em pedaços graúdos
1 colher (sopa) de azeite extravirgem
1 colher (sopa) de manteiga

1 tomate maduro, sem pele e sem sementes
1 colher (sopa) de pinhões, tostados
1 colher (sopa) de uvas-passas, lavadas
4 folhas de manjericão
½ colher (sopa) de açúcar
3 colheres (chá) de vinagre de vinho tinto

———

Aqueça o óleo em uma panela pesada, de fundo grosso. Retire faixas de casca da berinjela a cada 2,5 cm, por igual, dando-lhe aparência listrada. Corte a berinjela em cubos de 2,5 cm e frite no óleo quente até escurecer. Remova com uma escumadeira e deixe escorrer sobre toalhas de papel. Tempere com sal e pimenta-do-reino e espere chegar à temperatura ambiente. Enquanto isso, salteie o aipo no azeite e na manteiga em fogo médio até ficar translúcido. Acrescente o tomate picado e cozinhe até que a maior parte do líquido liberado pelo tomate tenha evaporado. Misture a berinjela, os pinhões, as uvas-passas e as folhas de manjericão rasgadas com as mãos. Acrescente o açúcar e o vinagre e continue cozinhando por 3 minutos. Tire do fogo e deixe esfriar. Deixe descansar por 1 hora para que os sabores se combinem. Reaqueça antes de servir.

A LA SALUTE!

O calor incessante do fim de junho atravessava as paredes de pedra da pequena cozinha onde Malu trabalhava ao lado de três *chefs*. Uma grande panela de água fervia no fogão de seis bocas, transformando a cozinha em uma sauna e aumentando a umidade do ar, que grudava na pele de todos. Mais cedo, uma brisa gostosa vinda de fora estava entrando na cozinha; mas, depois de apagar várias vezes o fogo do fogão de gás, teve de ser barrada.

Grace parou de grelhar fatias de abobrinha para sacudir seu paletó longo de *chef* e abanar o pescoço. Janko, que também derretia naquele calor, voltou-se para ela e perguntou: "Grace, você está contente?" Como se obedecesse a um sinal, Grace encarou-o com expressão solene e respondeu: "Estou. Estou contente, mas poderia estar ainda mais contente". Era assim que, em código, eles diziam: "Chegou a hora". Sem dizer uma palavra, Janko saiu da cozinha e voltou com quatro taças de vinho branco da casa, gelado, cada uma com um cubo de gelo. Distribuindo-as entre si, os *chefs* se reuniram ao redor da grande bancada de mármore onde estavam trabalhando e levantaram as taças para um rápido "a la salute". Bateram as taças. O vinho reconfortante aliviou o calor sufocante, e Daniel, outro *chef* americano, passou a taça gelada sobre a testa antes de pô-la na mesa. Instantaneamente, todos os *chefs* voltaram ao trabalho.

Com um menu de quatro pratos que muda diariamente, há duas coisas que permanecem constantes: a ciabatta macia e aerada, servida aos hóspedes assim que sai do forno, e o *happy hour* para o pessoal da cozinha e do serviço. Como a ciabatta tem de ir para o forno às 19h30 para ficar pronta a tempo, o *happy hour* tem de começar às 19 horas o mais tardar. Ambas as instituições são levadas muito a sério, e nenhuma noite estaria completa sem elas.

Um jovem garçom da Califórnia não sabia o quanto o *happy hour* era levado a sério até que cometeu o erro de perguntar a Malu, quando ela lhe pediu que servisse o vinho, se poderia usar copos de plástico em vez das taças de cristal para não ter de lavar mais louça. Sem hesitar um segundo, Malu disse: "Este é o nosso único prazer! Temos de fazê-lo do jeito certo. Não podemos apreciar vinho num copo de plástico!" (vale a pena lembrar que, quando os funcionários do Montali bebem margarita, as frutas são espremidas na hora e o drinque é servido em taças com sal na borda e uma fatia de limão).

O *happy hour* à moda do Montali foi criado por Malu para duas finalidades. A primeira, e a mais óbvia, era proporcionar uma diversão diária para os funcionários, tanto da cozinha quanto do serviço. Cada funcionário trabalha pelo menos 12 horas por dia, seis dias por semana, e a espera pelo *happy hour* torna o serviço de cada dia muito mais suportável. A segunda finalidade era criar um esquema astuto para garantir que todos trabalhem em sua máxima capacidade. Poucos ambientes são tão tensos e irritantes quanto uma cozinha de restaurante. Desde uma hora antes do jantar até ser servido o último aperitivo, as energias nervosas de *chefs* e garçons entram em choque. Um corpo de funcionários tranquilo é irrealizável e indesejável em um restaurante. A constante sensação de urgência obriga os indivíduos a trabalhar mais duro e mais rápido, criando uma atmosfera dinâmica, repleta de adrenalina, que melhora o desempenho dos *chefs*. Por outro lado, as pessoas ansiosas tendem a falhar e cometer erros por nervosismo. Aí é que entra o *happy hour*, aliviando minimamente a tensão antes da grande atividade.

Em uma noite anterior, nesse mesmo ano, Malu desviou o olhar da massa de lasanha que sovava diligentemente na bancada de madeira e franziu os olhos, procurando enxergar o relógio. "Já está na hora?", perguntou, sem dirigir-se a ninguém em particular. Um dos outros *chefs* riu, compreendendo perfeitamente a pergunta, e Malu chamou uma das garçonetes eslovacas. "Ei, menina! Já está na hora do *happy hour*!" A garçonete sorriu e saiu da cozinha para buscar as taças no bar. Quando voltou, trinta segundos depois, segurava com dificuldade cinco taças de vinho nas mãos, com os dedos e as hastes das taças canhestramente entrelaçados. Tentou depositar as taças na grande bancada de mármore em que os *chefs* estavam trabalhando e, como era de se esperar, derrubou uma taça sobre as outras. Os cacos de cristal se espalharam como poeira sobre a superfície do mármore, entrando nos pratos, vasilhas e travessas que continham o alimento que vinha sendo preparado havia horas para o jantar daquela noite.

Em qualquer outra cozinha de restaurante, esse tipo de erro seria alvo da ira e da fúria incontidas do chefe. Separar meticulosamente a comida estava fora de questão e todos os recipientes na zona de perigo tinham de ser jogados fora. Como resultado, os *chefs* teriam de trabalhar três vezes mais rápido no resto da noite para compensar a comida descartada.

Malu, claramente preocupada, levou as mãos às têmporas e, alguns segundos depois, disse à garçonete: "Menina, não me deixe paranoica! A partir de agora, é proibido colocar vidro na bancada ou perto da comida. É perigoso demais! Por favor, não me irrite". Se estava furiosa, não o deu a entender. Falou com a garçonete em um tom calmo, sem nenhum sinal de ameaça, como a mãe que repreende a filha.

Rapidamente começou a reorganizar a preparação anterior ao jantar enquanto os outros dois *chefs*, de boca fechada, limpavam a sujeira em silêncio. Resignaram-se, tristes, ao fato de o *happy hour* ter sido cancelado. Mas Malu logo se endireitou, pôs as mãos na cintura e disse à garçonete: "Pelo menos nos sirva algum vinho, menina, senão não vamos conseguir relaxar". Alguns minutos depois, a garçonete voltou e distribuiu taças de vinho aos *chefs*. Quando deu a Malu sua taça, lágrimas subiram-lhe aos olhos e ela baixou o olhar. Malu beliscou-lhe carinhosamente a bochecha e lhe deu um rápido abraço.

No verão, o vinho branco gelado da casa é a principal pedida, pois é leve e fácil de servir a partir do grande jarro guardado na geladeira de vinhos. Malu e Alberto também armazenam caixas de seis vinhos Rapitala somente para os funcionários que preferem um bom vinho tinto ou para quando um dos garçons precisa aprender a abrir garrafas de vinho.

Malu também entende o *happy hour* como uma oportunidade para provar novas safras introduzidas nos mercados locais e insiste para que os *chefs* façam pessoalmente a prova. É impossível discordar dela quando diz que os *chefs* precisam conhecer os vinhos bons. A beleza do *happy hour* é que nele o tipo de bebida não é, de maneira nenhuma, determinado (a quantidade, por outro lado, fica a cargo de cada um, e quase nunca ocorrem abusos, se é que ocorrem alguma vez). Quando Daniel chegou da Califórnia, a primeira coisa que fez foi preparar uma margarita de limão geladíssima para cada pessoa. No dia seguinte, viu uma pilha de frutas picadas e imediatamente preparou uma jarra de sangria.

Grace quis passar seu dia de folga comendo melancia e, por isso, dirigiu 20 minutos montanha abaixo até o MaxiSidis, o maior supermercado da cidadezinha próxima. Depois de comer somente metade do que tinha comprado, levou o resto da melancia consigo para o trabalho no dia seguinte e a deixou na geladeira.

Janko havia lhe falado de um coquetel de melancia e tequila que ela queria a todo custo experimentar. Às 17 horas, cortou a melancia em pedaços, reservando todo o suco, tirou-lhe as sementes, bateu-a no liquidificador e passou-a pela peneira. Marketa e Agnes ajudaram-na a fazer o coquetel, acrescentando não somente tequila mas também uma dose de licor de oxicoco e suco de dois limões. Janko provou a mistura, aprovou-a e colocou-a no congelador em uma vasilha de metal.

Às 19 horas, Janko e Grace tiraram a vasilha do congelador. Estava geladíssima, mas ainda completamente líquida. Grace voltou-se para Janko e perguntou: "Posso servir?" Ele respondeu: "Não. O líquido tem de ter pelo menos uma película de gelo. Coloque-o de volta no congelador. Vamos bebê-lo quando estiver pronto". Grace sorriu e obedeceu. Virando-se para Marketa, disse: "Controle de qualidade. Gosto do estilo dele".

Tu proverai si come sa di sale

Lo pane altrui e com' è duro calle

Lo scendre e il salir per l'altrui scale
— DANTE, PARAÍSO, 17, 58-60

"Tu provarás como é salgado o sal / de um pão estranho, e como é doloroso / o subir e descer degraus alheios." Dante, um florentino no exílio, fala da tristeza de ter de se adaptar aos alimentos de outra cidade e das dificuldades de encontrar trabalho. Embora muitos talvez achem sem graça o pão sem sal, os paladares dos florentinos e úmbrios já estavam adaptados à simplicidade desde muito antes da época de Dante, e assim permanecem até hoje.

Pane, Focacce & Pizza
PÃES

A ausência de sal no pão toscano popularizou-se no século XII, época de vigoroso desenvolvimento de Pisa e Florença. As duas cidades entraram em conflito, e Pisa bloqueou o comércio de sal para Florença, que foi obrigada a importar sal de outras paragens a um custo muito maior. Séculos depois, o Papa Paulo III aumentou ainda mais o já pesado tributo sobre o sal, afetando Perúgia, a Úmbria, o Lácio, a Marca e a Romagna. Todas essas regiões dependiam do sal para temperar e preservar alimentos, mas, em um esforço para combater o sistema tirânico, boicotaram o uso de sal nos pães. Mesmo quando terminou a "guerra do sal", os padeiros toscanos e úmbrios continuaram a fazer pão sem sal.

PANINI

Estes pães em miniatura não devem ser confundidos com os populares sanduíches prensados. São um dos alimentos prediletos dos hóspedes e funcionários do Montali. Apresentamos a seguir uns poucos exemplos dos pães frescos que servimos diariamente, mas sinta-se à vontade para improvisar com outros ingredientes para criar seu próprio panino.

12 pãezinhos *15 minutos (mais 1 hora e 55 minutos para crescer e 13 minutos para assar)*

PANINO DE NOZES E PECORINO ROMANO

230 g de farinha manitoba
45 g de queijo Pecorino Romano ralado
45 g de nozes, picadas
Pimenta-do-reino a gosto

160 ml de água morna
1 colher (chá) de sal
3 g de fermento fresco

PANINO DE PIZZA

230 g de farinha manitoba
1 colher (sopa) de orégano seco
4 tomates secos, picados em pedaços graúdos
70 g de azeitonas pretas, sem caroço e picadas
2 colheres (chá) de pasta de tomate

1 colher (chá) de alho, esmagado
1 colher (chá) de alcaparra, esmagada
160 ml de água morna
1 colher (chá) de sal
3 g de fermento fresco

PANINO DE SEMENTES DE GIRASSOL E PINHÕES

230 g de farinha manitoba
1 colher (sopa) de sementes de girassol, tostadas
1 colher (sopa) de pinhões, tostados
1 colher (sopa) de sementes de abóbora, tostadas

160 ml de água morna
1 colher (chá) de sal
3 g de fermento fresco

PANINO DE ERVAS

230 g de farinha manitoba
3 g de fermento fresco
2 colheres (sopa) de ervas mistas (sálvia, tomilho, alecrim, cebolinha e manjerona), picadinhas

160 ml de água morna
1 colher (chá) de sal

Além da farinha indicada nas listas de ingredientes, separe um pouco mais em uma vasilha pequena para enfarinhar. Misture a farinha e os ingredientes de sabor em uma vasilha e faça um buraco no meio. Em outra vasilha, misture a água, o sal e o fermento. Ponha o líquido dentro do buraco e trabalhe com as mãos para formar a massa. Faça movimentos ondulatórios com as mãos para incorporar o ar. Quando a textura e a cor estiverem homogêneas (cerca de 1 minuto), cubra com filme plástico e deixe descansar em um local quente e seco por 35 minutos. Polvilhe a superfície da massa com farinha e "vire" a massa, puxando pequenas porções na borda e levando-as até a extremidade oposta da vasilha, cobrindo e incorporando a farinha polvilhada. Depois de virar a massa inteira uma vez, deixe descansar por mais 35 minutos. Repita o procedimento mais duas vezes, deixando descansar 35 minutos após cada "virada". Enquanto a massa estiver descansando pela última vez, pré-aqueça o forno a 250°C e aqueça dentro dele uma assadeira. Na grelha de baixo do forno, coloque uma fôrma pequena de bolo inglês com um pouco de água para produzir vapor. Incline a vasilha da massa e puxe-a para fora com cuidado, depositando-a sobre uma superfície plana enfarinhada. Polvilhe mais farinha sobre a superfície da massa e aperte-a suavemente com as costas das mãos para abri-la. Use um cortador de pizza para dividi-la em 12 filõezinhos. Deixe descansar por 10 minutos coberta com um pano limpo. Tire a assadeira do forno e enfarinhe-a. Coloque os pães com a parte superior para baixo na assadeira e asse-os por 8 minutos. Baixe o forno para 200°C e asse por mais 5 minutos, ou até os pães crescerem bastante. Tire do forno e sirva quente.

CIABATTA

O nome deste conhecido pão italiano significa literalmente "chinelo", em razão de seu formato plano e alongado. A ciabatta, macia e aerada, deve ser consumida fresca.

1 filão 10 minutos (mais 1h55 para crescer e 20 minutos para assar)

INGREDIENTES*

460 g de farinha manitoba e mais um pouco para enfarinhar
2 colheres (chá) de sal

318 ml de água morna
6 g de fermento fresco

Coloque a farinha em uma vasilha grande e faça um buraco no meio. Em outra vasilha, misture o sal, a água e o fermento. Despeje o líquido dentro do buraco e trabalhe com as mãos para formar a massa. Faça movimentos ondulatórios com as mãos para incorporar o ar. Quando a textura e a cor estiverem homogêneas, cubra com filme plástico e deixe descansar em um local quente e seco por 35 minutos. Polvilhe a superfície da massa com farinha e "vire" a massa, puxando pequenas porções na borda e levando-as até a extremidade oposta da vasilha, cobrindo e incorporando a farinha polvilhada. Depois de virar a massa inteira uma vez, deixe descansar por mais 35 minutos. Repita o procedimento mais duas vezes, deixando descansar 35 minutos após cada "virada". Enquanto a massa estiver descansando pela última vez, pré-aqueça o forno a 250°C e aqueça dentro dele uma assadeira. Na grelha de baixo do forno, coloque uma fôrma pequena de bolo inglês com um pouco de água para produzir vapor. Incline a vasilha da massa e puxe-a para fora com cuidado, depositando-a sobre uma superfície plana enfarinhada. Polvilhe mais farinha sobre a superfície da massa e aperte-a suavemente com as costas das mãos para abri-la. Dê-lhe a forma de um filão comprido, cubra com um pano limpo e deixe descansar por mais 10 minutos. Tire a assadeira do forno e enfarinhe-a. Com cuidado, ponha o filão com a parte superior para baixo sobre a assadeira e asse por 12 minutos. Baixe o forno para 200°C e asse por mais 8 minutos ou até o pão crescer bastante. Tire do forno e deixe esfriar por alguns minutos antes de fatiar e servir o pão.

---

* CIABATTA CON FARINA DI CECI (FARINHA DE GRÃO-DE-BICO), SEM GLÚTEN

115 g de farinha de grão-de-bico
115 g de farinha de arroz
8 g de fermento sem glúten
160 ml de água morna

2 colheres (sopa) de avelãs picadas
2 colheres (sopa) de uvas-passas reidratadas
Sal a gosto

Siga o procedimento delineado acima.

* CIABATTA ALLE NOCI (NOZES), SEM GLÚTEN

115 g de amido de milho
115 g de farinha de arroz
8 g de fermento sem glúten

160 ml de água morna
4 colheres (sopa) de nozes picadas
Sal a gosto

Siga o procedimento delineado acima.

FOCACCIA alle OLIVE

Este pão macio e achatado, semelhante à pizza, é misturado com azeitonas.

1 filão 15 minutos (mais 80 minutos para crescer e 12 minutos para assar)

INGREDIENTES

150 g de farinha manitoba e mais um pouco para enfarinhar
50 g de farinha de trigo durum
120 g de azeitonas verdes e pretas, sem caroço e picadas em pedaços graúdos
1 colher (sopa) de azeite extravirgem e mais um pouco para regar
125 ml de água morna
½ colher (chá) de sal
6 g de fermento fresco
Sal marinho não refinado

Misture as farinhas e as azeitonas em uma vasilha e faça um buraco no meio. Em outra vasilha, misture o azeite, a água, o sal e o fermento. Despeje todo o líquido no buraco e trabalhe com as mãos até formar a massa. Faça movimentos circulares e ondulatórios com as mãos para incorporar o ar. Quando a textura e a cor estiverem homogêneas, regue a superfície com azeite e espalhe-o suavemente com os dedos. Cubra com filme plástico e deixe descansar em local quente e seco por 35 minutos. Polvilhe a superfície da massa com farinha e "vire" a massa, puxando pequenas porções na borda e levando-as até a extremidade oposta da vasilha. Depois de virar a massa inteira uma vez, repita o mesmo procedimento mais duas vezes, começando por polvilhar mais farinha. Regue com mais azeite, espalhe-o com os dedos e deixe descansar por mais 35 minutos.

Unte uma assadeira com 1 ½ colher (sopa) de azeite bem espalhado. Com cuidado, tire a massa da vasilha e deposite-a sobre uma superfície plana enfarinhada. Abra-a com as mãos, formando um disco achatado da altura dos pedaços de azeitona. Transfira-a para a assadeira preparada. Aperte todo o pão levemente com os dedos, criando depressões, e polvilhe com sal marinho não refinado. Cubra com um pano limpo e deixe descansar por 10 minutos. Antes de assar, regue a superfície com 1 ½ colher (sopa) de azeite e espalhe-o suavemente. Asse a 225°C por 12 minutos. Fatie e sirva quente.

Para fazer uma deliciosa Focaccia de Alecrim, substitua as azeitonas por 1 colher (sopa) rasa de alecrim picadinho. Antes de levar o pão ao forno, polvilhe a superfície com mais folhas de alecrim.

PIZZA di PATATE

Esta pizza "branca" é um sucesso imediato entre adultos e crianças. O alecrim tostado e as batatas fatiadas lhe dão um sabor cativante, que você sempre vai querer provar de novo.

1 pizza de 28 cm de diâmetro *20 minutos (mais 70 minutos para crescer e 12 minutos para assar)*

MASSA

200 g de farinha manitoba
55 g de farinha de trigo durum
1 colher (sopa) de sal
6 g de fermento fresco
1 colher (sopa) de azeite
½ colher (chá) de açúcar
125 ml de água morna

Misture as farinhas em uma vasilha e faça um buraco no meio. Em outra vasilha, misture os outros ingredientes. Ponha o líquido dentro do buraco e trabalhe com as mãos para formar a massa. Faça movimentos ondulatórios com as mãos para incorporar o ar. Acrescente mais água se a massa estiver muito seca. Quando a textura estiver lisa (depois de sovar por mais ou menos 1 minuto), cubra com filme plástico e deixe descansar em local quente e seco por 35 minutos. Polvilhe a superfície da massa com farinha e "vire" a massa, puxando pequenas porções na borda e levando-as até a extremidade oposta da vasilha, cobrindo e incorporando a farinha. Depois de virar a massa inteira uma vez, repita o mesmo procedimento mais duas vezes, começando por polvilhar mais farinha. Deixe a massa descansar por mais 35 minutos.

COBERTURA

1 batata pequena, descascada e cortada em fatias finas com um fatiador de legumes
1 dente de alho, cortado em fatias finas
Sal e pimenta-do-reino a gosto
1 colher (sopa) de azeite extravirgem e mais um pouco para regar
1 colher (chá) de sal marinho
1 ramo de alecrim, sem o caule

Misture a batata com o alho fatiado, o sal, a pimenta-do-reino e 1 colher (sopa) de azeite extravirgem.

MONTAGEM

Pré-aqueça o forno a 225°C. Regue uma assadeira de 23 x 33 cm com azeite. Retire a massa da vasilha e passe-a repetidamente sobre os punhos para abri-la. Coloque-a sobre uma superfície levemente enfarinhada e abra-a, formando um retângulo do tamanho da assadeira. Transfira-a cuidadosamente para a assadeira preparada. Sobreponha as fatias de batata sobre a massa, descartando as fatias de alho nesse processo. Regue com azeite e polvilhe a pizza com o sal marinho não refinado e o alecrim. Asse por 12 a 15 minutos ou até que a parte de baixo da pizza esteja escurecida e crocante. Retire do forno, regue com mais azeite e sirva.

PIZZA al POMODORO

De todos os modos de preparação da pizza mais famosa do mundo, este promete satisfazer até os mais enjoados gourmets.

1 pizza de 28 cm de diâmetro *20 minutos (mais 70 minutos para crescer e 12 minutos para assar)*

MASSA

200 g de farinha manitoba
55 g de farinha de trigo durum
1 colher (sopa) de sal
6 g de fermento fresco
1 colher (sopa) de azeite
½ colher (chá) de açúcar
125 ml de água morna

Misture as farinhas em uma vasilha e faça um buraco no meio. Em outra vasilha, misture os outros ingredientes. Ponha o líquido dentro do buraco e trabalhe com as mãos para formar a massa. Faça movimentos ondulatórios com as mãos para incorporar o ar. Acrescente mais água se a massa estiver muito seca. Quando a textura estiver lisa (depois de sovar por mais ou menos 1 minuto), cubra com filme plástico e deixe descansar em local quente e seco por 35 minutos. Polvilhe a superfície da massa com farinha e "vire" a massa, puxando pequenas porções na borda e levando-as até a extremidade oposta da vasilha, cobrindo e incorporando a farinha. Depois de virar a massa inteira uma vez, repita o mesmo procedimento duas vezes, começando por polvilhar mais farinha. Deixe descansar por mais 35 minutos.

COBERTURA

½ porção de Molho de Tomate, em temperatura ambiente (ver página 36)
1 colher (sopa) de orégano
4 colheres (sopa) de queijo Parmesão ralado
5 folhas de manjericão
112 g de mozarela, cortada em cubos de 1 cm
Azeite extravirgem para regar

MONTAGEM

Pré-aqueça o forno a 225°C. Regue uma assadeira de 23 x 33 cm com azeite. Retire a massa da vasilha e passe-a repetidamente sobre os punhos para abri-la. Coloque-a sobre uma superfície levemente enfarinhada e abra-a, formando um retângulo do tamanho da assadeira. Transfira-a cuidadosamente para a assadeira preparada. Perfure a superfície com um garfo para que não se formem bolhas de ar. Espalhe o Molho de Tomate sobre a massa e cubra com o orégano, o Parmesão, as folhas de manjericão e a mozarela. Regue com azeite. Asse por 12 a 15 minutos ou até que o fundo da pizza esteja escurecido e tostado. Tire do forno, fatie e sirva.

TORTA al TESTO

Este famoso pão chato da Úmbria é crocante por fora, macio por dentro e delicioso, quer consumido sozinho, quer recheado com os mais diversos ingredientes. "Testo" é a panela redonda onde o pão é cozido sobre o fogão. Originalmente, era feita de pedra ou cerâmica e pendurada acima da fogueira. Hoje, é de ferro fundido.

---

1 pão de 25 cm de diâmetro *15 minutos (mais 70 minutos para crescer e 5 minutos para assar)*

MASSA

200 g de farinha manitoba
50 g de farinha de trigo durum
1 ½ colher (sopa) de sal
6 g de fermento fresco
1 colher (sopa) de azeite
½ colher (chá) de açúcar
125 ml de água morna

Misture as farinhas em uma vasilha e faça um buraco no meio. Em outra vasilha, misture os outros ingredientes. Ponha o líquido dentro do buraco e trabalhe com as mãos para formar a massa. Faça movimentos ondulatórios com as mãos para incorporar o ar. Acrescente mais água se a massa estiver muito seca. Quando a textura estiver lisa (depois de sovar por mais ou menos 1 minuto), cubra com filme plástico e deixe descansar em local quente e seco por 35 minutos. Polvilhe a superfície da massa com farinha e "vire" a massa, puxando pequenas porções na borda e levando-as até a extremidade oposta da vasilha, cobrindo e incorporando a farinha. Depois de virar a massa inteira uma vez, repita duas vezes, começando por polvilhar mais farinha. Deixe descansar por mais 35 minutos.

PARA SERVIR

Pré-aqueça o forno a 220°C. Com cuidado, passe a bola de massa sobre os punhos para abri-la, formando um disco de 25 cm. Cubra a massa com um pano. Pré-aqueça a panela especial e enfarinhe-a. Quando a farinha começar a dourar, retire-a e coloque a massa na panela. Perfure a superfície com um garfo e cozinhe até dourar o lado de baixo. Vire-a cuidadosamente com uma espátula de metal e cozinhe o outro lado. Transfira para o forno quente e asse por 5 minutos.

Sirva a Torta al Testo em fatias como as de pizza ou corte-a na metade no sentido horizontal e recheie-a com mozarela de búfala, rúcula e queijo Parmesão, por exemplo. Cubra o recheio com a metade de cima da massa e asse por mais 3 minutos a 180°C.

PIZZA RUSTICA al FORMAGGIO

O termo "rustico" é usado principalmente no sul da Itália e designa qualquer prato salgado em que o queijo é o ingrediente principal. Este pão macio é delicioso, quer sozinho, quer acompanhando uma refeição leve de sopa e legumes grelhados.

12 porções *20 minutos (mais 40 minutos para crescer e 15 minutos para assar)*

INGREDIENTES*

Azeite extravirgem, para regar
Farinha de rosca fina
300 g de farinha italiana "00"
70 g de queijo Parmesão ralado
250 g de queijo Scamorza, cortado em cubos de 1 cm
1 colher (chá) de sal
100 g de manteiga derretida
120 ml de água morna
25 g de fermento fresco
1 colher (chá) de açúcar
3 ovos

Unte ligeiramente uma assadeira de 23 x 13 cm com azeite e polvilhe-a com farinha de rosca fina. Em uma vasilha média, misture a farinha, os queijos, o sal e a manteiga derretida. Em outra vasilha ou em um copo, misture a água morna, o fermento e o açúcar. Acrescente-os à farinha. Bata os ovos separadamente com um garfo para quebrar as gemas e acrescente-os à mistura de farinha e líquidos. Misture todos os ingredientes com uma mão, fazendo movimentos circulares amplos para incorporar o ar na massa. Continue fazendo os movimentos circulares por 30 segundos. Transfira a massa para a assadeira preparada e alise-a com uma espátula. Cubra com um pano limpo e reserve por 40 minutos ou até dobrar de tamanho. Asse a 175°C por 15 minutos. Sirva assim que tirar do forno.

* ALTERNATIVA VEGANA

100 g de farinha italiana "00"
40 g de margarina
80 g de tofu, cortado em cubinhos
10 g de fermento fresco
3 colheres (sopa) de leite de soja
3 colheres (sopa) de água morna
Sal a gosto

Siga o procedimento delineado acima.

INCIDENTES NO MONTALI

Existe neste mundo um espaço precário e confinado, cheio de lâminas afiadíssimas, fogos crepitantes e milhares de objetos inflamáveis próximos entre si. As pessoas que se sujeitam a trabalhar nesse ambiente são como máquinas: gente viciada em trabalho, movida a cafeína, que opera no piloto automático. Navegam com perícia pelo sistema, evitando habilmente as colisões e catástrofes cotidianas. São os *chefs* do Montali, e o ambiente onde trabalham é a cozinha.

Infelizmente, nem o mais completo treinamento e a mais cabal experiência em culinária podem prevenir todos os acidentes, erros e obras do acaso que ocorrem em todo restaurante. Desde cortes e queimaduras menores até a perda completa de um prato minutos antes de ser servido, o Hotel-Fazenda Montali tem conhecido sua dose de desastres. A maioria dos incidentes parecem, depois, engraçados; e, mesmo que o resultado não tenha sido positivo, sempre serviram para ensinar alguma lição preciosa.

Os acidentes

Os cortes e as queimaduras são a norma na vida dos *chefs*. Os jovens aprendizes, especialmente, só param de se machucar depois de aprender com inúmeros erros elementares. Em alguns casos, porém, não são eles próprios que infligem em si seus ferimentos.

Dez minutos depois de iniciado o jantar, os hóspedes já haviam tomado o vinho e estavam ansiosos à espera das entradas. Na cozinha, Malu e outro *chef* estavam lado a lado fritando grandes levas de calzoni recheados de mozarela e tomate. "Tome cuidado ao pôr o calzone no óleo", aconselhou Malu. "Ele pode respingar." Enquanto ela dizia essas palavras, o calzone que tinha na mão escorregou e caiu no óleo como um tijolo. Um respingo de óleo saiu voando da panela e atingiu a mão do outro *chef*. Malu sufocou um grito e correu para pegar a pomada para queimaduras na sala de trás, enquanto o *chef*, perplexo, respirava fundo para diminuir a dor. Malu voltou em questão de segundos. "Perdão! Por favor, me desculpe", disse ela enquanto aplicava a pomada à queimadura. Um segundo depois, o outro *chef* soltou uma gargalhada, aliviando o sentimento de culpa de Malu. A situação era por demais irônica e engraçada; não valia a pena irritar-se por uma queimadura pequena. Na maioria das vezes, na verdade, Malu não é a causa dos problemas, mas sua solução.

Os erros

Na hora da crise, a capacidade de lidar com os problemas de modo tranquilo e eficiente separa os profissionais dos amadores. Houve ocasiões em que os *chefs* tiveram de criar pratos completamente novos de improviso, minutos antes da hora do jantar, em razão do erro colossal de outra pessoa.

Em um dia em que Malu tinha muito o que fazer fora do hotel, Maria se ofereceu para cuidar de tudo. "Malu", disse confiante, "vá fazer o que você tem de fazer. Eu cuido da cozinha." "Você tem certeza, Maria? Você consegue montar o menu de hoje?", perguntou Malu.

"Com certeza. Tudo sob controle. Vá em frente", respondeu Maria. Ela adorava se sentir necessária. Então Malu saiu, deixando a cozinha nas mãos de Maria. Foi levar roupa para lavar, comprar suprimentos, pegar algumas caixas de vinho e buscar o filho na escola. Quando voltou, já eram 17h30. Ela vestiu o avental e foi preparar a sobremesa daquela noite.

Maria estava trabalhando alegremente quando Malu entrou e disse: "Voltei, Maria. Vou começar a preparar o *dolce*".

"Não se preocupe, Malu. Já fiz a sobremesa. Relaxe!", disse Maria, orgulhosa.

"É mesmo? Que maravilha!" Malu subiu para escolher o menu do dia seguinte e ficar um pouco com Damiano. Às 19h30, voltou à cozinha. Durante o jantar, ela e Maria estavam preparando as entradas quando Malu perguntou, despreocupada, onde estava o segundo prato. Maria parou um segundo para pensar. Seus olhos se arregalaram e sua boca se abriu. Sem dizer uma palavra, Malu compreendeu exatamente o que tinha acontecido: Maria tinha se esquecido por completo de preparar o segundo prato.

Encarregando Maria de terminar de servir, Malu abriu a geladeira e viu tudo o que havia lá dentro. Trabalhando freneticamente, picou abobrinhas, pimentões, cebolas e tomates e salteou-os em fogo alto, arrematando-os com salsinha e manjericão picados. Grelhou grandes pedaços de seitan, originalmente destinados ao jantar do dia seguinte, e cortou-os horizontalmente em fatias muito finas. Passou todas as fatias em farinha de trigo, mergulhou-as em ovo batido e empanou-as em farinha de rosca antes de fritá-las em uma frigideira. Dispôs os legumes salteados entre três camadas de seitan crocante em uma assadeira grande, cobriu tudo com queijos ralados sortidos, levou a assadeira ao forno até derreter o queijo e serviu o prato imediatamente aos hóspedes deliciados. Maria, profundamente envergonhada, pediu seguidas desculpas a Malu. Mas Malu, vendo o quanto a funcionária já estava arrependida, preferiu consolá-la a passar-lhe sermão.

Malu, mais que outros *chefs* de cozinha, tem muita paciência com os erros. Incidentes menores, como um prato caído no chão ou um rio de creme de leite derramado, só a fazem rir, deixando à vontade a pessoa arrependida que cometeu o erro. Porém, se a mesma pessoa continua cometendo os mesmos erros e enganos, a paciência de Malu se esgota.

Há alguns anos, uma jovem da localidade, chamada Marcella, foi contratada para ajudar na cozinha e no salão. Era orgulhosa e arrogante e não suportava que alguém lhe dissesse o que fazer. Uma vez que não pensava antes de agir, ficou mal-afamada por quebrar, derramar, queimar e arruinar materiais e ingredientes em toda a cozinha. Certa noite, Malu estava ocupadíssima e chamou Marcella. "Marcella, você pode pegar o bolo de chocolate na geladeira de trás? Está na segunda prateleira, mas tome muito cuidado para tirá-lo."

"Tá, tudo bem", respondeu Marcella sem convicção, olhando para o outro lado.

"Marcella, você tem de tomar muito cuidado ao tirar o bolo. É grande e difícil de carregar", prosseguiu Malu, insistindo em fazer contato visual com a garota. Marcella assentiu sem prestar atenção e foi buscar o bolo. A sala de trás é encostada na cozinha principal. Três minutos depois, como Marcella não voltava, Malu começou a se preocupar. "Luciana", disse, "você pode ver, por favor, o que aconteceu com a Marcella?" Luciana saiu da cozinha. Quando voltou, a expressão do seu rosto disse tudo. Malu se dirigiu como um furacão à sala de trás, onde Marcella pairava sobre uma explosão de chocolate que já tinha sido um belo bolo. Ela havia arruinado a sobremesa.

O erro de Marcella não tinha sido devido a um lapso acidental de memória, como no caso de Maria. Fora causado por uma incompetência habitual. Malu repreendeu-a severamente. Por bons cinco minutos, censurou Marcella sem parar até que a jovem derramou lágrimas, finalmente sentindo remorso. Depois que Malu cansou de projetar sua frustração em Marcella, correu para a cozinha para preparar alguma sobremesa para os hóspedes. Conseguiu servir-lhes uma versão do Fragole com Zabaione e Crema, usando frutas mistas picadas em vez de morangos. Marcella passou mais duas semanas no Montali até que as duas partes finalmente concluíram que ela não servia para aquele tipo de trabalho.

Acontecimentos aleatórios

Nos últimos meses da estação, a zona rural da Úmbria é assolada por tempestades torrenciais. O Hotel-Fazenda Montali já sofreu vários apagões e enchentes, cujos efeitos poderiam ter sido terríveis para o restaurante.

A vantagem de ter um corpo de funcionários que trabalha, mora, come e dorme no Montali é que suas mentes criativas conseguem administrar a cozinha como um relógio, até no escuro.

"Alberto, as luzes se apagaram de novo", disse Sang, como se o fato de a cozinha estar completamente às escuras já não fosse indício suficiente.

Alberto foi à caixa de luz para desligar e religar os disjuntores, ato que normalmente reacende as luzes na mesma hora. Quando isso não funcionou, ele tentou a mesma coisa de novo. E de novo. Esperou mais alguns segundos e tentou de novo. Depois de tentar oito vezes, falou um palavrão. Eram 16 horas e os *chefs* ainda estavam no meio da preparação do jantar.

"Estamos sem luz", anunciou ao entrar na cozinha. "Qual a situação do jantar de hoje à noite?" "Ainda temos de preparar o Strudel di Zucchine! E assar o pão", um dos *chefs* respondeu, nervoso. O forno não funcionava, e a preparação do Strudel, um rocambole de abobrinha feito com massa à base de gordura, não tinha sequer começado.

"Va bene", disse Malu. "Não tem problema, vamos mudar o segundo prato!" Vasculhou o cérebro em busca de ideias, mas o único segundo prato que não precisava ir ao forno tinha sido servido no dia anterior. Escondendo sua ansiedade dos outros *chefs*, ela respirou fundo e disse: "Vamos inventar um novo hoje". Sentou-se ao lado de Janko e Sang e, juntos, eles decidiram fazer espetinhos mistos de legumes grelhados e frutas, prato que depois se tornou o Spiedini Primavera, um dos favoritos dos hóspedes. Usando o fogão a gás, substituíram a costumeira ciabatta por Tortas al Testo de trigo integral, recheadas de rúcula e fatias finas de queijo Parmesão. Em vez de fazer o Soufflé di Ricotta, que usava o forno, eles fizeram Budino al Cocco, um delicioso pudim brasileiro de coco com calda de ameixas – manjar branco.

Como a bomba d'água era elétrica, todos se revezaram para buscar água no poço, debaixo de chuva, para cozinhar.

Naquela noite, os hóspedes foram servidos em um salão romanticamente iluminado por velas.

Sem sequer cogitar em como tinha sido preparado o suntuoso jantar, os hóspedes adoraram. Na cozinha, os *chefs* exaustos soltaram longas gargalhadas. Mas os risos se extinguiram quando começaram a pensar em preparar o café da manhã no dia seguinte: a refeição noturna produzira pilhas de panelas e pratos que não podiam ser lavados por falta de água. Foi grande o alívio de todos quando as luzes de repente se acenderam, resolvendo sozinhas esse último problema.

Em outro incidente causado por uma tempestade, os hóspedes não somente tomaram plena ciência do problema como foram essenciais para sua solução. Alguns anos antes, Malu e Alberto tinham construído um duto subterrâneo de mais de um quilômetro para levar a fiação elétrica ao restaurante, de modo que ela não ficasse à vista. A instalação dos fios criou um canal subterrâneo que, conforme eles descobriram depois, servia de conduto para a água.

Durante o último de quatro cursos de culinária dados a dois engraçadíssimos casais ingleses, Malu estava fazendo macarrão umbricelli quando um dos alunos apontou para o salão e disse: "O restaurante está inundado!" Malu foi verificar e constatou que uma enorme quantidade de água havia entrado no restaurante vinda de fora (depois, eles descobriram que a água havia descido pelo duto de eletricidade e entrado pela caixa de luz ao lado da sala de jantar).

Malu deixou a culinária de lado e chamou Alberto. Os dois correram para o salão. Os quatro alunos, contentes, tiraram os sapatos e os ajudaram a retirar os móveis da área inundada. Enxugando o chão com panos e torcendo-os em baldes, eles conseguiram se livrar da maior parte da água. Lavaram as mãos e voltaram ao curso.

No jantar, algumas horas depois, contaram a história aos outros hóspedes, que rolaram de rir. Terminado o jantar, todos os hóspedes estavam sentados no saguão, bebendo na companhia de Alberto, quando um dos *chefs*, na cozinha, notou que o chão do restaurante estava com um aspecto estranho. Olhando de perto, percebeu que estava novamente inundado, mas que dessa vez a água chegava à altura do tornozelo. Assim que Malu e Alberto viram isso, correram para chamar os bombeiros.

"Desculpe-me", disse o bombeiro ao telefone, "não podemos drenar seu restaurante até que a água chegue a pelo menos 20 cm de altura. A bomba não funciona com menos que isso." "E o que devo fazer, então? Inundar meu restaurante com mais um pouco de água para que vocês possam vir?", perguntou Alberto.

"Podemos pôr vocês na lista e tentar ir ainda hoje à noite, mas não é garantido. A região toda está em situação igual ou pior à de vocês." Quando os clientes do restaurante ficaram sabendo do ocorrido, aproveitaram a chance de agir. "Vamos ajudar!", exclamaram. Nas duas horas seguintes, todos trabalharam, drenando o restaurante como haviam feito de dia e ensopando-se completamente nesse processo.

Quando o último pano foi torcido, as portas do restaurante se abriram e três bombeiros robustos, de mãos na cintura, anunciaram heroicamente: "Chegamos!" Ouviu-se uma erupção de gargalhadas quando Alberto foi atendê-los. Vendo-os de perto, ele percebeu que os bombeiros estavam exaustos após atender a inúmeras emergências em todo o norte da Úmbria. Pôs a mão no ombro de um dos homens e convidou-os a entrar. Distribuiu taças a todos e abriu várias garrafas de vinho, enquanto os hóspedes e os bombeiros se sentaram no saguão de entrada e riram a noite inteira.

Embora Malu e Alberto não queiram viver novamente nenhum dos incidentes dos últimos 20 anos, eles serviram para lhes fornecer inúmeras histórias e ricas lembranças. Levam as marcas das pessoas que fizeram parte da vida do casal e contribuem para o caráter com que foram construídos o hotel e o restaurante. Acidentes sempre acontecerão, erros serão cometidos e tempestades ferozes cairão enquanto o Hotel-Fazenda Montali permanecer de pé. Mas, enquanto Malu, Alberto e seu seleto grupo de funcionários estiverem ali, eles vão encarar o desafio.

DOCINHOS de COCO

Estes deliciosos docinhos típicos brasileiros derretem na boca. Para variar, os brigadeiros podem ser rolados em coco ralado, e os beijinhos, em chocolate granulado.

100 de cada   *60 minutos*

BRIGADEIROS

400 g de leite condensado
2 colheres (sopa) de manteiga e mais um pouco para untar
2 colheres (sopa) de cacau em pó sem açúcar
70 g de chocolate granulado, para revestir

—

Junte o leite condensado, a manteiga e o cacau em pó em uma caçarola e misture bem. Cozinhe em fogo baixo, mexendo constantemente, até que a mistura comece a desgrudar do fundo da panela. Cozinhe por mais 5 minutos e tire do fogo. Transfira para um prato cerâmico untado com manteiga para esfriar. Quando chegar à temperatura ambiente, pegue porções do tamanho de uma colher de chá e faça bolinhas com elas, rolando-as entre as mãos untadas de manteiga. Deixe-as cair em uma vasilha cheia de chocolate granulado e role-as até revestirem-se. Reserve em um prato e refrigere.

BEIJINHOS DE COCO

1 coco médio, ralado
400 g de leite condensado
2 gemas de ovo
2 colheres (sopa) de manteiga
½ vagem de baunilha, cortada na metade no sentido do comprimento e raspada
70 g de coco ralado, para revestir
Cravo-da-índia para enfeitar (opcional)

—

Junte o coco, o leite condensado, as gemas, a manteiga e a baunilha em uma caçarola e misture bem. Cozinhe em fogo baixo, mexendo continuamente, até que a mistura comece a desgrudar do fundo da panela. Continue cozinhando até que o fundo apenas comece a escurecer. Transfira para um prato cerâmico untado com manteiga para esfriar. Quando chegar à temperatura ambiente, pegue porções do tamanho de uma colher de chá e faça bolinhas com elas, rolando-as entre as mãos untadas de manteiga. Deixe-as cair em uma vasilha cheia de coco ralado e role-as até revestirem-se. Se quiser, ponha um cravo em cada beijinho. Reserve em um prato e refrigere.

OLHO DE SOGRA

1 coco médio, ralado
400 ml de leite condensado
½ vagem de baunilha, cortada na metade no sentido do comprimento e raspada
2 colheres (sopa) de manteiga
2 gemas de ovo
1 pacote de ameixas secas, descaroçadas e abertas de um lado

―

Siga o mesmo procedimento dos beijinhos, mas, em vez de rolar as bolinhas em coco ralado, coloque cada uma dentro de uma ameixa seca, dando-lhe a forma de um "olho" bem grande.

Arrume estes docinhos em uma bela travessa branca, alternando os escuros e os claros para dar mais elegância a qualquer festa.

DELIZIA AL LIMONE

Uma delícia de limão, macia e esponjosa, típica da Campanha e do litoral de Amalfi. Não se esqueça de deixar o Limoncello no congelador.

6 porções 55 minutos

BOLO

2 ovos, claras e gemas separadas
50 g de açúcar
½ colher (chá) de essência de baunilha
Uma pitada de sal

28 g de farinha
1 colher (chá) de fermento em pó químico
Raspas da casca de ½ limão

Unte e enfarinhe seis ramequins. Forre o fundo com papel-manteiga. Pré-aqueça o forno a 150°C. Bata as gemas, o açúcar e a baunilha até que a mistura adquira um tom amarelo-claro. Bata as claras e o sal em uma batedeira até o ponto de picos firmes. Com todo o cuidado, incorpore as claras nas gemas em duas levas. Acrescente a farinha e o fermento em pó, passando-os por uma peneira, e incorpore as raspas de limão. Divida a massa entre os ramequins e coloque-os em uma assadeira. Asse por 25 minutos. Tire do forno e deixe esfriar.

CREME DE CONFEITEIRO

180 ml de leite
25 g de suco de limão
½ vagem de baunilha, aberta e raspada

3 gemas de ovo
50 g de açúcar
28 g de farinha
Casca de ½ limão

Aqueça o leite, a casca de limão e a baunilha em fogo médio. Em outra caçarola, bata as gemas e o açúcar com um fouet até que a mistura adquira um tom amarelo-claro. Acrescente a farinha e continue batendo até misturar bem. Assim que o leite ferver, tire-o do fogo e despeje a mistura de gema, batendo sempre com o fouet. Cozinhe esse creme em banho-maria em fogo médio, mexendo sempre, por 4 minutos ou até engrossar. Tire do fogo e resfrie em um banho de gelo (ver página 21). Descarte a casca do limão e a baunilha e acrescente o suco de limão. Misture bem. Deixe na geladeira, coberto.

BAGNA (CALDA PARA EMBEBER)

100 ml de água
28 g de açúcar

60 g de licor Limoncello

Misture a água e o açúcar em uma caçarola. Leve ao fogo até ferver. Tire do fogo e deixe esfriar. Acrescente o Limoncello.

MONTAGEM

Quando os bolos esfriarem, tire-os dos ramequins, passando uma faca pela borda destes. Corte um pequeno pedaço redondo do fundo de cada bolo e reserve. Usando um saco de confeitar, encha cada bolo com o creme de confeiteiro. Recoloque as fatias redondas e ponha os bolos, com o lado cortado para cima, sobre uma travessa. Despeje a calda sobre os bolos para embebê-los, cubra com filme plástico e leve à geladeira. Reserve o creme de confeiteiro restante.

PARA SERVIR

240 ml de creme de leite espesso
1 colher (sopa) de açúcar de confeiteiro

90 g de Limoncello
Fios de Limão (ver página 29)

Bata o creme de leite espesso com o açúcar de confeiteiro até o ponto de picos moles. Incorpore dois terços do restante de creme de confeiteiro. Acrescente o Limoncello e misture. Coloque os bolos em pratos de sobremesa individuais, com a parte cortada para baixo, e cubra-os com esse creme. Arremate com uma porçãozinha de creme de leite batido, guarneça com alguns fios de limão e sirva imediatamente.

TIRAMISU

TIRAMISU – como deve ser!

8 porções 40 minutos (mais 2 horas para gelar)

INGREDIENTES

90 ml de café expresso, frio
1 ½ colher (chá) de Grand Marnier, Marasquino e Marsala, misturados
3 colheres (sopa) de açúcar de granulação fina e mais 1 colher (sopa) para o expresso
2 ovos, claras e gemas separadas
100 g de queijo mascarpone
Uma pitada de sal
80 ml de creme de leite espesso
1 colher (chá) de açúcar de confeiteiro
70 g de biscoitos champanhe
2 colheres (sopa) de chocolate meio amargo ralado
½ colher (sopa) de cacau em pó, para polvilhar

Misture o expresso, os licores e 1 colher (sopa) de açúcar até este último dissolver. Reserve e ponha na geladeira.

Usando um fouet, bata as 3 colheres (sopa) de açúcar com as gemas em uma vasilha grande até que a mistura forme espuma e adquira um tom amarelo-claro. Incorpore o mascarpone. Com uma batedeira de mão, bata as claras com sal até o ponto de picos duros.

Em outra vasilha, bata o creme de leite espesso e o açúcar de confeiteiro com uma batedeira de mão até que o creme adquira certa solidez e seja capaz de conservar sua forma. Com cuidado, incorpore na mistura de gemas.

Incorpore as claras na mistura de gema com um movimento ondulatório suave.

MONTAGEM

Use uma taça ou uma vasilha de vidro de 10 cm para servir. Despeje um quarto da mistura de ovos no fundo e nivele-a com uma colher. Embeba um terço dos biscoitos champanhe na mistura de café, remova-os e escorra o excesso de líquido, reservando-o com o restante. Disponha os biscoitos na vasilha de servir. Repita o processo, alternando uma camada de creme e outra de biscoitos. Arremate com creme, polvilhe com chocolate meio amargo ralado e deixe na geladeira por 2 horas. Imediatamente antes de servir, polvilhe o Tiramisu com cacau em pó e aprecie!

A tradução literal do nome deste favorito é "puxe-me para cima". A narrativa das origens desta sobremesa começa há mais de 300 anos em Siena. Essa cidade medieval recebeu a visita do Grão-Duque Cosimo de Médici III. Lembrando-se de que ele era um famoso apreciador de doces, os cozinheiros da cidade criaram um delicioso bolo recheado a que deram o nome de "Zuppa del Ducca", ou "Sopa do Duque".

O Grão-Duque adorou a sobremesa e levou a receita consigo para Florença, onde foi introduzida à fina flor da sociedade toscana. Mais de 100 anos depois, o doce se tornou populariíssimo entre os intelectuais ingleses e, por um breve período, passou a ser chamado "Zuppa Inglese".

A sobremesa continuou popular na Itália e foi introduzida em Treviso, a noroeste de Veneza. Diz a lenda que os cortesãos venezianos faziam questão de comer esta sobremesa antes de se dedicar aos negócios, por isso o novo nome: "Tira-mi-su", "puxe-me para cima".

STRUDEL di MELE

Strudel de maçã. O Império Austro-Húngaro acabou, mas deixou este prato famoso, que foi adotado pelas províncias italianas do norte, na fronteira com a Áustria. Este doce, glória da cidade de Viena, sempre foi muito prático, pois pode levar recheio salgado ou doce.

12 porções *50 minutos (mais 15 minutos para crescer)*

RECHEIO

4 colheres (sopa) de farinha de rosca
2 colheres (sopa) de manteiga, derretida
3 maçãs, descascadas, descaroçadas e cortadas em fatias de 2 mm
5 damascos, descascados, descaroçados e cortados em fatias pouco mais grossas que as de maçã
100 g de uvas-passas, reidratadas com xerez e escorridas
55 g de amêndoas, tostadas e picadas
28 g de pinhões, tostados e inteiros
2 colheres (sopa) de açúcar mascavo
1 colher (chá) de canela em pó
Raspas da casca de 1 limão
Raspas da casca de 1 laranja
1 colher (chá) de suco de limão
2 colheres (sopa) de geleia de damasco ou marmelada

Toste a farinha de rosca na manteiga derretida até dourar. Deixe esfriar e reserve. Misture os outros ingredientes do recheio em uma vasilha grande.

MASSA

250 g de farinha italiana "00"
125 ml de água, em temperatura ambiente
50 g de manteiga, cortada em cubos e em temperatura ambiente
Uma pitada de sal
45 ml de creme de leite, para pincelar

Peneire a farinha em uma superfície plana. Faça um buraco no meio e coloque nele a água, a manteiga e o sal e trabalhe com os dedos até começar a formar a massa. Sove por 30 segundos e depois atire a massa com força sobre a bancada 100 vezes. Cubra com uma vasilha de vidro aquecida por 15 minutos (a vasilha pode ser brevemente aquecida em um forno quente).

MONTAGEM

Enfarinhe um pano limpo. Dê à massa a forma de disco e passe-a repetidamente sobre os punhos para abri-la. Quando estiver fina (mas antes de começar a se romper), coloque-a sobre o pano e estique-a com cuidado, dando-lhe a forma de um retângulo de mais ou menos 46 x 25 cm, conservando a mesma espessura. A massa deve estar semitransparente e tão grande e fina quanto possível. Acerte as bordas com um cortador de pizza. Pincele a superfície com creme de leite e polvilhe com a farinha de rosca tostada. Espalhe o recheio por igual sobre a farinha de rosca, deixando uma borda de 1 cm descoberta na parte de cima. Usando o pano como guia, faça uma pequena dobra nas bordas laterais para o recheio não cair. Levante o pano pelos vértices de baixo e, com cuidado, enrole o strudel. Continue rolando-o para cima de um pedaço de papel-manteiga até que a borda de ligação fique para baixo. Pincele a superfície com mais creme. Transfira para uma assadeira com o papel-manteiga. Asse a 180°C por 40 minutos ou até dourar. Fatie e sirva morno, polvilhado com açúcar de confeiteiro e arrematado com uma porçãozinha de creme de leite batido.

VULCANO di CIOCCOLATO

O vulcão de chocolate é um bolo servido com sorvete de alcaçuz e calda de kiwi. Dá um toque todo especial ao final de uma refeição importante. O contraste entre o quente e o frio é uma agradável surpresa.

8 porções 30 minutos (mais 2 horas no congelador)

BOLO

- 150 g de chocolate meio amargo com 70% de cacau, picado
- 140 g de manteiga
- 100 g de açúcar
- 3 ovos inteiros, em temperatura ambiente
- 1 gema de ovo, em temperatura ambiente
- 1 uma pitada de sal
- 40 g de farinha

Unte e enfarinhe oito ramequins e forre cada um com um pequeno pedaço de papel-manteiga. Aqueça o chocolate, a manteiga e o açúcar em banho-maria em fervura branda até derreter completamente. Deixe chegar à temperatura ambiente. Bata os ovos e o sal até formar espuma e misture-os no chocolate com um fouet (nota: é importante que o chocolate e os ovos estejam à mesma temperatura na hora da mistura. Caso contrário, o chocolate endurecerá). Peneire a farinha e misture-a rapidamente, apenas agregando-a. Divida a massa entre os ramequins, cubra com papel-alumínio e leve ao congelador por pelo menos 2 horas.

SORVETE DE ALCAÇUZ

- ½ colher (chá) de balas naturais de alcaçuz, picadinhas
- 180 g de creme de leite espesso
- 300 ml de leite
- 75 g de açúcar

Misture todos os ingredientes em banho-maria em fogo baixo. Mexa até que o alcaçuz derreta completamente. Passe por uma peneira fina para separar quaisquer partículas sólidas remanescentes. Esfrie em um banho de gelo (ver página 21) e passe outra vez por uma peneira fina. Bata com fouet para formar leve espuma. Despeje a mistura em uma máquina de fazer sorvete. Guarde o sorvete em um recipiente à prova de ar, no congelador, por até uma semana.

CALDA DE KIWI

- 4 kiwis
- Açúcar de confeiteiro a gosto
- 1 colher (chá) de suco de limão

Bata os ingredientes juntos no liquidificador. Passe por uma peneira e reserve a calda.

PARA SERVIR

Pré-aqueça o forno a 250°C. Coloque os ramequins descobertos sobre uma assadeira e leve ao forno por 7 a 8 minutos, ou até os bolos estarem crocantes por fora, mas ainda macios por dentro. Com uma toalha em cada mão, remova cuidadosamente cada bolo de dentro de sua fôrma e coloque-o, com a parte de cima para cima, sobre um prato. Polvilhe com açúcar de confeiteiro e uma pitadinha de pimenta vermelha em pó. Sirva quente regado com um pouco de Calda de Kiwi e Sorvete de Alcaçuz.

É crucial que todos os ingredientes do bolo sejam misturados à mesma temperatura. Caso contrário, corre-se o risco de que o chocolate endureça e se torne quebradiço. Esta sobremesa pode ser conservada no congelador, antes de assar, por até 2 semanas.

TORTA di LIMONE

Torta de limão. O refrescante recheio alimonado é envolvido por uma massa macia. Ideal para o chá da tarde e excelente com Sorbet de Cenoura.

16 porções *50 minutos (mais tempo para gelar)*

RECHEIO

300 ml de água, em temperatura ambiente
200 g de açúcar
50 g de amido de milho
Raspas da casca de 3 limões
1 ovo
Suco de 2 limões

Misture a água, o açúcar, o amido de milho e as raspas de limão em uma caçarola. Ferva. Cozinhe por 1 minuto e tire do fogo. Deixe esfriar completamente antes de acrescentar o ovo e o suco de limão. Misture bem e reserve.

MASSA

150 g de açúcar
400 g de farinha italiana "00"
150 g de manteiga, em temperatura ambiente
2 ovos
1 colher (sopa) de vinho Marsala
1 colher (sopa) de suco de limão
2 colheres (chá) de fermento em pó químico

Em uma superfície plana, misture o açúcar com a farinha e faça um buraco no meio. Coloque os demais ingredientes dentro do buraco e trabalhe com os dedos até começar a formar a massa. Corte-a com um cortador de massa e junte-a novamente, três ou quatro vezes, para incorporar os ingredientes até que a textura e a cor estejam homogêneas. Envolva em filme plástico e deixe na geladeira por 15 minutos.

Abra dois terços da massa com o rolo entre duas folhas de papel-manteiga enfarinhado, formando um disco de 33 cm de diâmetro. Remova a folha superior de papel-manteiga e, com cuidado, inverta a massa sobre uma fôrma de torta de 28 cm. Aperte suavemente a massa no fundo, na dobra da fôrma e nos lados. Despeje sobre ela o recheio de limão e espalhe-o com uma espátula. Abra o restante da massa da mesma maneira, formando um disco grande o suficiente para apenas cobrir o recheio de limão. Coloque-o sobre o recheio e sele as bordas. Corte o excesso de massa com uma faquinha ou um cortador de torta. Asse a 180°C por 25 minutos. Quando estiver na temperatura ambiente, leve à geladeira para gelar.

PARA SERVIR

Tire cuidadosamente a torta da fôrma, corte em fatias, polvilhe com açúcar de confeiteiro e sirva com uma bola de Sorbet de Cenoura (ver página 279).

TORTA di CIOCCOLATO e NOCI

Bolo de chocolate e nozes. Uma fusão de sabores suaves e deliciosos que você pode apreciar a qualquer momento ou mesmo usar como base para um bolo de aniversário coberto de ganache.

12 porções *20 minutos (mais 25 minutos para assar e tempo para esfriar)*

INGREDIENTES

Manteiga e farinha para untar e enfarinhar
4 ovos, claras e gemas separadas
200 g de açúcar
2 gotas de essência de baunilha
Uma pitada de sal
100 g de nozes, picadas
100 g de amêndoas, picadas
200 g de chocolate meio amargo, picado

Revista de papel-manteiga uma fôrma desmontável de 28 cm de diâmetro. Unte e enfarinhe a superfície. Pré-aqueça o forno a 175°C. Usando um fouet, bata as gemas, o açúcar e a essência de baunilha até que a mistura esteja amarelo-clara e forme espuma. Na batedeira, bata as claras com sal até o ponto de picos firmes. Incorpore delicadamente as duas misturas de ovo. Incorpore as nozes e o chocolate em quatro levas e despeje imediatamente a massa na fôrma. Alise a superfície com uma espátula e leve ao forno por 25 minutos. Tire do forno e reserve para esfriar completamente. Sirva em temperatura ambiente polvilhado com açúcar de confeiteiro e acompanhado por uma porção generosa de creme de leite batido. (Para fazer uma versão sem glúten, em vez de farinha para enfarinhar, use papel-manteiga.)

PERE COTTE al VINO BIANCO

Peras cozidas com especiarias em vinho branco. Apresente este prato elegante guarnecido com Creme de Confeiteiro de Canela e Creme de Chocolate.

8 porções *40 minutos (mais tempo para esfriar)*

PERAS

1 limão
1 laranja
500 ml de vinho branco
100 g de açúcar

1 canela em pau
5 cravos
8 peras Bartlett, descascadas

———

Tire a casca do limão e da laranja em pedaços grandes. Misture-a com o vinho, o açúcar, a canela e o cravo em uma panela e leve ao fogo. Assim que ferver, abaixe bem o fogo e acrescente as peras inteiras. Tampe a panela e cozinhe em fogo baixo por 30 minutos ou até as peras estarem completamente cozidas. Perfuradas com um palito de dente, não devem oferecer resistência. Deixe esfriar por completo, coe a calda e reserve separadamente as peras e a calda de vinho.

CREME DE CONFEITEIRO DE CANELA

1 gema de ovo
1 colher (sopa) de manteiga, gelada

1 ½ colher (sopa) de açúcar
Canela a gosto

———

Misture a gema, a manteiga e o açúcar e cozinhe em banho-maria sobre água em fervura lenta, mexendo sem parar por 3 minutos ou até a mistura engrossar. Acrescente canela em pó a gosto e deixe esfriar.

CREME DE CHOCOLATE

200 g de chocolate meio amargo
150 ml de creme de leite espesso

———

Rale o chocolate e derreta-o com o creme de leite em banho-maria, mexendo bem. Quando estiver pastoso e homogêneo, tire do fogo e deixe chegar à temperatura ambiente. Ponha em uma bisnaga. Para reaquecer, coloque a bisnaga em uma vasilha cheia de água quente, com cuidado para a água não entrar no frasco.

PARA SERVIR

Reaqueça o Creme de Chocolate. Divida as peras na metade no sentido do comprimento e depois corte cada metade em fatias finas, começando o corte a 5 mm do cabo (ver foto). Aperte levemente a metade da pera para que as fatias, unidas pelo cabo, se desencontrem ligeiramente. Ponha o Creme de Confeiteiro de Canela em pratos individuais, às colheradas, e coloque uma pera sobre cada leito de creme. Regue com um fio da calda de vinho reservada. Despeje Creme de Chocolate por cima e sirva.

PESCHE RIPIENE

Pêssegos recheados. Os biscoitos de amaretto proporcionam um gostinho amargo de amêndoas que combina perfeitamente com o chocolate e os pêssegos frescos. Este doce deve ser feito quando estiverem disponíveis os pêssegos de melhor qualidade. Os melhores são aqueles que facilmente se partem na metade.

6 porções *10 minutos (mais 25 minutos para assar)*

INGREDIENTES

6 pêssegos firmes
Açúcar mascavo

——

Lave os pêssegos e divida-os na metade. Retire os caroços e tire a polpa com um boleador de frutas, deixando uma camada de 5 mm ao redor da casca. Reserve a polpa retirada. Coloque as metades de pêssego, com o lado cortado para cima, em uma assadeira forrada de papel-manteiga. Polvilhe açúcar mascavo sobre o interior.

RECHEIO

45 g de avelãs, picadas
45 g de chocolate meio amargo, com pelo menos 43% de cacau
12 biscoitos de amaretto, moídos em pedaços graúdos
1 colher (sopa) de licor Amaretto (di Saronno, por exemplo)
1 colher (chá) de suco de limão
12 avelãs, inteiras
3 colheres (sopa) de açúcar mascavo

——

Pique bem a polpa de pêssego reservada e misture-a com os demais ingredientes do recheio, com exceção das avelãs inteiras e do açúcar. Divida o recheio entre as metades de pêssego. Arremate cada um com uma avelã, polvilhe mais açúcar mascavo por cima e asse a 180°C por 25 minutos. Sirva em temperatura ambiente.

CAFFÉ BRULÉE

Um pudim macio e cremoso de café, coberto de açúcar mascavo caramelizado e crocante. Uma sobremesa excelente e revigorante. Lembre-se de que você também pode usar café descafeinado.

5 porções 25 minutos (mais 1 hora para assar e 4 horas para gelar)

INGREDIENTES

75 g de açúcar
5 gemas de ovo
1 colher (sopa) de café expresso instantâneo
500 ml de creme de leite espesso
6 colheres (chá) de açúcar mascavo granulado

———

Com um fouet, bata o açúcar e as gemas em uma vasilha até formar espuma. Leve uma panela ao fogo e dissolva o café instantâneo no creme de leite. Assim que a mistura ferver, tire do fogo. Despeje-a na mistura de gema e açúcar, batendo sempre para que a gema não coagule. Passe por uma peneira e despeje cuidadosamente em ramequins ou xícaras de café passíveis de ir ao forno. Transfira cuidadosamente os ramequins ou xícaras para uma assadeira com altura de 5 cm. Com uma colher, tire a espuma e as bolhas da superfície. Encha a assadeira até a metade com água fervente e cubra-a com papel-alumínio. Leve ao forno a 150°C por 1 hora. Tire do forno, retire os ramequins da água e deixe chegar à temperatura ambiente antes de levar à geladeira por pelo menos 4 horas.

BISCOITOS

15 g de açúcar de confeiteiro
15 g de claras de ovo
15 g de manteiga, derretida e em temperatura ambiente
15 g de farinha

———

Pré-aqueça o forno a 180°C. Bata o açúcar com as claras e misture a manteiga derretida. Peneire a farinha e incorpore-a bem com um fouet. Unte e enfarinhe uma assadeira de silicone. Para cada biscoito, espalhe 1 colher (sopa) de massa formando um círculo de 10 cm na assadeira de silicone. Leve ao forno por 2 minutos ou até dourar. Tire do forno e use uma espátula pequena para transferir os biscoitos para uma travessa forrada de toalhas de papel. Deixe esfriar completamente.

PARA SERVIR

Polvilhe 1 colher (chá) de açúcar mascavo granulado sobre cada pudim e bata delicadamente nos lados da fôrma para espalhar o açúcar por igual. Caramelize a superfície com um maçarico de mão e sirva imediatamente, enfeitando com um biscoito.

MOUSSE di CIOCCOLATO

Esta deliciosa musse de chocolate tem textura aerada e sabor rico. Combina perfeitamente com morangos servidos no auge da temporada.

5 porções 50 minutos (mais 4 horas para gelar)

MUSSE

100 g de chocolate meio amargo com 43% de cacau, ralado
3 gemas de ovo, em temperatura ambiente
300 ml de creme de leite espesso, em temperatura ambiente

———

Derreta o chocolate em banho-maria. Tire do fogo e deixe chegar à temperatura ambiente. Bata as gemas e misture-as perfeitamente com o chocolate. Bata o creme de leite com uma batedeira de mão ao ponto de picos moles e incorpore o chocolate somente até misturar. Cubra e leve à geladeira por pelo menos 4 horas.

CALDA DE MORANGO

20 morangos, sem as folhas
Vinho branco, para lavar as frutas
4 colheres (sopa) de açúcar
2 colheres (sopa) de licor de cassis

———

Lave com cuidado os morangos em vinho branco. Corte seis morangos em quatro pedaços cada e reserve. Bata os restantes no liquidificador e passe o líquido por uma peneira fina. Misture com o açúcar e o licor de cassis. Cubra o molho e reserve.

BISCOITOS (OPCIONAL)

15 g de claras de ovo
15 g de açúcar de confeiteiro
15 g de manteiga, derretida e em temperatura ambiente
15 g de farinha

———

Pré-aqueça o forno a 180°C. Misture os ingredientes dos biscoitos até formar uma massa completamente lisa. Despeje em um saco de confeitar com bico estreito. Forre uma assadeira larga com papel-manteiga untado ou unte uma assadeira de silicone. Delicadamente, esprema a massa na forma de uma flor com pétalas parcialmente sobrepostas com mais ou menos 13 cm de diâmetro, ou pouco mais larga que a boca de uma taça de Martini. Leve ao forno por 1 a 2 minutos ou até dourar. Tire do forno e use uma pequena espátula ou faca de passar manteiga para remover os delicados biscoitos da assadeira enquanto ainda estiverem quentes e macios. Deposite-os em uma travessa completamente plana forrada de toalhas de papel.

PARA SERVIR

Ponha a musse gelada em um saco de confeitar com bico-estrela grande e esprema-a em taças de Martini. Disponha quatro quartos de morango ao redor da borda da taça, com o lado cortado para baixo, e regue a lateral da musse com a calda de morango. Sirva com um biscoito apoiado ao lado da taça.

SEMIFREDDO DI MELE

Um "simples" pudim de maçã é divino quando transformado pelo toque sutil da canela, da baunilha e do limão. Esta sobremesa "semifria" deve ser apreciada em uma noite fria de inverno, próximo à lareira, acompanhada por uma caneca de vinho quente.

6 porções *20 minutos (mais 2 horas para gelar)*

CREME DE CONFEITEIRO*

500 ml de leite
Casca de ½ limão
½ vagem de baunilha, aberta e raspada

4 colheres de açúcar
4 gemas de ovo
4 colheres (sopa) de farinha

———

Ferva o leite, a casca de limão e a baunilha e desligue o fogo. Enquanto isso, em uma caçarola média, bata o açúcar e as gemas com um fouet até que a mistura adquira um tom amarelo-claro. Acrescente a farinha e misture bem. Descarte a casca de limão e a baunilha e despeje todo o leite na mistura de gemas, batendo sempre com o fouet. Cozinhe esse creme em banho-maria em fogo médio por 3 minutos ou até engrossar. Esfrie em um banho de gelo (ver página 21). Cubra com filme plástico de tal modo que o filme toque a superfície do creme, evitando a formação de uma película. Reserve.

MAÇÃS

5 maçãs Granny Smith
Suco de ½ limão
1 colher (sopa) de açúcar

½ canela em pau
Casca de ½ limão

———

Descasque e descaroce as maçãs. Corte em fatias finas em um fatiador de legumes ou à mão. Esprema o suco de limão sobre as maçãs para que não escureçam. Cozinhe-as com o açúcar, a canela em pau e a casca de limão em uma panelinha tampada em fogo baixo. Mexa de vez em quando. Tire do fogo quando as maçãs começarem a caramelizar (cerca de 5 minutos). Remova a canela e a casca de limão, reservando-as para usar como decoração.

MONTAGEM

Divida a mistura de maçã em seis taças de Martini ou outras taças pequenas. Cubra com o creme de confeiteiro morno. Quando chegar à temperatura ambiente, leve à geladeira por pelo menos 2 horas antes de servir. Enfeite as taças com uma decoração simples, usando a canela em pau e as cascas de limão, e sirva.

* ALTERNATIVA VEGANA

500 ml de leite de soja
2 ½ colheres (sopa) de amido de milho
Casca de ½ limão
4 colheres (sopa) de açúcar e mais 1 colher (sopa) para as maçãs

½ vagem de baunilha, cortada na metade no sentido do comprimento e raspada
10 fios de açafrão deixados de molho em 1 colher (sopa) de água quente por 1 hora

———

Junte todos os ingredientes, exceto o açafrão, e ferva para espessar. Quando o creme aderir às costas de uma colher, acrescente o açafrão, misturando suavemente. Tire do fogo, cubra com filme plástico e deixe chegar à temperatura ambiente. Siga o procedimento da receita original.

SURPRESA DE ABACATE MONTALI

Este pudim brasileiro de abacate é tão delicioso quanto enigmático, e é famoso por cativar a curiosidade dos hóspedes do Montali até o final da refeição.

8 porções *10 minutos (mais 25 minutos para assar)*

INGREDIENTES

5 bananas
6 colheres (sopa) de açúcar de granulação fina
Açúcar mascavo a gosto
Canela a gosto
2 colheres (sopa) de manteiga
2 abacates maduros
Suco de 2 limões
1 kiwi

Pré-aqueça o forno a 175°C. Descasque quatro bananas e corte-as na metade no sentido do comprimento. Coloque-as com o corte para cima em uma assadeira forrada de papel-manteiga untado. Polvilhe com 2 colheres (sopa) de açúcar, açúcar mascavo e canela e espalhe a manteiga por cima em bolinhas. Leve ao forno por 25 minutos ou até que as bananas estejam douradas e caramelizadas. Tire do forno e deixe esfriar.

Usando uma faca pequena, descasque e descaroce os abacates. Reserve os caroços. Bata a polpa no liquidificador com 4 colheres (sopa) de açúcar e o suco de limão. Prove e acrescente mais açúcar ou mais limão se for necessário, dependendo da qualidade dos abacates. Recoloque os caroços dentro da mistura (para impedir o escurecimento da polpa), cubra com filme plástico e leve à geladeira até gelar.

Sirva em taças de Martini com fatias da última banana e do kiwi para guarnecer as bordas das taças e com as bananas caramelizadas ao lado.

Para a preparação desta sobremesa, o abacate deve estar completamente maduro. Para acelerar o processo de amadurecimento, envolva as frutas em jornal e guarde-as em um local morno até ficarem macias.

FRAGOLE allo ZABAIONE e PANNA

Morangos frescos com molho zabaione e creme de leite espesso. É o melhor jeito de comer morangos na estação. O zabaione doce combina perfeitamente com o azedinho da fruta, e uma camadinha de creme de leite espesso arremata com classe o conjunto.

6 porções *15 minutos (mais tempo para gelar)*

MORANGOS

225 g de morangos frescos, sem as folhas
Vinho branco, para lavar as frutas
Suco de ½ limão
1 colher (sopa) de licor de cassis
1 colher (sopa) de açúcar

——

Até 2 horas antes de servir, lave os morangos em vinho branco e corte-os em quatro. Misture com o suco de limão, o licor de cassis e o açúcar. Cubra com filme plástico e leve à geladeira.

Os morangos são lavados com vinho branco para reter sua bela cor vermelha e ganhar um sabor ainda mais incrementado.

ZABAIONE

4 gemas de ovo
4 colheres (sopa) de açúcar
2 colheres (sopa) de Grand Marnier ou Marsala
2 colheres (sopa) de vinho branco

——

Usando um fouet, bata as gemas e o açúcar em uma caçarola média até que a mistura adquira um tom amarelo-claro. Incorpore o licor e o vinho. Cozinhe em banho-maria, mexendo continuamente, até espessar (cerca de 5 minutos). Tire do fogo e esfrie em um banho de gelo (ver página 21). Cubra com filme plástico de tal modo que o plástico encoste em toda a superfície do creme (impedindo a formação de uma película). Leve à geladeira.

PARA SERVIR

300 ml de creme de leite espesso
1 colher (sopa) de açúcar de confeiteiro

——

Logo antes de servir, bata o creme espesso com o açúcar de confeiteiro ao ponto de picos moles. Faça espumar o zabaione com uma batedeira de mão até adquirir um tom amarelo-claro. Sirva em taças de vinho individuais com o zabaione sobre os morangos e uma porção de creme batido.

CHARLOTTE dell' ABATE

Uma sobremesa fabulosa cuja tradução literal é "charlotte do abade". Na tradição italiana, o abade, como chefe do mosteiro, recebia sempre os melhores alimentos. Um doce digno de um rei.

12 porções *60 minutos (mais 4 horas para congelar e 1 hora para descongelar)*

ZABAIONE

4 gemas de ovo
4 colheres (sopa) de açúcar
4 colheres (sopa) de Marsala
4 colheres (sopa) de vinho branco

———

Em uma caçarola pequena, mas fora do fogo, bata as gemas e o açúcar com um fouet até que a mistura adquira um tom amarelo-claro. Incorpore o Marsala e o vinho e cozinhe em banho-maria em fogo médio. Mexa continuamente por 5 minutos ou até espessar. Transfira imediatamente para uma vasilha e esfrie em banho de gelo (ver página 21), mexendo sempre. Quando o creme estiver frio, cubra com filme plástico e deixe na geladeira até a hora de usar.

CREME COM LASCAS DE CHOCOLATE

350 ml de creme de leite espesso
3 colheres (sopa) de açúcar de confeiteiro com baunilha
150 g de chocolate meio amargo, picado

———

Bata o creme com o açúcar de confeiteiro ao ponto de picos moles. Incorpore o chocolate picado e leve à geladeira.

BOLO/MONTAGEM

200 g de biscoito champanhe
875 ml de café expresso, em temperatura ambiente
60 g de biscoitos de amaretto, esfarelados em pedaços graúdos

———

Forre uma vasilha média com filme plástico, deixando bastante sobra de filme ao redor das bordas. Mergulhe dois biscoitos champanhe no café. Coloque-os entre as palmas das mãos e, cuidadosamente, esprema o líquido. Se partes do biscoito ainda estiverem crocantes, mergulhe-o no café por mais alguns segundos. Forre a vasilha com dois biscoitos champanhe por vez, começando com os lados e deixado o fundo por último.

Despeje metade do zabaione no fundo e espalhe-o por igual com as costas de uma colher. Em uma vasilha pequena, regue metade dos biscoitos de amaretto esfarelados com café expresso para umedecê-los e espalhe os farelos sobre o zabaione. Acrescente metade do creme de lascas de chocolate sobre os biscoitos esfarelados e espalhe-o por igual. Disponha mais uma camada de biscoitos champanhe umedecidos com café sobre o creme. Repita o processo de colocação com os demais ingredientes. Dobre para dentro as pontas de biscoito champanhe ao redor da borda da vasilha, acrescente uma última camada de biscoitos champanhe umedecidos de modo que cubra completamente o creme, cubra a charlotte com filme plástico e leve ao congelador por pelo menos 4 horas.

Deixe descongelar por 1 hora antes de servir. Tire o filme plástico de cima, desenforme sobre uma superfície plana grande, tire o filme por completo e corte em fatias. Sirva imediatamente.

CROCCANTE al PISTACCHIO

Camadas de crocantes biscoitos de amêndoa recheadas de creme de pistache e frutas vermelhas. Esta bela receita tem sabor suculento e um aspecto maravilhoso. É ideal como "gran finale" de uma refeição chique.

6 porções *45 minutos*

CREME DE CONFEITEIRO

2 gemas de ovo
2 colheres (sopa) de açúcar de granulação fina
15 g de farinha
150 ml de leite
40 g de pistaches, descascados e moídos

Bata as gemas e o açúcar com um fouet em uma panela pequena, longe do fogo, até que a mistura adquira um tom amarelo-claro. Acrescente a farinha e misture bem. Em outra panela, aqueça o leite. Logo antes de ferver, acrescente o leite à mistura de gemas, mexendo continuamente. Continue batendo o creme com fouet por 5 minutos em banho-maria ou até adquirir a consistência de um iogurte cremoso. Tire do fogo e esfrie em um banho de gelo (ver página 21). Reserve 2 colheres (sopa) de pistache moído para decorar e acrescente o resto ao creme. Cubra com filme plástico e leve à geladeira.

BISCOITOS DE AMÊNDOA

15 g de farinha e mais um pouco para enfarinhar
1 ½ clara de ovo
110 g de açúcar de confeiteiro
28 g de manteiga derretida e esfriada até chegar à temperatura ambiente
60 g de amêndoas cortadas em fatias finas

Pré-aqueça o forno a 180°C. Com um fouet, bata todos os ingredientes dos biscoitos, com exceção da amêndoa, até que adquiram textura homogênea. Unte e enfarinhe uma folha de papel-manteiga ou uma assadeira de silicone. Use um pincel para espalhar 1 colher (sopa) de massa formando um círculo fino de 10 cm de diâmetro. Se a massa parecer transparente sobre o papel, ponha um pouco mais. Preencha o papel com círculos de massa, arremate cada um com amêndoas fatiadas, polvilhe um pouco mais de açúcar de confeiteiro e leve ao forno por 4 minutos ou até dourar bem. Deixe esfriar antes de remover delicadamente com uma espátula. Prossiga até ter pelo menos 18 belos biscoitos. Guarde-os com cuidado em camadas sobrepostas em um recipiente hermético, entre toalhas de papel ou pedaços de papel-manteiga.

CALDA DE FRUTAS VERMELHAS

90 g de frutas vermelhas mistas
1 colher (sopa) de açúcar mascavo
1 colher (chá) de suco de limão

Misture todos os ingredientes em uma vasilha e leve à geladeira até a hora de usar.

MONTAGEM

18 morangos frescos
Vinho branco, para lavar
6 blackberries (podem ser substituídos por amoras)
Folhas de hortelã

Corte as folhas de 12 morangos e lave-os cuidadosamente com vinho branco. Deixe os outros seis morangos com as folhinhas e corte-os na metade no sentido do comprimento. Corte os demais em quatro. Lave os blackberries ou amoras e reserve. Coloque um biscoito em um prato e, com um saco de confeitar, esprema 1 colher (sopa) do creme de confeiteiro sobre um dos lados do biscoito. Cubra com 1 colher (chá) da calda de frutas vermelhas. Disponha quatro quartos de morango ao longo da borda do biscoito. Coloque outro biscoito meio inclinado por cima desse conjunto, de modo que dê ao doce a aparência de uma concha do mar semiaberta. Repita as doses de creme de confeiteiro, calda de frutas vermelhas e quartos de morango e cubra com outro biscoito. Sobre este último, coloque duas metades de morango (com as folhas), uma amora e um ramo de hortelã onde os biscoitos se encontram (ver foto). Polvilhe com açúcar de confeiteiro e arremate com os pistaches reservados e uma peça de Renda de Caramelo (ver página 27).

BUDINO al COCCO con SALSA di PRUGNE

Um doce brasileiro: manjar branco com calda de ameixas. Os hóspedes não param de pedi-lo... na mesma refeição!

8 porções   25 minutos (mais 40 minutos para a calda)

MANJAR BRANCO*

120 ml de leite de coco
8 colheres (sopa) de coco ralado
125 g de açúcar
500 ml de leite

2 colheres (sopa) cheias de amido de milho
½ vagem de baunilha, aberta e raspada
100 ml de creme de leite

Mergulhe oito ramequins ou taças decorativas, ou uma fôrma com furo (de 13 cm), em uma vasilha grande cheia d'água. Junte todos os ingredientes do manjar em uma caçarola fora do fogo e misture bem até dissolver completamente o amido. Leve ao fogo médio-baixo e cozinhe, mexendo continuamente, até o manjar borbulhar e desgrudar do fundo da panela. Emborque os ramequins preparados para tirar quase toda a água (mas não os seque) e, endireitando-os, despeje imediatamente a mistura quente. O molhado impedirá que o manjar grude. Quando chegar à temperatura ambiente, leve à geladeira até a hora de servir.

CALDA

150 ml de água
75 g de açúcar

Casca de ½ limão, descascado em tiras grandes
2 colheres (sopa) de suco de limão

Junte todos os ingredientes da calda, exceto o suco de limão, em uma panela pequena e ferva em fogo lento por 40 minutos ou até reduzir o líquido pela metade. Tire do fogo e deixe esfriar completamente. Remova a casca do limão e acrescente o suco. Leve à geladeira.

PARA SERVIR

8 ameixas secas sem caroço

Desenforme cuidadosamente os manjares virando as fôrmas de cabeça para baixo e passando uma faquinha pelas bordas se necessário. Arremate cada manjar com uma ameixa seca e regue com 2 colheres (sopa) de calda. Sirva imediatamente.

*ALTERNATIVA VEGANA

Troque o leite por leite de soja e o creme de leite por creme de leite de soja. Siga o mesmo procedimento.

CROSTATINE di MANDORLE

A crostata é, sem sombra de dúvida, um dos bolos mais populares da Itália. Esta versão é recheada com amêndoas doces em vez de geleia. É excelente para o chá da tarde.

6 porções   35 minutos (mais 30 minutos para gelar)

MASSA

400 g de farinha italiana "00"
150 g de açúcar
2 colheres (chá) de fermento em pó químico
200 g de manteiga, em temperatura ambiente
1 ovo inteiro
1 colher (sopa) de Limoncello
Raspas da casca de 1 limão
Uma pitada de sal
3 colheres (sopa) de água

Em uma superfície plana, misture a farinha, o açúcar e o fermento e faça um buraco no meio. Coloque os demais ingredientes dentro do buraco e trabalhe com os dedos para formar a massa. Para homogeneizar a massa, corte-a com um cortador e torne a juntá-la. Faça isso três ou quatro vezes até igualar a textura e a cor, acrescentando um pouco de água se estiver muito seca. Envolva em filme plástico e leve à geladeira por 30 minutos.

RECHEIO

300 g de amêndoas moídas
225 g de açúcar
2 ovos inteiros, levemente batidos
Raspas da casca de 1 limão
65 ml de água

Junte todos os ingredientes e misture-os bem para formar um creme. Reserve.

MONTAGEM

Usando o rolo, abra dois terços da massa entre duas folhas de papel-manteiga, formando um disco de 33 cm de diâmetro. Tire a folha de cima e inverta cuidadosamente a massa sobre uma fôrma redonda antiaderente de 25 cm. Aperte suavemente a massa sobre o fundo e os lados da fôrma. Passe o rolo sobre a borda para cortar o excesso de massa e acrescente as rebarbas ao terço restante da massa. Recheie a torta com a mistura de amêndoas e alise-a com uma espátula. Com o rolo, abra o restante da massa entre duas folhas de papel-manteiga, formando um disco de 30 cm. Use um cortador de massa para cortá-lo em tiras com 1 cm de largura. Disponha metade das tiras horizontalmente, mantendo 1 cm de distância entre elas. Disponha as restantes diagonalmente, também separadas pela distância de 1 cm. Aperte suavemente as tiras para selá-las ao redor da borda da torta. Leve ao forno a 180°C por 20 minutos. Tire do forno e deixe esfriar completamente. Fatie e sirva em temperatura ambiente, polvilhando as fatias com açúcar de confeiteiro.

A mesma quantidade de ingredientes pode ser usada para fazer 12 tortinhas, usando-se o mesmo método. As tortinhas, porém, devem ser assadas a somente 170°C por 15 minutos.

BISCOTTO alla PANNA

Este rocambole de chocolate e creme de leite batido, tão leve e delicado, só pode ser feito com cacau em pó da mais alta qualidade. Uma sobremesa rápida e fabulosa.

10 porções *20 minutos (mais 1 hora para gelar)*

BOLO

4 ovos, claras e gemas separadas
5 colheres (sopa) de açúcar
Uma pitada de sal
4 colheres (sopa) de cacau em pó sem açúcar

Pré-aqueça o forno a 175°C. Unte uma folha de papel-manteiga de 35 x 35 cm e coloque-a sobre uma assadeira.

Usando um fouet, bata as gemas e o açúcar até que a mistura adquira um tom amarelo-claro. Bata as claras com o sal em ponto de picos firmes. Incorpore as claras em neve na gema batida, em três levas, misturando bem as duas a cada vez. Peneire o cacau e incorpore-o, com cuidado para não mexer demais a mistura. Despeje a mistura de ovos sobre o papel-manteiga e, trabalhando rapidamente, espalhe-a por igual com uma espátula, cobrindo toda a superfície do papel. Leve ao forno por 7 minutos ou até a massa adquirir elasticidade. Não deixe assar mais que o necessário para que o bolo não fique por demais duro e quebradiço. Tire do forno e deixe esfriar completamente.

RECHEIO

350 ml de creme de leite espesso
2 colheres (sopa) de açúcar de confeiteiro
1 colher (chá) de essência de baunilha

Bata todos os ingredientes com um fouet em ponto de picos moles.

MONTAGEM

Ponha o bolo, ainda em cima do papel-manteiga, sobre uma bancada plana. Com uma espátula, espalhe por igual o creme batido sobre o bolo, deixando uma borda de 4 cm descoberta na parte de cima. Usando o papel-manteiga como guia, enrole o bolo de baixo para cima até que a borda descoberta esteja voltada para baixo, sobre a bancada. Tire cuidadosamente o rocambole do papel e coloque-o em uma travessa comprida. Preencha as bordas com o creme batido restante e deixe na geladeira por pelo menos 1 hora antes de servir. Fatie com uma faca afiada para que o rocambole não perca a forma.

SOUFFLÉ di RICOTTA

Um suflê de chocolate e ricota servido com creme de Grand Marnier e manjericão. É uma das sobremesas mais sofisticadas do Hotel-Fazenda Montali e sempre é elogiada pelos hóspedes.

8 porções 55 minutos (mais 1 hora no congelador)

CORAÇÕES DE CHOCOLATE

55 g de chocolate meio amargo com 43% de cacau, ralado
35 ml de creme de leite

Derreta o chocolate com o creme de leite em banho-maria até que os dois se misturem. Deixe chegar à temperatura ambiente. Forre um pratinho com filme plástico e deposite ali o chocolate em porções do tamanho de uma colher de chá. Leve ao congelador por pelo menos 1 hora.

ZABAIONE DE MANJERICÃO

3 gemas de ovo
3 colheres (sopa) de açúcar
6 colheres (sopa) de Grand Marnier

5 folhas de manjericão
150 ml de creme de leite espesso

Com um fouet, bata as gemas e o açúcar em uma caçarola pequena, fora do fogo, até que a mistura adquira um tom amarelo-claro. Acrescente o Grand Marnier e cozinhe em banho-maria, mexendo sempre, por 5 minutos ou até engrossar. Tire do fogo e esfrie em um banho de gelo (ver página 21). Tampe e leve à geladeira. Trinta minutos antes de servir, bata o zabaione na batedeira para espumar. Pique o manjericão em pedacinhos bem finos e bata o creme de leite ao ponto de picos moles. Incorpore ambos ao zabaione e leve à geladeira.

SUFLÊ

Manteiga e açúcar para untar os ramequins
200 g de ricota
60 g de mel
1 ½ porção de Fios de Limão (ver página 29)
1 colher (sopa) de suco de limão

1 gema de ovo
40 g de açúcar
2 colheres (sopa) cheias de amido de milho
4 claras de ovo
Uma pitada de sal

Pré-aqueça o forno a 200°C. Unte oito ramequins ou uma fôrma de silicone para muffins e polvilhe com açúcar de granulação fina. Ferva uma panela média de água. Bata a ricota com um garfo até ficar bem cremosa. Misture o mel, dois terços dos Fios de Limão (em pedacinhos bem finos), o suco de limão e as gemas, batendo bem depois de acrescentar cada ingrediente. Acrescente também o açúcar e o amido de milho, passando-os na peneira. Em outra vasilha, bata as claras e o sal em ponto de picos firmes. Incorpore as claras suavemente na mistura de ricota. Ponha 1 colher (sopa) dessa massa de suflê em cada forminha. Tire os corações de chocolate do congelador. Coloque um coração de chocolate no centro de cada forminha e complete com mais uma colher (sopa) da massa de suflê. Deposite as forminhas em uma assadeira com altura de 5 cm. Despeje água fervente até a metade da altura da assadeira e leve ao forno imediatamente, deixando assar por 17 minutos.

PARA SERVIR

Tire os suflês do forno e retire as fôrmas da água. Com cuidado, desenforme cada suflê invertendo sua fôrma sobre uma espátula larga e sirva imediatamente com o Zabaione de Manjericão, cobrindo com o restante dos Fios de Limão.

SACHERTORTE

A história deste doce famoso começa em Viena, em 1832, quando a cidade era capital do Império Austro-Húngaro. Há muitos anos se discute quem foi o verdadeiro criador da receita. Um dos candidatos era Franz Sacher, o jovem confeiteiro do Príncipe Von Metternich Winnesburg; o outro era Edward Demel, gerente da mais famosa confeitaria da cidade, que na época pertencia ao Hotel Sacher.

16 porções *50 minutos (mais 15 minutos para gelar)*

BOLO

- 5 ovos pequenos, em temperatura ambiente, e gemas separadas
- Uma pitada de sal
- 150 g de açúcar
- 150 g de óleo de girassol
- 70 g de farinha
- 4 colheres (sopa) de cacau em pó sem açúcar
- 2 colheres (chá) de fermento em pó químico
- Uma pitada de baunilha
- 28 g de farinha de amêndoas
- 400 g de geleia de damasco

Prepare uma fôrma desmontável de 28 cm, forrando-lhe o fundo com papel-manteiga. Pré-aqueça o forno a 175°C. Bata as gemas, o sal e um terço do açúcar com uma batedeira de mão até que a mistura adquira um tom amarelo-claro. Despeje o óleo em um fio constante, batendo sempre. Em outra vasilha, peneire a farinha, o cacau em pó, o fermento e a baunilha e acrescente a farinha de amêndoas. Em outra vasilha ainda, bata as claras com uma batedeira de mão ao ponto de picos firmes, acrescentando o restante do açúcar no meio do processo. Incorpore metade das claras em neve na mistura de gemas. Acrescente os ingredientes secos em quatro levas, peneirando-os e incorporando-os suavemente a cada vez. Misture o restante das claras em neve. Despeje a massa na fôrma e leve ao forno por 35 minutos. Deixe esfriar completamente.

MONTAGEM

Com uma faca de serra, retifique a superfície superior do bolo. Corte o bolo na horizontal em três camadas iguais. Remova as duas camadas de cima e espalhe um terço da geleia de damasco sobre a de baixo. Cubra com mais uma camada de bolo e espalhe sobre ela mais um terço da geleia de damasco. Cubra com a camada superior de bolo. Passe o restante da geleia por uma peneira fina, descarte quaisquer partículas sólidas e cubra a parte de cima e os lados do bolo com uma fina camada de geleia. Transfira o bolo para um porta-bolo.

GLACÊ

- 280 g de chocolate meio amargo com 70% de cacau
- 15 ml de água
- 28 g de açúcar
- 90 ml de creme de leite espesso

Derreta o chocolate em banho-maria. Em uma caçarola pequena, aqueça a água e o açúcar juntos até que o açúcar se dissolva. Transfira para uma vasilha. Ferva o creme de leite e acrescente imediatamente a calda de açúcar, mexendo sempre com um fouet. Acrescente o chocolate derretido e mexa rapidamente para incorporá-lo bem. A mistura estará borbulhante. Deixe descansar por alguns minutos até que o glacê esteja completamente liso e sem bolhas (pegue-o com as costas de uma colher para verificar a textura, que deve estar lisa e brilhante). Despeje o glacê quente sobre o bolo, cobrindo a superfície. Com uma espátula, espalhe o glacê por cima e aos lados do bolo e leve-o à geladeira por 15 minutos para fixar a cobertura. Fatie e sirva.

Nota: Para fazer um bolo muito tradicional, reserve um pouco do glacê em um saco de confeitar com bico muito fino. Quando a cobertura estiver firme, escreva "Sacher" sobre o bolo com o glacê reservado.

SACHERTORTE VEGANA

Esta versão vegana da sobremesa tradicional não perde nada em matéria de textura e sabor.

8 porções 50 minutos (mais 15 minutos para gelar)

BOLO

75 g de cacau em pó sem açúcar
200 g de farinha italiana "00"
200 g de açúcar
½ colher (chá) de sal
1 ¼ colher (chá) de fermento em pó químico
1 colher (chá) de essência de baunilha
80 ml de café expresso, frio
100 ml de óleo de girassol
2 colheres (sopa) de vinagre
210 ml de leite de soja
200 g de geleia de damasco

Forre de papel-manteiga uma fôrma refratária quadrada de 20 cm de lado, deixando uma sobra de 5 cm de papel em todos os lados. Unte ligeiramente o papel. Passe os ingredientes secos por uma peneira e junte-os em uma vasilha média. Em uma vasilha maior, misture a baunilha, o café, o óleo e o vinagre. Peneire os secos sobre os molhados em três levas, mexendo bem com o fouet a cada vez. Incorpore o leite de soja. Despeje a massa na fôrma, espalhe-a por igual e asse a 180°C por 35 minutos ou até que um palito, ao ser inserido no meio do bolo, saia limpo. Deixe esfriar completamente dentro da fôrma.

O modo de montagem é idêntico ao da Sachertorte tradicional.

GANACHE

2 colheres (sopa) de cacau em pó sem açúcar
3 colheres (sopa) de açúcar de confeiteiro
2 colheres (sopa) de café expresso morno
2 colheres (sopa) de margarina, em temperatura ambiente

Junte todos os ingredientes em um banho-maria e misture-os até que a pasta esteja brilhante e homogênea. Tire do fogo. Enquanto ainda estiver quente, despeje a pasta sobre o bolo e espalhe-a com uma espátula ou uma faca. Deixe esfriar completamente e leve à geladeira por 15 minutos antes de servir.

GELATI

Literalmente, os "gelados": os clássicos sorvetes italianos. Em uma tarde quente de verão, o que é melhor que sentar-se com os amigos e provar vários sorvetes? As crianças sempre os adoram. Embora estas receitas peçam o uso de uma máquina de fazer sorvete, o mesmo resultado pode ser obtido sem ela. Siga o mesmo procedimento, deixe o sorvete no congelador por 20 minutos em uma vasilha grande, bata vigorosamente por 1 minuto até ficar cremoso, leve de novo ao congelador e repita o processo mais duas vezes.

Chocolate e Gengibre
8 porções

125 ml de leite
125 ml de creme de leite espesso
1 colher (chá) de gengibre, descascado e ralado

75 g de chocolate ao leite, ralado
2 gemas de ovo
60 g de açúcar

Junte o leite, o creme de leite e o gengibre em uma caçarola em fogo médio-alto. Deixe levantar fervura, tire do fogo e acrescente o chocolate, mexendo de vez em quando até que o chocolate derreta. Enquanto isso, em outra caçarola, bata as gemas e o açúcar com um fouet até que a mistura adquira um tom amarelo-claro. Passe o creme de chocolate por uma peneira bem fina, acrescentando-o diretamente à mistura de ovos, e bata com o fouet até misturar bem. Continue batendo em banho-maria por mais 3 minutos. Tire do fogo, esfrie em um banho de gelo e passe mais uma vez por uma peneira fina. Leve o creme à máquina de fazer sorvete por 30 a 40 minutos. Conserve no congelador, em recipiente hermético, por até 1 semana. (Nota: Para fazer um sorvete básico de chocolate, use esta mesma receita sem o gengibre.)

Alcaçuz
8 porções

½ colher (chá) de balas naturais de alcaçuz, picadas
180 ml de creme de leite espesso

300 ml de leite
75 g de açúcar

Junte todos os ingredientes em banho-maria em fogo baixo. Mexa até que o alcaçuz derreta completamente. Passe por uma peneira fina para separar quaisquer partículas sólidas remanescentes. Esfrie em um banho de gelo, passe de novo pela peneira fina e bata com o fouet até começar a formar espuma. Leve à máquina de fazer sorvete. Conserve no congelador, em recipiente hermético, por até 1 semana.

Morango
8 porções

2 xícaras (chá) de morangos frescos, sem as folhas
Vinho branco para lavar
Suco de 1 limão

100 g de açúcar
150 ml de creme de leite espesso
100 ml de leite

Lave os morangos suavemente em vinho branco e bata-os no liquidificador. Passe por uma peneira e descarte os sólidos. Ponha o purê em uma vasilha média e acrescente o suco de limão e o açúcar. Misture bem. Acrescente o creme de leite e o leite e bata com um fouet até dar cremosidade. Leve à máquina de fazer sorvete por 30 a 40 minutos. Conserve no congelador, em recipiente hermético, por até 1 semana.

Amaretto e Damasco

8 porções

5 damascos secos, picados
Grand Marnier, para infusão
125 ml de creme de leite espesso
180 ml de leite

55 g de açúcar
125 g de purê de damascos frescos
2 colheres (chá) de suco de limão
8 biscoitos de amaretto, esfarelados

———

Em uma caçarola pequena, ponha os damascos secos e Grand Marnier em quantidade suficiente para cobri-los. Leve ao fogo por 2 minutos, escorra e reserve os damascos. Bata o creme de leite e o leite com o açúcar, o purê de damasco e o suco de limão. Leve à máquina de fazer sorvete por 30 a 40 minutos. Quando o sorvete estiver quase pronto, incorpore os damascos infundidos de Grand Marnier e os biscoitos de amaretto esfarelados. Termine de fazer o sorvete e ponha no congelador. Conserve no congelador, em recipiente hermético, por até 1 semana.

Os damascos podem ser substituídos pela mesma quantidade de pêssegos.

Limão

8 porções

200 ml de leite
200 ml de creme de leite espesso
Suco de 3 limões

130 g de açúcar
4 colheres (sopa) de Limoncello

———

Bata todos os ingredientes com um fouet até aerar bem. Leve à máquina de fazer sorvete. Conserve no congelador, em recipiente hermético, por até 1 semana.

Abacate

8 porções

2 abacates maduros, descascados e sem caroço
Suco de 1 limão
5 colheres (sopa) de açúcar

125 ml de creme de leite espesso
125 ml de leite
90 ml de leite condensado

———

Bata os abacates no liquidificador com o limão e o açúcar. Acrescente os demais ingredientes e bata por mais 1 minuto. Leve à máquina de fazer sorvete por 30 a 40 minutos. Conserve no congelador, em recipiente hermético, por até 1 semana.

Coco

8 porções

200 ml de leite de coco
150 ml de creme de leite espesso
150 ml de leite

4 colheres (sopa) de açúcar
1 vagem de baunilha, aberta e raspada

———

Bata todos os ingredientes juntos. Passe por uma peneira e leve à máquina de fazer sorvete por 30 a 40 minutos. Conserve no congelador, em recipiente hermético, por até 1 semana.

Manga

8 porções

2 mangas, descascadas e sem caroço
125 ml de creme de leite espesso

125 ml de leite
150 ml de leite condensado

———

Bata as mangas no liquidificador e passe por uma peneira para reter os sólidos. Com um fouet, bata o suco de manga com os demais ingredientes. Leve à máquina de fazer sorvete por 30 a 40 minutos. Conserve no congelador, em recipiente hermético, por até 1 semana.

Hortelã e Manjericão

8 porções

12 folhas de hortelã, lavadas e secas
10 folhas de manjericão, lavadas e secas
360 ml de leite

360 ml de creme de leite espesso
5 gemas de ovo
90 g de açúcar

———

Deixe as folhas de hortelã e manjericão no congelador por 10 minutos. Pique-as e congele-as novamente até a hora de usar. Ferva o leite e o creme de leite e tire do fogo. Enquanto isso, em uma caçarola média, bata as gemas e o açúcar com um fouet até que a mistura adquira um tom amarelo-claro. Despeje a mistura de leite e creme na de gemas e açúcar, batendo sem parar. Cozinhe a mistura em banho-maria até espessar a ponto de revestir uma colher de pau (cerca de 5 minutos). Esfrie completamente em um banho de gelo e passe pela peneira. Incorpore as ervas congeladas. Leve à máquina de fazer sorvete por 30 a 40 minutos. Conserve no congelador, em recipiente hermético, por até 1 semana.

Passas ao Rum

8 porções

2 gemas de ovo
110 g de açúcar
250 ml de leite

150 ml de creme de leite espesso
5 colheres (sopa) de uvas-passas
Rum

———

Bata as gemas e o açúcar em uma vasilha média até que a mistura adquira um tom amarelo--claro. Junte o leite e o creme de leite em uma caçarola em fogo médio-alto. Deixe ferver, desligue o fogo e passe o leite e o creme de leite por uma peneira diretamente sobre as gemas com açúcar. Continue batendo com o fouet, em banho-maria, por 3 minutos. Tire do fogo, esfrie em um banho de gelo e leve à máquina de fazer sorvete por 30 a 40 minutos. Enquanto isso, lave e reidrate as uvas-passas, fervendo-as em uma quantidade de rum suficiente para cobri-las. Coe e deixe esfriar completamente. Quando o sorvete estiver quase pronto, acrescente as passas com 1 colher (sopa) de rum fresco. Conserve no congelador, em recipiente hermético, por até 1 semana.

Avelã – Vegano
4 porções

300 ml de leite de soja
60 ml de creme de soja
70 g de avelãs picadas

3 colheres (chá) de manteiga de avelã
2 colheres (sopa) de açúcar mascavo

Misture todos os ingredientes em banho-maria até dissolver completamente o açúcar. Esfrie em um banho de gelo e passe por uma peneira. Bata levemente por 30 segundos e leve à máquina de fazer sorvete por 30 a 40 minutos. Transfira para um recipiente hermético e conserve no congelador por até 1 semana.

Chocolate – Vegano
4 porções

210 ml de leite de soja
100 ml de creme de soja

55 g de chocolate meio amargo de boa qualidade
3 colheres (sopa) de açúcar

Misture todos os ingredientes em banho-maria até dissolver completamente o açúcar. Esfrie em um banho de gelo. Passe pela peneira. Bata levemente por 30 segundos e leve à máquina de fazer sorvete por 30 a 40 minutos. Transfira para um recipiente hermético e conserve no congelador por até 1 semana.

Sorbet de Cenoura, Laranja e Limoncello
8 porções

2 cenouras, descascadas e raladas
250 ml de suco de laranja
270 ml de água
3 colheres (sopa) de suco de limão

Raspas da casca de 1 limão orgânico
3 colheres (sopa) de Limoncello
85 g de açúcar

Bata todos os ingredientes no liquidificador. Leve à máquina de fazer sorvete por 30 a 40 minutos. Transfira para um recipiente hermético e conserve no congelador por até 1 semana.

Este sorvete é ideal para limpar e refrescar o paladar entre dois pratos.

LONDRES

Na hora em que o telefone tocou naquele dia, pensei que era algum vendedor. A pessoa no telefone era um pouco gentil demais, ligando do estrangeiro; parecia alguém que quisesse me oferecer um espaço de anúncio no jornal. Levou algum tempo para eu perceber que na verdade estavam me ligando de Londres, procurando uma empresa capaz de dar um curso de culinária "ao vivo" em um evento que iria se realizar em Earls Court. O homem me contou um pouco sobre o plano de entretenimento novo e inovador que a empresa dele havia acabado de criar. Interessei-me imediatamente pela ideia, vendo que era um conceito completamente novo.

A ideia de uma grande escola de culinária aberta, em um grande evento aberto, em um dos mais antigos centros de exposições da Inglaterra, no centro de Londres, era interessante, e nunca ninguém havia feito algo assim. Muitos cursos de culinária já foram dados na televisão ou em hotéis, mas nunca em um grande evento urbano.

Por coincidência, eu já havia planejado uma viagem de negócios a Londres para três dias depois. Então, apenas respondi: "Certo. Conversemos no Earls Court na próxima quarta-feira". E fizemos exatamente isso. Conheci Silvia, a amável gerente de eventos da Brandevent. Não era a pessoa que havia me telefonado, mas era tão agradável quanto.

A Brandevent é uma grande empresa de eventos públicos no Reino Unido. Entre os diferentes programas oferecidos na exposição havia uma escola de culinária de verdade, e a possibilidade de participar dela em uma tarde de sábado em Londres parecia divertidíssima.

As pessoas que fariam o curso aprenderiam grandes receitas de *chefs* altamente qualificados e seriam vistas por milhares de outras pessoas que passariam por ali. Mais ou menos como aparecer em um programa de televisão. Bem emocionante! Você mesmo poderia aparecer no programa.

Então decidimos participar e nos propusemos a levar uma equipe bem grandinha.

Tinha uma *chef* executiva, dois *subchefs*, uma *chef* aprendiz, duas garçonetes, eu e também meu menino de 11 anos que, decidimos, não perderia um evento desses. Percebemos que aquilo poderia, de uma hora para outra, nos dar um trabalho terrível, cheio de momentos de tensão. Mas quem entra na chuva, é para se molhar.

Normalmente me consideram um pouco chato por causa do meu perfeccionismo pedante, mas isso significa que simplesmente adoro trabalhar com profissionais de verdade. E adoro trabalhar com uma equipe tão boa quanto aquela que estava no Earls Court. Cheguei alguns dias antes da abertura oficial, pois queria desfrutar de toda a preparação ao vivo e também já esperava que um grande curso de culinária viesse a ter muitos problemas técnicos.

Fiquei assustado quando, ao chegar ao enorme pavilhão de Earls Court apenas dois dias antes do evento, descobri que ainda estavam se preparando para começar a montagem. Para mim, estavam atrasadíssimos! A primeira pessoa que me foi prestativa no meio daquela multidão foi Peter, um galês muito simpático que trabalhava nesses eventos havia muito tempo. Com sua vasta experiência, me disse: "Não se preocupe, todos pensam a mesma coisa quando vêm para eventos grandes como este pela primeira vez. Sempre acham que tudo está atrasado". E era verdade.

A parte mais engraçada e empolgante do evento começou quando chegou uma multidão de construtores, encanadores, eletricistas e pintores. Tive de construir várias casas de pedra na minha vida, o que ajudou a me dar uma dor crônica nas costas, mas também criou em mim um interesse em fazer, ou observar alguém fazer, um bom trabalho artesanal. Fiquei impressionado por ver tantas pessoas com tanta habilidade. E todos trabalhavam 18 horas por dia! Simplesmente amei a sensação.

Vi algo parecido apenas uma vez na vida, mas em uma escala muito maior. Em dois dias, uma cidade inteira foi construída durante o festival de Kumbha Mela, em Allahabad, na Índia. Lá, às margens do Ganges, eles ergueram temporariamente (as monções levariam tudo embora alguns meses depois) uma cidade completa a partir do nada, e tudo isso para 15 milhões de pessoas. Mas essa é outra história.

E ainda foi uma experiência emocionante que meu filho adorou presenciar: ver um espaço enorme, quase deserto, se transformar tão rapidamente em uma *piazza* italiana com seus bares e restaurantes e centenas de lojas e boutiques das mais sofisticadas, vendendo coisas desde um castelo na Apúlia até sorvete siciliano caseiro ou luvas de couro feitas sob medida, por exemplo.

Os estandes, naturalmente, eram feitos de plástico ou do material o mais leve possível, já que durariam apenas três dias. O nosso estande era um dos mais complicados do ponto de vista técnico, já que, obviamente, você pode muito bem vender cachecóis de caxemira em uma loja de plástico, mas não pode fazer comida.

Administrar uma cozinha aberta em um lugar aberto, com pessoas desconhecidas cujo estado de saúde desconhecemos, é um tremendo desafio nos dias de hoje, considerando o somatório de todas as regulamentações sanitárias britânicas e internacionais. Por sorte, a localização era ótima, e a Brandevent não mediu despesas, criando um lugar realmente espaçoso com uma mesa de aço para cada pessoa. Tivemos o melhor da higiene o tempo todo. Mesmo assim, no confronto final com o inspetor de saúde de Olímpia e Earls Court, tivemos que lidar com um problema que não havia sido levantado antes.

"O que vocês farão com a comida feita pelos participantes das suas aulas de culinária?" Isso foi o que um cavalheiro muito elegante e bem educado me perguntou enquanto eu observava a construção da escola. Não tinha pensado nisso ainda, então respondi: "Bom, se eles fizeram, acho que podem comer". Então, completei dizendo que nunca permitiria que nenhum deles oferecesse a comida a qualquer outra pessoa, levando em conta os milhões de leis, e também porque é isso que eu realmente faria.

Descobri que, ao contrário, poderíamos ensinar culinária às pessoas que o pedissem, mas seríamos responsáveis (e teríamos de assinar um documento com esse objetivo) por proibir os participantes de comerem sua própria comida. Eu já estava pensando que alguém que passou 45 minutos agitados, com centenas de pessoas na plateia, que trabalhou duro para tentar fazer algo que não é simples, teria sua comida não apenas tirada à força, mas jogada fora... Bem, de jeito nenhum! Por sorte, uma opinião diferente prevaleceu e finalmente o inspetor decidiu que poderíamos deixar as pessoas comerem o que haviam preparado.

Apenas aquelas pessoas, claro, mas estava permitido.

Que Deus abençoe aquele sujeito. Foi engraçado quando, no final do evento, uma alemã que estava assistindo pegou uma colher de plástico, se dirigiu até uma aluna que estava apreciando seu tiramisu recém-terminado e simplesmente pegou uma colherada cheia sem ser convidada. Fiquei aterrorizado. Poderia ser preso por causa daquilo! Quando disse à moça que ela estava transgredindo 154 leis, ela me respondeu, com um sorriso no rosto, que tinha mais medo de pegar alguma doença da mulher ao lado. Isso, é claro, pode acontecer quando você está rodeado de cerca de 15 mil pessoas.

Foi muito divertido. Por dez anos demos cursos de culinária, mas uma coisa é dar um curso na sua cozinha, onde você sabe a localização de tudo, e outra é fazer isso em um lugar que nem mesmo existia duas horas atrás... E ter EXATOS 45 minutos para fazê-lo! Na primeira vez demoramos 60 minutos, e tivemos de limpar o lugar voando para deixar tudo pronto para a próxima aula. Já pela segunda vez, fomos 100% precisos. Daí por diante, aprendemos a fazer tudo direito.

Foi um evento internacional muito divertido, com muitas coisas acontecendo ao mesmo tempo. A exposição de Earls Court ficará marcada como uma das melhores lembranças da nossa vida profissional. Todo o acontecimento foi um grande sucesso, e espero que as pessoas tenham realmente aprendido a cozinhar alguma coisa.

A.M.

LA DOLCE VITA

Itália. O simples nome traz em si uma atmosfera de elegância e delicioso encanto. O país se gaba de ser a terra natal de artistas inigualáveis, maravilhas arquitetônicas e delícias da gastronomia. É a terra do prazer, do estilo e da moda. É Audrey Hepburn e Cary Grant de férias em Roma, apreciando o sorvete e o cappuccino e passeando de moto até distantes casas de campo.

La Dolce Vita, o termo mais usado – e profundamente verdadeiro – para descrever a Itália, era também o título de uma exposição de três dias em Earls Court, Londres.

Exibindo os elementos mais esplêndidos do viver italiano, desde bens imóveis até as bijuterias de vidro de Veneza, passando pelo queijo Parmesão Reggiano envelhecido e recém-cortado, o evento atraiu milhares de possíveis consumidores, *gourmets* e ingleses curiosos que leram o jornal da manhã.

Os organizadores de La Dolce Vita haviam convidado o Hotel-Fazenda Montali para dar três aulas de culinária em cada dia do evento. Como havia somente dois outros *chefs* e um total de seis aulas de culinária por dia, Alberto e Malu encararam o convite como uma honra. Planejaram cada detalhe, compraram o material e definiram as receitas. Compraram passagens de avião para seis de seus melhores ex-funcionários, originários de vários lugares do mundo. Alberto e Janko carregaram um caminhão com a maior quantidade possível de materiais não perecíveis e partiram para Londres com três dias de antecedência. Nem quando o pedal do freio parou de funcionar Alberto permitiu que essa ninharia o atrasasse. "Janko, meu caro", disse ele enquanto viajavam a toda pela França, "parece que não vamos poder usar o freio por algum tempo!" Na véspera de sua partida, Malu por acaso ficou sabendo que todos os voos destinados a Roma e oriundos de lá tinham sido cancelados. O bem-amado Papa João Paulo II havia falecido no dia anterior e grandes medidas de segurança estavam sendo tomadas para preparar o Vaticano para a chegada e a estadia de chefes de Estado do mundo inteiro. Em vez de embarcar no aeroporto de Ciampino, em Roma, Malu teria de partir de Pescara, acrescentando algumas horas ao seu trajeto de automóvel. Malu saiu de manhã cedo e fez o *check-in* no Aeroporto de Pescara com Damiano e Grace. Foi então ao balcão de informações para garantir que o voo de volta fosse destinado ao mesmo aeroporto. Felizmente, estava no primeiro lugar da fila quando os alto-falantes berraram um anúncio: "Atenção, todos os passageiros", dizia. "Todos os voos com partida e chegada em Pescara foram cancelados. Por favor, dirijam suas perguntas ao balcão de informações. Repetindo..." Por três segundos houve um alvoroço em todo o aeroporto, e em seguida a boiada estourou na direção do minúsculo balcão de informações, onde havia dois pobres funcionários com os olhos arregalados. Malu, com trezentos viajantes frustrados e enraivecidos fazendo fila atrás dela, conseguiu de algum modo convencer o supervisor de que ela era a prioridade número um. "Estão me esperando em uma exposição importantíssima de cultura italiana! Você tem de dar um jeito para que eu e minha equipe estejamos em Londres hoje à noite!" Os outros funcionários haviam lhe dito que não havia absolutamente nenhum voo para Londres até o dia seguinte, mas o supervisor, em uma busca frenética, conseguiu lugares em um voo que partia daí a três horas de Belogna-Forli, a pelo menos duas horas de carro de Pescara.

Depois de agradecer profusamente ao bondoso supervisor, Malu pegou Damiano, Grace e todos os seus pertences e correu com eles aeroporto afora até o carro, tomando então, a toda velocidade, o rumo da autoestrada.

Enquanto isso, em Londres, Alberto também aprontava das suas. Algumas semanas antes, ele havia recebido a informação de que os participantes do curso de culinária não poderiam comer o que haviam cozinhado. Por acaso, ele manifestou sua opinião sobre o assunto para o Diretor de Saúde e Segurança do evento. "Como é possível proibir essas pessoas de comer o que elas mesmas cozinharam? Elas estão pagando pelo evento. Eu detestaria não poder experimentar minha comida num curso de culinária."

O diretor respondeu: "É verdade. Vamos mudar essa regra". Alberto ficou perplexo por alguns minutos e depois voltou para sua equipe para lhes informar das mudanças.

Depois, eles foram a um restaurante turco novo e chique onde Alberto já reservara mesas com bastante antecedência. Sua esposa lhe dissera que estava com problemas para sair da Itália, mas garantiu à equipe que ela chegaria.

"Não se preocupem", disse ele, "minha mulher é o tipo de pessoa que se joga na frente de um avião em movimento e grita: 'Me levem para Londres agora!' Sejam quais forem os problemas, ela vai dar um jeito de chegar hoje à noite."

Depois de parar várias vezes para tomar café e ir ao banheiro, Malu conseguiu chegar a Bologna-Forli, mas foi só quando o avião decolou que seus nervos se acalmaram. Quando o avião pousou e ficou rodando pelo aeroporto por um tempo maior que o normal, ela começou, nervosa, a olhar o relógio de novo.

"Isto é ridículo. Por que não nos deixam sair do avião? Temos de pegar o último trem para o centro de Londres! Temos de chegar lá hoje!" Sua ansiedade cresceu e, assim que todos desceram, ela gritou: "Vamos correr, gente!" Os três correram pelo terminal rumo ao ônibus que os levaria à alfândega e à recepção de bagagens.

Na alfândega, os três entraram na fila pequena destinada aos oriundos da União Europeia. O jovem funcionário do aeroporto deu uma única olhada para o passaporte americano de Grace e disse: "Me desculpe, mas você vai ter de pegar a outra fila". Olhando para a direita, Grace viu todos os passageiros oriundos de fora da UE formando a maior fila que ela já tinha visto na vida e que não andava de jeito nenhum. Olhou primeiro para Malu (que já estava em pânico) e depois para o funcionário e gaguejou: "Mas estou vindo da Itália!" "Não interessa", respondeu ele secamente.

"Escute, estamos com pressa. Não tem um jeito de eu passar mais rápido?" "Você vai ter de entrar na fila como todo mundo." Ela correu para o meio da fila e perguntou: "Com licença. Há quanto tempo vocês estão esperando?" "Quarenta e cinco minutos", foi a resposta.

Ela correu até Malu e disse: "Malu, essa fila vai demorar pelo menos uma hora!" "Não. Vá direto à frente. Faça o que tiver de fazer, mas vá para a frente da fila!" Grace olhou para a frente e, sem fazer esforço para esconder suas emoções, foi até a pessoa que estava em terceiro lugar e disse: "Me desculpe por lhe pedir isto, mas estou morrendo de pressa e tenho de pegar um trem em 10 minutos. Será que você me deixaria passar na frente?" Quando a pessoa gentilmente a atendeu, atrás dela vários viajantes praguejaram.

Alguns minutos depois, os três pegaram as bagagens e correram para o imenso terminal de transportes.

Por causa de obras, não havia trens, mas ônibus, e eles conseguiram pegar um que estava a ponto de partir para o centro de Londres. Chegaram de táxi ao hotel em Bedford Avenue às 2 da manhã e encontraram Alberto, Janko, Agnes, Marketa e Matthew. Apesar de exaustos, eles estavam esperando Malu no saguão e a cumprimentaram com olhos semicerrados e postura abatida.

Malu, por sua vez, parecia ter acabado de acordar de um sono reparador.

Eles se sentaram, conversaram por alguns minutos, estipularam um horário para se encontrar na manhã seguinte e foram para o quarto. Grace, deitada na cama, pôs as mãos atrás da cabeça e pensou: "Bem, chegamos. A parte mais difícil já passou". Na manhã seguinte, não foi o ruído dos motores e buzinas fora do Hotel Bedford que acordou as três moças. Foi a campainha penetrante do telefone às 6:30 da manhã que as tirou da cama com um susto.

"Mmmm... Alô?", atendeu Marketa, grogue.

"Bom dia! É hora de trabalhar, meninas!" Alberto estava chamando do saguão. A alegria inconfundível em sua voz soava terrível àquela hora da madrugada.

Quinze minutos depois, de banho tomado, Agnes, Marketa e Grace desceram ao saguão para encontrar o resto da equipe do Montali. Depois de um rápido café da manhã, sentaram-se para dividir as tarefas para o resto do dia. "Quero que todos estejam lá às 9 da manhã. Por isso, temos de correr até o hipermercado mais próximo para comprar algumas coisas e depois voar até Earls Court! Todos peguem suas coisas!" Malu, Alberto e comitiva saíram às pressas para a neblina da manhã londrina.

Em um grande supermercado Tesco, perto de King's Cross, eles passaram pelos corredores escolhendo materiais perecíveis como laticínios, ervas e legumes, pagaram tudo no caixa e correram para o metrô mais próximo. Damiano levava os paletós e uniformes dos *chefs* ao lado de Marketa, que carregava três bandejas de ovos em uma das mãos. Alberto, caminhando atrás dela, gritou: "Ninguém trombe em Marketa! Ela não pode derrubar esses ovos!" Um segundo antes das 9 horas, a equipe chegou a Earls Court a tempo de ver uma longa fila se formando do lado de fora à espera da hora de abrir. Mostrando os crachás de expositores, eles entraram correndo e acharam seu caminho entre os vários estandes rumo a uma das salas de estocagem. Não havia tempo para separar homens e mulheres; todos se aglomeraram dentro da despensa e se trocaram, envergando os uniformes do Montali. Amarrando cada qual uma bandana em torno da cabeça, correram atrás de Alberto que já se dirigia à área da escola de culinária.

Ali tiveram o prazer de conhecer os outros dois *chefs* italianos que também dariam aulas. Os dois já moravam e trabalhavam no Reino Unido havia muito tempo e eram respeitados em todo o país.

Meses antes, Alberto e Malu haviam decidido preparar pratos exclusivos, interativos, e abordar em cada aula um tema diferente. Era o momento de o Montali brilhar. À tarde, estavam marcadas três aulas de 45 minutos com 15 minutos para descanso e limpeza entre elas.

Todos acreditavam, erroneamente, que seria necessária pouca preparação. Ficariam no máximo seis horas em Earls Court.

"O que tem de errado neste filme plástico?", berrou Matthew enquanto tentava cortar um pedaço. O perfurador havia se soltado da embalagem e ele não tinha tempo de procurá-lo. Resmungando, rasgou o plástico com as mãos e tentou cobrir uma vasilha de nozes picadas. O plástico barato se recusava a aderir à vasilha. "Ah!", gritou Matthew.

Janko olhou para Matthew, levantando os olhos do carrinho metálico sobre o qual picava tomates para rechear os calzoni. A cada golpe da faca, o carrinho instável chacoalhava. Janko mordeu o lábio inferior, irritado, e seguiu em frente.

Malu, tentando organizar os pensamentos ao mesmo tempo em que cumprimentava diversos organizadores que vinham se apresentar, viu-se de repente procurando o marido. Chamando Agnes próximo ao armário de louça, perguntou: "Você sabe onde está o Alberto?" Agnes apontou para o outro lado do estande, onde Alberto estava discutindo questões logísticas com um dos coordenadores. Estava a ponto de dirigir-se até lá quando Grace aproximou-se. "Malu! Não sei o que o forno tem de errado, mas o bolo não está assando!" "O quê?!" A Torta di Cioccolato e Noce seria o terceiro prato do dia e eles tinham de preparar algumas de antemão para servir no final da aula.

Ela correu até o forno e pôs a mão lá dentro para sentir a temperatura. O medidor estava na posição correta e o forno estava quente, mas não o suficiente. "Droga!" Grace também pôs a mão dentro do forno. Balançando a cabeça, olhou para Malu e estava a ponto de tirar a mão quando sentiu uma dor lancinante. Perturbada, tinha queimado a mão no metal do forno. Soltou uma praga. Malu deu uma boa olhada em sua mão e disse: "Vá passar pomada agora!" Enquanto Grace corria, Malu tentou localizar um funcionário da manutenção para consertar o forno.

As primeiras cinco horas de preparação passaram voando. Todos, Damiano inclusive, estavam completamente absorvidos por suas responsabilidades e tentavam ficar fora do caminho uns dos outros. Pouco depois da uma da tarde, Malu chamou Marketa e lhe deu dinheiro. "Vá comprar almoço para nós, e traga também algumas cervejas!" Ninguém imaginou que seria difícil encontrar um almoço satisfatório. Afinal, não faltavam delícias gastronômicas no La Dolce Vita.

Infelizmente, percorrendo aquele labirinto, Marketa e Agnes descobriram que os estandes de comida não aceitavam dinheiro, mas somente os vales emitidos pelos expositores do La Dolce Vita. Tiveram de comprar sanduíches prontos da lanchonete de Earls Court. Empilharam sanduíches de rúcula e queijo brie e os levaram de volta ao estande. Todos estavam verdes de fome, mas simplesmente não tinham tempo para comer! Malu exigiu que comessem, revezando-se em turnos. As moças foram as primeiras a almoçar. Sentadas em uma minúscula despensa, engoliram rapidamente o sanduíche, em silêncio. A meio caminho de terminar o almoço, Grace olhou para as outras duas e perguntou: "Vocês estão com a mandíbula doendo de mastigar tão rápido? Ai!" Marketa e Agnes disseram que sim e riram.

Por mais frenético que tenha sido o trabalho de preparação, nada poderia tê-los preparado para as aulas propriamente ditas. Entre uma sessão e outra, Damiano corria como um louco, limpando todas as bancadas e distribuindo porções exatas de vários ingredientes. Os *chefs* tiveram de caminhar entre as bancadas durante as sessões para ajudar os participantes, ao mesmo tempo em que se apressavam nos bastidores para terminar de preparar os pratos da sessão seguinte.

"Por que aqui tem tudo o que não precisamos e nada do que precisamos?", especulou Janko enquanto revirava o armário abarrotado em busca de um fouet. Não encontrando nenhum e nenhum substituto à altura, pegou um garfo de plástico para bater ovos.

Durante a segunda aula, Malu chamou: "*Chef?*" Correu até os fundos e perguntou a uns dos *chefs*: "Onde está a quarta massa de demonstração para os calzoni?" "O quê? Achei que eu só tinha de fazer três!" Diante da expressão de pânico de Malu, a *chef* pegou a segunda massa de demonstração, dividiu-a na metade e disse: "Use isto!" Sem dizer uma palavra, Malu pegou a massa macia e pegajosa e correu de volta ao palco.

A jornada inteira transcorreu na mesma correria frenética até as 21 horas, quando o último participante foi embora.

Em toda parte, no estande da escola de culinária e nos bastidores do palco, havia ingredientes e materiais semiutilizados. Pilhas de vasilhas, panelas e tábuas lambuzadas de massa aninhavam-se na pia enquanto caixas parcialmente cheias se espalhavam pelo chão, abertas às pressas em um momento de desespero. Malu, ignorando por um instante a bagunça, tirou duas garrafas de vinho e um grande pedaço de queijo e distribuiu taças pelos membros da equipe. "Va bene, ragazzi. Vocês trabalharam muito bem hoje." Todos, exaustos, levantaram as taças em um brinde, beberam e passaram a hora seguinte na limpeza.

Quando saíam do Earls Court, Alberto estava radiante. "Todos ficaram tão contentes hoje! Muito bem. Amanhã de manhã nos encontramos à mesma hora."

Os dois dias seguintes transcorreram no mesmo frenesi. Sem os confortos da cozinha do Montali, todos tinham de improvisar soluções para seus problemas. As ciabattas eram preparadas em panelas de sopa, litros de café expresso eram coados à base de duas xícaras por vez e quilos de cogumelos eram salteados em no máximo três minutos. Além de não dispor de suprimentos e utensílios suficientes, a escola de culinária tinha somente um forno que funcionava mal, duas tomadas elétricas, um fogão e pouquíssimo espaço. Os mesmos sanduíches de rúcula e queijo brie foram comidos às pressas na minúscula despensa, mas mais tarde Marketa e Agnes conseguiram trocar alguns pedaços de pizza por xícaras de café em um estande de café expresso.

No terceiro dia, um ritmo natural se impôs. A equipe, mais ciente do cronograma e dos materiais à disposição, trabalhou com mais sossego e foi capaz de prever as necessidades de Malu. A principal fonte de ansiedade foi o bolo de aniversário do La Dolce Vita, que Alberto fizera questão de apresentar na comemoração de encerramento. "Quero um bolo de chocolate enorme, coberto de ganache, decorado com chantili e com fogos de artifício por cima."

"Fogos de artifício... Uau! Essa é nova!", comentaram os membros da equipe.

Mesmo com o mau estado do forno e a falta de fôrmas, os *chefs* assaram um total de doze bolos de chocolate com nozes, sem farinha, em um período de oito horas, ao mesmo tempo em que preparavam o material e ajudavam durante as aulas. Visto que o salão de exposições fecharia mais cedo naquela noite, Alberto quis que o bolo fosse apresentado às 6 horas. Às 6h15 viu-se uma explosão de cacau em pó, o creme de leite ainda precisava ser batido e Janko e Malu estavam ocupados montando os doze delicados bolos sobre uma grande tábua de madeira.

"Vamos, meu bem! Precisamos desse bolo agora!", disse Alberto, ansioso para respeitar o cronograma e percebendo que estavam atrasados.

"Não me irrite!", disse Malu, meio brincando, enquanto cuidava de alisar os lados instáveis do bolo.

Em cinco minutos a montagem estava terminada. Ela e o marido dispuseram cuidadosamente as velas em volta do bolo e escreveram "La Dolce Vita Year One" sobre ele.

Alberto entregou caixas de fósforos a quatro funcionários e disse: "Quando chegarmos, acendam todas as velas de uma vez, juntos. E deixem os fogos de artifício por último!" Puseram o bolo em um carrinho e empurraram-no até o escritório central, onde todos estavam reunidos.

As velas foram acesas e o espocar de luzes coroou o momento. O diretor do evento, comovido, abriu garrafas de champanhe enquanto todos corriam para pegar uma fatia.

Naquela celebração final, tanto o organizador quanto os funcionários, que haviam dado duro, viveram juntos momentos de emoção. "Ninguém jamais preparou um bolo desses para nós", disse o diretor-executivo da organização. Com muito trabalho, o evento tinha dado certo. O La Dolce Vita de 2005 podia ser classificado como um grande sucesso! Depois de apreciar um gostoso pedaço de bolo, os *chefs* e garçonetes voltaram ao estande.

Ali, Malu preparara com carinho mais fatias de queijo, pães e taças de vinho para sua equipe.

"Agora acabou, podemos relaxar!", comentou, rindo junto com eles.

Dos quatro *chefs* e duas garçonetes, nem todos haviam se conhecido antes do evento, pois haviam trabalhado no Montali em anos diferentes. Durante a feira, haviam tido pouco tempo para se conhecer e interagir socialmente. Mas naquela noite, sentados em um restaurante indiano, riram como velhos amigos e partilharam histórias hilárias sobre suas experiências no Montali. O fato de terem passado tantos meses com Malu e Alberto no estilo de vida do Hotel-Fazenda havia criado um laço especial entre eles, apesar de suas origens diversas. Embora a perspectiva de ir a Londres os tenha entusiasmado, todos eles sabiam que não estavam ali a passeio. Mesmo depois de alguns anos, ainda se sentiam fortemente ligados a Malu e Alberto, que haviam passado a conhecer e amar como pessoas da família. Foi por devoção a Malu, a Alberto e ao Montali que despenderam tanto tempo e energia. A feira tinha sido tensa, frustrante e exaustiva a ponto de ser engraçada. Mas, para eles, era uma lembrança dos velhos tempos.

UMA HISTORINHA SOBRE A ADMINISTRAÇÃO DE UM HOTEL

Certa vez, Henry Togna disse: "O hoteleiro tem de ser um diplomata, um democrata, um autocrata, um acrobata e um capacho. Tem de ter habilidade para entreter primeiros-ministros, magnatas da indústria, trombadinhas, jogadores, apontadores de apostas, piratas, filantropos, donzelas e puritanos". É claro que ele quis dizer que nessa profissão é necessário ter sempre uma resposta pronta para qualquer coisa, sob quaisquer circunstâncias.

Como comecei muito jovem no negócio dos restaurantes e do entretenimento, vim tentando aprender isso, nem sempre com êxito, durante a vida toda. Mesmo assim, espero ter desenvolvido uma capacidade de reação rápida nas conversas, porque é principalmente isso o que você faz na vida de hoteleiro. Sempre há muitas pessoas à sua volta e muitas conversas se desenrolando.

Contudo, no dia em que duas californianas entraram no hotel, pela primeira vez na minha vida profissional fiquei totalmente sem palavras. Como uma das mulheres era um pouco mais velha que a outra, educadamente perguntei se elas eram irmãs. Um bom hoteleiro nunca cometeria o erro de perguntar se eram mãe e filha, já que, se fossem mesmo irmãs, ele estaria encrencado. Tentando ser o típico "italiano charmoso", perguntei aquilo, mas, para minha surpresa, recebi da mulher mais velha uma resposta honesta e inesperada: "Não, não. Somos lésbicas!" E eu: "Nossa, parabéns... espere um pouco, ops..."

O que você responderia para um completo desconhecido que chega falando sobre a vida pessoal na primeira vez em que vocês se encontram? Mas aprendi a lição. Quando vejo duas mulheres de idades diferentes, não pergunto mais: "Vocês são irmãs?" Apenas pego e pergunto: "Vocês são lésbicas?" – e, pelo que vi, funciona! Bem... vida de hotel. "Quantas histórias por trás dessas paredes!" Felizmente, o nosso é um pequeno hotel-fazenda, com uma clientela muito boa.

As pessoas não simplesmente "passam" pelo nosso hotel, já que ele se encontra a 8 km de lugar nenhum. Todos os nossos clientes realmente se esforçam para fazer a reserva, tomar o avião e percorrer todo o caminho de carro até o Montali. Isso faz deles um pessoal extremamente amigável e elegante, muito satisfeito por passar um tempo gostoso e relaxante conversando com outras pessoas e se deliciando com as melhores refeições. Normalmente as pessoas não vêm aqui apenas para passar uma noite, em uma daquelas maratonas de "turismo pela Europa em 15 dias". Além do que, a comida, por ser uma atração, tende a chamar a atenção de pessoas com diferentes pontos de vista, de muitas nacionalidades, inclusive pessoas com dietas restritas. Trabalhamos, por exemplo, com muitos judeus de Israel e dos EUA. Acho interessante a abordagem kosher ao vegetarianismo.

Oferecemos dietas feitas sob medida para muitos outros "grupos": veganos, pessoas intolerantes ao glúten, pessoas intolerantes à lactose, praticantes de dieta sem ovo e também gente que sofre de muitas alergias e intolerâncias novas.

Tivemos o caso de uma cliente que era intolerante a 90% de todos os alimentos possíveis. Era alérgica a uma substância muito comum, que pode ser encontrada em quase tudo. Podíamos usar apenas seis ingredientes, ao todo, para fazer a comida dela. É claro que minha esposa, em cada dia da semana, fazia questão de preparar todos os quatro pratos *gourmets* completos especialmente para a moça. Mas elaborar quatro pratos diferentes durante sete noites, com apenas seis ingredientes para fazer tanto os doces quanto os salgados, definitivamente não é coisa fácil.

Esse foi um verdadeiro desafio culinário que depois veio a ser uma grande lição para nós. Lembro-me das emoções de quando a moça, no fim de sua estadia, foi agradecer à minha esposa e a todos os funcionários da cozinha o tamanho esforço para fazer uma comida tão variada, em tamanha quantidade e com aquele nível de dificuldade.

Tudo isso só para ela! Triste, ela nos disse que por causa da doença não tinha podido ir a nenhum restaurante nos treze anos anteriores. Os *chefs* imediatamente se orgulharam do que tinham feito e ninguém se sentiu exausto aquela noite, apesar de todo o trabalho duro.

Ainda me lembro de quando minha esposa me contou, meses depois, o quanto achara interessante essa experiência culinária. Ser forçada a cozinhar com uma gama limitada de ingredientes durante toda uma semana acabou por envolvê-la em um tipo de culinária totalmente diferente – molecular. Qualquer sabor que ela quisesse criar teria de ser produzido somente com aqueles poucos ingredientes. Isso era muito incomum, levando em consideração que costumamos usar 26 queijos na nossa cozinha. Sim, isso tudo só de queijo! Você pode imaginar que o número completo de ingredientes em uma cozinha profissional pode passar da marca das centenas. Malu percebeu que realmente teria de entrar no reino molecular daqueles seis ingredientes para tentar produzir tantos sabores novos quanto possível, se quisesse mesmo sair vitoriosa. É claro que, para deixar o sabor desses produtos sempre diferente, ela teve de usar e abusar da criatividade. Mas descobriu alguns meios novos e interessantes de fazê-lo.

Geralmente, começava com apenas um dos seis ingredientes. Então tentava modificá-lo: esquentava, chacoalhava, assava, mexia, chacoalhava e esquentava, e então o misturava com outro dos ingredientes e, de novo, esquentava ou chacoalhava ou...

Não era mais uma receita normal, como aquelas com 1 kg de tomates e 2 kg de batatas, os quais você apenas cozinha e mistura.

O caso era mais para: "Três moléculas de óleo de milho aquecidas a 45°, misturadas com outras duas moléculas grelhadas a 170°, por fim misturadas com meia medida de açúcar já cozido no vapor a 120°".

Nossa, alquimia pura! Como *chef* profissional, você nunca cozinharia assim, já que poderia obter o mesmo sabor de maneira muito mais rápida usando apenas alguns ingredientes a mais. Mas, sem dispor dos ingredientes, essa era a única solução. Para uma boa *chef* como Malu, era um verdadeiro "teste de sublimação do sabor". Era uma jornada pelo paladar, pelo cérebro e pelo estômago para ver como o cérebro poderia enganar o paladar com a ajuda do estômago. Era mesmo um objetivo último na vida culinária. Se aquela moça simpática ficou agradecida à minha esposa pela comida, minha esposa com certeza ficou ainda mais agradecida à moça por ter-lhe dado a chance de experimentar uma jornada dessas pela ciência da culinária.

Um pouco de satisfação, alguns momentos difíceis – é assim que levo a vida. Fico satisfeito por nunca termos tido nenhum cliente "terrível" na nossa pequena estância. Apenas tente imaginar, por exemplo, o quanto pode ser difícil trabalhar em um hotel da mais alta qualidade. Normalmente, o objetivo dos clientes endinheirados é dificultar a vida dos funcionários o máximo possível, uma espécie de gratificação pessoal e justificativa por ter gastado tanto. O gerente do hotel Mandarin escreveu que a cliente mais exigente que ele já teve em toda sua vida profissional foi uma *pop star* que não gostou... do papel de parede do quarto.

O problema era que ela queria que o trocassem antes do fim do dia. Imagine!

Nossos clientes são muito variados: por sorte, nenhum deles é tão exigente. Há vários músicos, artistas, intelectuais, *gourmets*.

E sempre há muitas nacionalidades também. Ano passado, na cozinha, falamos inglês, polonês, coreano, eslovaco, espanhol, português, sueco e, de vez em quando, até um pouco de italiano. Meu filho quase enlouqueceu.

Alguns dos clientes definitivamente nos deixaram boas lembranças. Alguns nos fizeram dar boas risadas. Lembro-me de um casal do Reino Unido que veio jantar e trouxe um garrafão de Moet et Chandon para nós e para os funcionários, porque ficaram sabendo que o Montali tinha sido escolhido para aparecer em um programa da BBC sobre bons lugares para passar as férias.

Certa vez, uma garota californiana salvou meu dia quando fui avisar que a comida estava pronta. Ela me chamou em particular para me contar que era... vegetariana, mas se contentaria em comer só uma saladinha, não queria criar inconveniências para os funcionários. Tinha reservado três noites no hotel sem saber que servíamos exclusivamente comida vegetariana. Não foi um acidente ruim, já que ela acabou adorando a comida. Ela alegrou meu dia e os *chefs* fizeram, com seu trabalho, valerem a pena os três dias em que ela passou no Montali.

É certo que às vezes temos o caso contrário: pessoas que fazem reserva sem saber que o lugar é vegetariano. Lembro de um casal idoso da Bélgica que quase não falava inglês (e, é claro, nem um pouco de italiano). O marido começou a gritar com a esposa na minha frente no momento em que eu lhes disse que a comida era apenas vegetariana. Ela escolhera o hotel em um guia turístico, mas pensou que a comida vegetariana fosse apenas uma opção, e nisso o cavalheiro ficou realmente irado com ela (e quase comigo também) por ter feito reserva aqui. O melhor foi quando ele começou a gostar tanto da comida que literalmente lambeu os pratos. Eu quase disse: "Ei, não é você aquele cara que não queria comer aqui de jeito nenhum?" Quando você trabalha com pessoas, nem sempre pega somente as melhores.

Mas você sempre deve tentar satisfazer a todos. Esse é seu único objetivo.

É para isso que você está lá. O mais importante é que no final, isto é, quando alguém sai pela porta da frente, essa pessoa tenha algo para se lembrar: uma boa energia, talvez uma comida saborosa e, sem dúvida, momentos relaxantes e agradáveis. Sempre digo às garçonetes que a coisa mais importante que devem oferecer aos clientes é um sorriso belo e caloroso. Munido de excelente senso de humor e sorrindo pela vida afora, você terá êxito.

Não há nada melhor para concluir este livro do que o que Daniel disse certa vez na cozinha: "Meu legume favorito é o bacon!!" Essa é a filosofia de trabalho em um hotel vegetariano.

E de novo, como disse o Sr. Togna: "O hoteleiro tem de estar do lado de fora, do lado de dentro e sempre à frente, tem de ser glorificado, santificado e crucificado, tem de se sentir estupefato, vesgo – e, se não for do tipo forte e silencioso, sempre lhe restará o suicídio".

A.M.

ÍNDICE REMISSIVO

A

Abacate
    Guacamole alla Montali 84
    Sorvete de Abacate 277
    Surpresa de Abacate Montali 259
abacaxi, Spiedini Primavera 164–65
abóbora
    Biparmentier 114–15
    Polpettone di Seitan Vestito 196
    Risotto allo Zenzero e Limone 154
Abobrinha
    Crudite di Zucchine e Salsa allo Yogurt e Erbe 100
    Flores de Abobrinha Fritas 212
    Fritto Misto 92–3
    Maccheroni Ladus 137
    Panzanella 103
    Parmigiana di Zucchine 187
    Rotolo di Crespelle 121
    Sformatini di Zucchine 175
    Sformatino Mediterraneo 180
    Strudel di Zucchine 192
    Timballo alla Teramana 153
    Torri di Zucchine Ripiene con Crema di Piselli 87
açafrão 37
    Massa de Açafrão 134
    Molho de Açafrão e Parmesão 32
    Risotto allo Zafferano 126
Alcaçuz, Sorvete de 243, 276
Alcaparra
    Crudite di Spinaci e Rucola 88
    Molho de Alcaparra e Salsinha 26, 172
    Parmigiana alla Casertana 183
    Umbricelli con Salsa di Pomodoro, Olive e Capperi 125
alho-poró
    Biparmentier 114–15
    Porri al Montasio 199
    Quiche di Porri 167
    Tortino di Scarola e Porri 200
Alua 52
amaretto, biscoitos de
    Charlotte dell'Abate 263
    Pesche Ripiene 251
    Sorvete de Amaretto e Damasco 277
ameixa, Budino al Cocco con Salsa di Prugne 267
ameixas secas, Budino al Cocco con Salsa di Prugne 267
Amêndoas
    Alua 52
    Biscoitos de Amêndoa 264
    Croccante al Pistacchio 264
    Crostatine di Mandorle 268
    Crudite di Zucchine e Salsa allo Yogurt e Erbe 100
    Müsli 48
    Strudel di Mele 240
    Torri di Zucchine Ripiene con Crema di Piselli 87
    Torta di Cioccolato e Noci 247
anis, Torta di Mais 51

arroz
    Estrogonofe 130
    Riso alla Orientale 142
    Risotto allo Zafferano 126
    Risotto allo Zenzero e Limone 154
Aspargos
    Asparagi con Salsa all'Arancia 104
    Cappuccino di Asparagi 76
aveia, Müsli 48
avelãs
    Ciabatta con Farina di Ceci sem Glúten 219
    Pesche Ripiene 251
    Sorvete de Avelã 279
azeite de oliva 16
azeitonas
    Crudite di Spinaci e Rucola 88
    Empadinhas 204
    Focaccia alle Olive 220
    Gnocchetti Sardi 145
    Molho de Azeitonas 30
    Panino de Pizza 218
    Parmigiana alla Casertana 183
    Rullo di Scarola 179
    Tortino di Scarola e Porri 200
    Umbricelli con Salsa di Pomodoro, Olive e Capperi 125

B

Banana
    Crespelle Farcite con Frutta e Miele 56
    Frutta Fritta 55
    Surpresa de Abacate Montali 259
banho de gelo 21
batata
    Biparmentier 114–15
    Coxinhas Encantadas 171
    cozinhar e descascar 20
    Gateau di Patate 188
    Gnocchi di Patate 141
    Pizza di Patate 222
    Pizzocheri 150
    Ravioli sud Tirolesi 122
    Salada de Batatas 71
baunilha, como abrir as vagens 21
Bechamel Básico 26
Berinjela
    Berinjela "alla Siciliana" 213
    Coxinhas Encantadas 171
    Crespelle Fantasia 80
    Fritto Misto 92–3
    Involtini di Melanzane 176
    Maccheroni Ladus 137
    Melanzane Ripieni 195
    Parmigiana alla Casertana 183
    Pasticcio di Melanzane 172
    Spiedini Primavera 164–65
Beterraba
    Carpaccio di Rapa Rossa 72

Massa de Beterraba 134
Molho de Beterraba 180
Salada de Beterraba 71, 213
Sformatino Mediterraneo 180
Bignè con Crema di Funghi 99
Biparmentier 114–15
Biscoitos 252, 255
    de Amêndoa 264
Biscotto alla Panna 271
bolos
    Biscotto alla Panna 271
    Charlotte dell'Abate 263
    Ciambella 48
    Crostatine di Mandorle 268
    Delizia al Limone 236
    Sachertorte 274
    Sachertorte Vegana 275
    Torta di Cioccolato e Noci 247
    Torta di Limone 244
    Torta di Mais 51
    Vulcano di Cioccolato 243
Bruschetta Mista 66

C

Café
Caffé Brulée 252
    Charlotte dell'Abate 263
    Tiramisu 239
    Caffé Brulée 252
Caldo de Legumes 36
Calzoni 96
Canela
    Açúcar de Canela 26
    Creme de Confeiteiro de Canela 248
Cannelloni di Ricotta con Sugo di Pomodoro 133
Cannoli di Radicchio e Pere 184
Cappelletti al Pomodoro 149
Cappuccino di Asparagi 76
Carpaccio di Rapa Rossa 72
Castelmagno 18
Cenoura
    Fagottini di Pasta Sfoglia Farcite con Couscous 203
    Fritto Misto 92–3
    Panzanella 103
    Purê de Cenoura 212
    Rotolo di Crespelle 121
    Sformatino Mediterraneo 180
    Sorbet de Cenoura, Laranja e Limoncello 279
    Spiedini Primavera 164–65
Chalotas
    Molho de Chalotas 122
    Spiedini Primavera 164–65
Charlotte dell'Abate 263
Chocolate
    Biscotto alla Panna 271
    Charlotte dell'Abate 263
    Ciambella 48
    Creme de Chocolate 27, 248

Docinhos de Coco 234–35
Mousse di Cioccolato 255
Pesche Ripiene 251
Sachertorte 274
Sorvete de Chocolate e Gengibre 276
Sorvete de Chocolate Vegano 279
Soufflé di Ricotta 272
Tiramisu 239
Torta di Cioccolato e Noci 247
Vulcano di Cioccolato 243
Ciabatta 219
Ciabatta sem Glúten 219
Ciambella 48
Coco
    Alua 52
    Budino al Cocco con Salsa di Prugne 267
    Docinhos de Coco 234–35
    Müsli 48
    Sorvete de Coco 278
Cogumelos
    Bignè con Crema di Funghi 99
    Bruschetta de Champignons 66
    Estrogonofe 130
    Insalata del Bosco 95
    Polenta Taragna 106
    Ravioli sud Tirolesi 122–23
    Timballo alla Teramana 153
couve-flor, Fagottini di Pasta Sfoglia Farcite con Couscous 203
Coxinhas Encantadas 171
Creme de Confeiteiro 256
    de Canela 248
    de Pistache 264
crepes *ver* panquecas
Crescenza
    Francobolli di Gorgonzola al Pesto 129
    Rullo di Scarola 179
    Stuzzichini al Formaggio e Mele Verdi 91
Crespelle Fantasia 80
Crespelle Farcite con Frutta e Miele 56
Croccante al Pistacchio 264
Crostatine di Mandorle 268
croûtons 115
Crudite di Pere e Melone 83
Crudite di Spinaci e Rucola 88
Crudite di Zucchine e Salsa allo Yogurt e Erbe 100
curry, Fagottini di Pasta Sfoglia Farcite con Couscous 203
cuscuz, Fagottini di Pasta Sfoglia Farcite con Couscous 203

D

Damasco
    Sorvete de Amaretto e Damasco 277
    Strudel di Mele 240
Delizia al Limone 236–37
Dente-de-Leão 191
Docinhos de Coco 234–35

E

Empadinhas 204
endívias, Spiedini Primavera 164–65
Ervas e Iogurte, Molho de 29, 100
Ervas, Panino de 218
Ervilhas
    Fagottini di Pasta Sfoglia Farcite con Couscous 203
    Riso alla Orientale 142
    Timballo alla Teramana 153
    Torri di Zucchine Ripiene con Crema di Piselli 87
Escarola
    Rullo di Scarola 179
    Tortino di Scarola e Porri 200
    Zuppa Reale 117
Espinafre
    Cappelletti al Pomodoro 149
    Crudite di Spinaci e Rucola 88
    Massa de Espinafre 134
    Pizzocheri 150
    Ravioli sud Tirolesi 122–23
    Rullo di Spinaci e Ricotta 168
    Timballo alla Teramana 153
Estrogonofe 130

F

Fagottini di Pasta Sfoglia Farcite con Couscous 203
farinha 16–7
farinha de grão-de-bico, Ciabatta con Farina di Ceci sem Glúten 219
fava
    Polenta Taragna 106
    Purê de Fava 212
feijão cannellini, Salada de Milho e Feijão 84
feijão-rajado italiano, Pasta e Fagioli 118–19
feijão
    Pasta e Fagioli 118–19
    Polenta Taragna 106
    Purê de Fava 212
    Salada de Milho e Feijão 84
figo, Fichi Ripieni Caramellati 68
flambado 21
Focaccia alle Olive 220
Fonduta 80
Fontina 18
    Crespelle Fantasia 80
    Pizzocheri 150
    Risotto allo Zafferano 126
Fossa, Formaggio di 18
    Crudite di Pere e Melone 83
Fragole allo Zabaione e Panna 260
Francobolli di Gorgonzola al Pesto 129
Frittatine 117
Fritto Misto 92–3
fritura por imersão 20
frutas (sortidas)
    Alua 52
    Crespelle Farcite con Frutta e Miele 56
    Crudite di Pere e Melone 83
    Frutta Fritta 55
    Müsli 48
    ver também frutas específicas pelo nome
fubá, Torta di Mais 51

G

Ganache 28
Gaspacho 79
Gateau di Patate 188
gelato *ver* sorvetes
gengibre
    Fagottini di Pasta Sfoglia Farcite con Couscous 203
    Risotto allo Zenzero e Limone 154
    Sorvete de Chocolate e Gengibre 276
Ghee 28
Gorgonzola
    Fichi Ripieni Caramellati 68
    Francobolli di Gorgonzola al Pesto 129
Guacamole di Montali 84

H

Hortelã e Manjericão, Sorvete de 278

I

ingredientes 16–20
Insalata del Bosco 95
Involtini di Melanzane 176
Iogurte
    Ciambella 48
    Molho de Ervas e Iogurte 29, 100
    Müsli 48
    Riso alla Orientale 142
    Salada de Beterraba 213

K

kebab, Spiedini Primavera 164–5
kiwi
    Calda de Kiwi 243
    Surpresa de Abacate Montali 259

L

Laranja
    Asparagi con Salsa all'Arancia 104
    Molho de Laranja 30
    Sorbet de Cenoura, Laranja e Limoncello 279
    Spiedini Primavera 164–65
Lasagne alla Montali 138–39
legumes (sortidos)
    Caldo de Legumes 36
    Fritto Misto 92–3
    Rotolo di Crespelle 121
    Spiedini Primavera 164–65
    ver também legumes específicos pelo nome
    Zuppa Reale 117
Limão
    Decoração de Fios de Limão 29, 272
    Delizia al Limone 236
    Risotto allo Zenzero e Limone 154

Sorbet de Cenoura, Laranja e Limoncello 279
Sorvete de Limão 277
Surpresa de Abacate Montali 259
Torta di Limone 244

M

Maçã
　Crespelle Farcite con Frutta e Miele 56
　Frutta Fritta 55
　Salada de Milho e Maçã 213
　Semifreddo di Mele 256
　Strudel di Mele 240
　Stuzzichini al Formaggio e Mele Verdi 91
Macarrões
　Cannelloni di Ricotta con Sugo di Pomodoro 133
　Cappelletti al Pomodoro 149
　Francobolli di Gorgonzola al Pesto 129
　Gnocchetti Sardi 145
　Gnocchi alla Romana 146
　Gnocchi di Patate 141
　Lasagne alla Montali 138–39
　Maccheroni Ladus 137
　Maltagliati 118
　Pasta e Fagioli 118–19
　Pizzocheri 150
　Ravioli sud Tirolesi 122–23
　Spaghetti alla Chitarra con Salsa ai Quattro
　　Formaggi e Tartufo 134
　Umbricelli con Salsa di Pomodoro, Olive e
　　Capperi 125
Maccheroni Ladus 137
Maionese 29
Maltagliati 118
Manga, Sorvete de 278
manitoba, farinha 16
manjericão
　Pesto 31
　Sorvete de Hortelã e Manjericão 278
　Zabaione di Manjericão 272
mascarpone 18
　Fichi Ripieni Caramellati 68
　Stuzzichini al Formaggio e Mele Verdi 91
　Tiramisu 239
　Torri di Zucchine Ripiene con Crema di Piselli 87
Massa Choux 27
Massa Folhada 32
massa *ver* pães; macarrões; massas à base de gordura;
　pizzas
massas à base de gordura
　Bignè con Crema di Funghi 99
　Calzoni 96
　Cannoli di Radicchio e Pere 184
　Crostatine di Mandorle 268
　Empadinhas 204
　Fagottini di Pasta Sfoglia Farcite con Couscous 203
　Massa Choux 27
　Massa Folhada 32
　Polpettone di Seitan Vestito 196

Quiche di Porri 167
Rullo di Scarola 179
Rullo di Spinaci e Ricotta 168
Rustici alla Ricotta 75
Strudel di Mele 240
Strudel di Zucchine 192
Stuzzichini al Formaggio e Mele Verdi 91
Tartine Degustazione 71
Torta di Limone 244
Tortino di Scarola e Porri 200
Mel
　Crespelle Farcite con Frutta e Miele 56
　Soufflé di Ricotta 272
Melanzane Ripieni 195
melão, Crudite di Pere e Melone 83
Milho
　Salada de Milho e Feijão 84
　Salada de Milho e Maçã 213
milho verde
　Salada de Milho e Feijão 84
　Salada de Milho e Maçã 213
Molho Balsâmico Reduzido 26
Molho Tártaro 35
molhos e caldas
　Bechamel Básico 26
　Calda com Ameixa 267
　Calda de Frutas Vermelhas 264
　Calda de Kiwi 243
　Calda de Morango 255
　Creme de Chocolate 27, 248
　Fonduta 80
　Maionese 29
　Molho Balsâmico Reduzido 26
　Molho de Açafrão e Parmesão 32
　Molho de Alcaparra e Salsinha 26, 172
　Molho de Azeitonas 30
　Molho de Beterraba 180
　Molho de Chalotas 122
　Molho de Ervas e Iogurte 29
　Molho de Laranja 30
　Molho de Pimentão 31
　Molho de Sálvia e Manteiga 32
　Molho de Tomate 36
　Molho de Tomate e Azeitonas 145
　Molho de Trufas 36
　Molho de Zimbro e Creme de Leite 122, 146
　Molho Quatro Queijos 28
　Molho Tártaro 35
　Pesto 31
　Salsa di Pomodoro, Olive e Capperi 125
　Velouté 138
Montasio 18
　Porri al Montasio 199
Morango
　Calda de Morango 255
　Croccante al Pistacchio 264
　Fragole allo Zabaione e Panna 260
　Sorvete de Morango 276

mosto cotto 17
   Alua 52
   Crespelle Farcite con Frutta e Miele 56
   Müsli 48
Mousse di Cioccolato 255
mozarela 18
   Calzoni 96
   Cannelloni di Ricotta con Sugo di Pomodoro 133
   Gnocchetti Sardi 145
   Involtini di Melanzane 176
   Melanzane Ripieni 195
   Panzanella 103
   Parmigiana di Zucchine 187
   Pizza al Pomodoro 223
   Timballo alla Teramana 153
Müsli 48

N
Nhoque
   Gnocchetti Sardi 145
   Gnocchi alla Romana 146
   Gnocchi di Patate 141
Nozes
   Asparagi con Salsa all'Arancia 104
   Bruschetta de Nozes e Alho 66
   Cannoli di Radicchio e Pere 184
   Carpaccio di Rapa Rossa 72
   Ciabatta alle Noci sem Glúten 219
   Fichi Ripieni Caramellati 68
   Insalata del Bosco 95
   Panino de Nozes e Pecorino Romano 218
   Stuzzichini al Formaggio e Mele Verdi 91
   Torta di Cioccolato e Noci 247

P
pães 216–25
   Bruschetta Mista 66–7
   Ciabatta 219
   Discos de Pão 199
   Focaccia alle Olive 220
   Panini 218
   Panzanella 103
   Torta al Testo 225
palmito, Empadinhas 204
Panini 218
Panir 30
   Riso alla Orientale 142
Panquecas
   Crespelle Fantasia 80
   Crespelle Farcite con Frutta e Miele 56
   Rotolo di Crespelle 121
   Timballo alla Teramana 153
Panzanella 103
Parmesão 18
   Bruschetta de Rúcula ao Parmesão 67
   Conchas de Parmesão 175
   Insalata del Bosco 95
   Molho de Açafrão e Parmesão 32

   Parmigiana di Zucchine 187
Parmigiana alla Casertana 183
Parmigiana di Zucchine 187
Pasticcio di Melanzane 172
Pecorino 20
   Cappelletti al Pomodoro 149
   Flores de Abobrinha Fritas 212
   Gnocchetti Sardi 145
   Gnocchi alla Romana 146
   Molho Quatro Queijos 28
   Panino de Nozes e Pecorino Romano 218
   Panzanella 103
   Parmigiana di Zucchine 187
   Sformatino Mediterraneo 180
   Timballo alla Teramana 153
Pepino
   Gaspacho 79
   Panzanella 103
Peras
   Cannoli di Radicchio e Pere 184
   Crespelle Farcite con Frutta e Miele 56
   Crudite di Pere e Melone 83
   Frutta Fritta 55
   Pere Cotte al Vino Bianco 248
Pesche Ripiene 251
Pêssegos
   Fritto Misto 92–3
   Frutta Fritta 55
   Pesche Ripiene 251
pesto 31
   Francobolli di Gorgonzola al Pesto 129
   Lasagne alla Montali 138–39
Pimentão
   Cappelletti al Pomodoro 149
   escurecer 20
   Gaspacho 79
   Maccheroni Ladus 137
   Molho de Pimentão 31
   Pasta e Fagioli 118–19
   Spiedini Primavera 164–65
Pinhões
   Berinjela "alla Siciliana" 213
   Fagottini di Pasta Sfoglia Farcite con Couscous 203
   Panino de Sementes de Girassol e Pinhões 218
   Parmigiana alla Casertana 183
   Pesto 31
   Rullo di Scarola 179
   Strudel di Mele 240
   Strudel di Zucchine 192
pistache, Croccante al Pistacchio 264
pizzas
   Panino de Pizza 218
   Pizza al Pomodoro 223
   Pizza di Patate 222
   Pizza e Minestra 191
   Pizza Rustica al Formaggio 226
Pizzocheri 150

Polenta
 Pizza e Minestra 191
 Polenta Taragna 106
Polpettone di Seitan Vestito 196
Porri al Montasio 199
Provolone
 Gateau di Patate 188
 Molho Quatro Queijos 28

Q

queijo de cabra
 Carpaccio di Rapa Rossa 72
 Crespelle Fantasia 80
 Salada de Beterraba 213
 Stuzzichini al Formaggio e Mele Verdi 91
 Torri di Zucchine Ripiene con Crema di Piselli 87
queijos 18–20
 Bruschetta de Rúcula ao Parmesão 67
 Calzoni 96
 Cannelloni di Ricotta con Sugo di Pomodoro 133
 Cannoli di Radicchio e Pere 184
 Cappelletti al Pomodoro 149
 Carpaccio di Rapa Rossa 72
 Crespelle Fantasia 80
 Crudite di Pere e Melone 83
 Fichi Ripieni Caramellati 68
 Francobolli di Gorgonzola al Pesto 129
 Gateau di Patate 188
 Gnocchetti Sardi 145
 Gnocchi alla Romana 146
 Gnocchi di Patate 141
 Involtini di Melanzane 176
 Lasagne alla Montali 138–39
 Melanzane Ripieni 195
 Molho de Açafrão e Parmesão 32
 Molho Quatro Queijos 28
 Panir 30
 Panzanella 103
 Parmigiana di Zucchine 187
 Pasticcio di Melanzane 172
 Pizza Rustica al Formaggio 226
 Pizzocheri 150
 Porri al Montasio 199
 Riso alla Orientale 142
 Risotto allo Zafferano 126
 Rotolo di Crespelle 121
 Rullo di Spinaci e Ricotta 168
 Rustici alla Ricotta 75
 Sformatini di Zucchine 175
 Sformatino Mediterraneo 180
 Spaghetti alla Chitarra con Salsa ai Quattro Formaggi e Tartufo 134
 Strudel di Zucchine 192
 Stuzzichini al Formaggio e Mele Verdi 91
 Timballo alla Teramana 153
 Torri di Zucchine Ripiene con Crema di Piselli 87
 Velouté 138
Quiche di Porri 167

R

Radicchio
 Bruschetta de Radicchio 67
 Cannoli di Radicchio e Pere 184
Ravioli sud Tirolesi 122
reidratação 21
Renda de Caramelo 27
Repolho
 Pizzocheri 150
 Rotolo di Crespelle 121
Ricota
 Cannelloni di Ricotta con Sugo di Pomodoro 133
 Rotolo di Crespelle 121
 Rullo di Spinaci e Ricotta 168
 Rustici alla Ricotta 75
 Sformatini di Zucchine 175
 Sformatino Mediterraneo 180
 Soufflé di Ricotta 272
 Strudel di Zucchine 192
 Stuzzichini al Formaggio e Mele Verdi 91
Riso alla Orientale 142
Risotto allo Zafferano 126
Risotto allo Zenzero e Limone 154
Robiola 20
 Bignè con Crema di Funghi 99
Rotolo di Crespelle 121
Rúcula
 Bruschetta de Rúcula ao Parmesão 67
 Crudite di Spinaci e Rucola 88
 Insalata del Bosco 95
Rullo di Scarola 179
Rullo di Spinaci e Ricotta 168
Rum, Sorvete de Passas ao 278
Rustici alla Ricotta 75

S

saba 17
Sachertorte 274
Sachertorte Vegana 275
Saladas
 Crudite di Pere e Melone 83
 Crudite di Spinaci e Rucola 88
 Crudite di Zucchine e Salsa allo Yogurt e Erbe 100
 Insalata del Bosco 95
 Panzanella 103
 Salada de Batatas 71
 Salada de Beterraba 71, 213
 Salada de Milho e Feijão 84
 Salada de Milho e Maçã 213
Sálvia e Manteiga, Molho de 32
Scamorza 20
 Cannoli di Radicchio e Pere 184
 Pasticcio di Melanzane 172
 Pizza Rustica al Formaggio 226
 Rustici alla Ricotta 75
 Zuppa Reale 117
seitan 35
 Estrogonofe 130
 Polpettone di Seitan Vestito 196

Spiedini Primavera 164–65
sementes de abóbora, Panino de Sementes de
    Girassol e Pinhões 218
sementes de girassol, Panino de Sementes de
    Girassol e Pinhões 218
Semolino Dolce 92
Sformatini di Zucchine 175
Sformatino Mediterraneo 180
Sopas
    Biparmentier 114–15
    Gaspacho 79
    Pizza e Minestra 191
    Zuppa Reale 117
Sorbet de Cenoura, Laranja e Limoncello 279
Sorvete de Amaretto e Damasco 277
sorvetes 276–79
    Abacate 277
    Alcaçuz 243, 276
    Amaretto e Damasco 277
    Avelã 279
    Chocolate 279
    Chocolate e Gengibre 276
    Coco 278
    Hortelã e Manjericão 278
    Limão 277
    Manga 278
    Morango 276
    Passas ao Rum 278
    Sorbet de Cenoura, Laranja e Limoncello 279
Soufflé di Ricotta 272
Spaghetti alla Chitarra con Salsa ai Quattro Formaggi
    e Tartufo 134
Spiedini Primavera 164–65
Strudel di Mele 240
Strudel di Zucchine 192
Stuzzichini al Formaggio e Mele Verdi 91
Surpresa de Abacate Montali 259

T
Taleggio 20
    Cannoli di Radicchio e Pere 184
    Molho Quatro Queijos 28
    Risotto allo Zafferano 126
    Strudel di Zucchine 192
Tartine Degustazione 71
Timballo alla Teramana 153
Tiramisu 239
tofu, Pizza Rustica al Formaggio 226
tomate
    Bruschetta de Tomate 66
    Calzoni 96
    Cannelloni di Ricotta con Sugo di Pomodoro 133
    Cappelletti al Pomodoro 149

descascar 21
Gaspacho 79
Gnocchetti Sardi 145
Involtini di Melanzane 176
Lasagne alla Montali 138–39
Maccheroni Ladus 137
Melanzane Ripieni 195
Molho de Tomate 36
Panino de Pizza 218
Panzanella 103
Parmigiana alla Casertana 183
Parmigiana di Zucchine 187
Pasta e Fagioli 118–19
Pizza al Pomodoro 223
Riso alla Orientale 142
Umbricelli con Salsa di Pomodoro, Olive e
    Capperi 125
Torta al Testo 225
Torta di Cioccolato e Noci 247
Torta di Limone 244
Torta di Mais 51
Tortino di Scarola e Porri 200
trufas 37
    Molho de Trufas 36
    Sformatini di Zucchine 175
    Spaghetti alla Chitarra con Salsa ai Quattro
        Formaggi e Tartufo 134

U
Umbricelli con Salsa di Pomodoro, Olive e
    Capperi 125
uvas-passas
    Berinjela "alla Siciliana" 213
    Ciabatta con Farina di Ceci sem Glúten 219
    Fagottini di Pasta Sfoglia Farcite con Couscous 203
    Parmigiana alla Casertana 183
    Rullo di Scarola 179
    Sorvete de Passas ao Rum 278
    Tortino di Scarola e Porri 200

V
Velouté 138
Vulcano di Cioccolato 243

Z
Zabaione
    Charlotte dell'Abate 263
    Fragole allo Zabaione e Panna 260
    Zabaione de Manjericão 272
zimbro, bagas de
    Gnocchi alla Romana 146
    Molho de Zimbro e Creme de Leite 122
Zuppa Reale 117